U0679113

纪录小康工程

千年梦圆
全面建成小康社会影像纪实

（上）

本书编写组

人民出版社

新华出版社

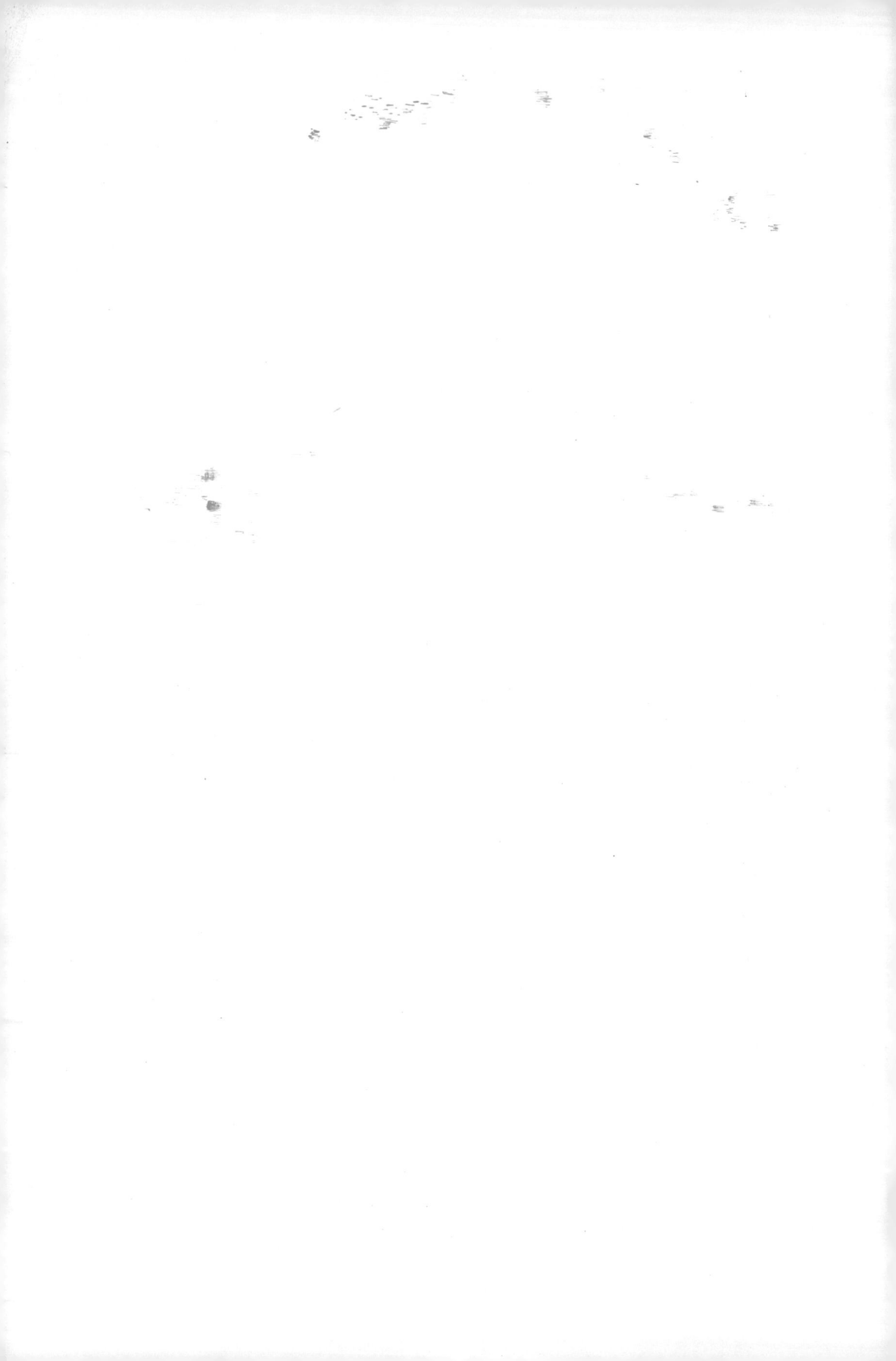

总　序

为民族复兴修史　为伟大时代立传

　　小康，是中华民族孜孜以求的梦想和夙愿。千百年来，中国人民一直对小康怀有割舍不断的情愫，祖祖辈辈为过上幸福美好生活劳苦奋斗。"民亦劳止，汔可小康""久困于穷，冀以小康""安得广厦千万间，大庇天下寒士俱欢颜"……都寄托着中国人民对小康社会的恒久期盼。然而，这些朴素而美好的愿望在历史上却从来没有变成现实。中国共产党自成立那天起，就把为中国人民谋幸福、为中华民族谋复兴作为初心使命，团结带领亿万中国人民拼搏奋斗，为过上幸福生活胼手胝足、砥砺前行。夺取新民主主义革命伟大胜利，完成社会主义革命和推进社会主义建设，进行改革开放和社会主义现代化建设，开创中国特色社会主义新时代，经过百年不懈奋斗，无数中国人摆脱贫困，过上衣食无忧的好日子。

　　特别是党的十八大以来，以习近平同志为核心的党中央统揽中华民族伟大复兴战略全局和世界百年未有之大变局，团结带领全党全国各族人民统筹推进"五位一体"总体布局、协调推进"四个全面"战略布局，万众一心战贫困、促改革、抗疫情、谋发展，党和国家事业取得历史性成就、发生历史性变革。在庆祝中国共产党成立 100 周年大会上，习近平总书记庄严宣告："经过全党全国各族人民持续奋斗，我们实现了第一个百年奋斗目标，在中华大地上全面建成了小康社会，历史性地解决了绝对贫困问题，正在意气风发向着全面建成社会主义现代化强国的第二个百年奋斗目标迈进。"

这是中华民族、中国人民、中国共产党的伟大光荣！这是百姓的福祉、国家的进步、民族的骄傲！

全面小康，让梦想的阳光照进现实、照亮生活。从推翻"三座大山"到"人民当家作主"，从"小康之家"到"小康社会"，从"总体小康"到"全面小康"，从"全面建设"到"全面建成"，中国人民牢牢把命运掌握在自己手上，人民群众的生活越来越红火。"人民对美好生活的向往，就是我们的奋斗目标。"在习近平总书记坚强领导、亲自指挥下，我国脱贫攻坚取得重大历史性成就，现行标准下 9899 万农村贫困人口全部脱贫，建成世界上规模最大的社会保障体系，居民人均预期寿命提高到78.2 岁，人民精神文化生活极大丰富，生态环境得到明显改善，公平正义的阳光普照大地。今天的中国人民，生活殷实、安居乐业，获得感、幸福感、安全感显著增强，道路自信、理论自信、制度自信、文化自信更加坚定，对创造更加美好的生活充满信心。

全面小康，让社会主义中国焕发出蓬勃生机活力。经过长期努力特别是党的十八大以来伟大实践，我国经济实力、科技实力、国防实力、综合国力跃上新的大台阶，成为世界第二大经济体、第一大工业国、第一大货物贸易国、第一大外汇储备国，国内生产总值从1952年的679亿元跃升至2021年的114万亿元，人均国内生产总值从1952年的几十美元跃升至2021年的超过1.2万美元。把握新发展阶段、贯彻新发展理念、构建新发展格局、推动高质量发展，全面建设社会主义现代化国家，我们的物质基础、制度基础更加坚实、更加牢靠。全面建成小康社会的伟大成就充分说明，在中华大地上生气勃勃的创造性的社会主义实践造福了人民、改变了中国、影响了时代，世界范围内社会主义和资本主义两种社会制度的历史演进及其较量发生了有利于社会主义的重大转变，社会主义制度优势得到极大彰显，中国特色社会主义道路越走越宽广。

全面小康，让中华民族自信自强屹立于世界民族之林。中华民族有五千多年的文明历史，创造了灿烂的中华文明，为人类文明进步作出了卓越贡献。近代以来，中华民族遭受的苦难之重、付出的牺牲之大，世所罕见。中国共产党带领中国人民从沉沦中觉醒、从灾难中奋起，前赴后继、百折不挠，战胜各种艰难险阻，取得一个个伟大胜利，创造一个个发展奇迹，用鲜血和汗水书写了中华民族几千年历史上最恢宏的史诗。全面建成小康社会，见证了中华民族强大的创造力、坚韧力、爆发力，见证了中华民族自信自强、守正创新精神气质的锻造与激扬，实现中华民族伟大复兴有了更为主动的精神力量，进入不可逆转的历史进程。今天，我们比历史上任何时期都更接近、更有信心和能力实现中华民族伟大复兴的目标，中国人民的志气、骨气、底气极大增强，奋进新征程、建功新时代有着前所未有的历史主动精神、历史创造精神。

全面小康，在人类社会发展史上写就了不可磨灭的光辉篇章。中华民族素有和合共生、兼济天下的价值追求，中国共产党立志于为人类谋进步、为世界谋大同。中国的发展，使世界五分之一的人口整体摆脱贫困，提前十年实现联合国2030年可持续发展议程确定的目标，谱写了彪炳世界发展史的减贫奇迹，创造了中国式现代化道路与人类文明新形态。这份光荣的胜利，属于中国，也属于世界。事实雄辩地证明，人类通往美好生活的道路不止一条，各国实现现代化的道路不止一条。全面建成小康社会的中国，始终站在历史正确的一边，站在人类进步的一边，国际影响力、感召力、塑造力显著提升，负责任大国形象充分彰显，以更加开放包容的姿态拥抱世界，必将为推动构建人类命运共同体、弘扬全人类共同价值、建设更加美好的世界作出新的更大贡献。

回望全面建成小康社会的历史，伟大历程何其艰苦卓绝，伟大胜利何其光辉炳耀，伟大精神何其气壮山河！

这是中华民族发展史上矗立起的又一座历史丰碑、精神丰碑！这座丰碑，凝结着中国共产党人矢志不渝的坚持坚守、博大深沉的情怀胸襟，辉映着科学理论的思想穿透力、时代引领力、实践推动力，镌刻着中国人民的奋发奋斗、牺牲奉献，彰显着中国特色社会主义制度的强大生命力、显著优越性。

因为感动，所以纪录；因为壮丽，所以丰厚。恢宏的历史伟业，必将留下深沉的历史印记，竖起闪耀的历史地标。

中央宣传部牵头，中央有关部门和宣传文化单位，省、市、县各级宣传部门共同参与组织实施"纪录小康工程"，以为民族复兴修史、为伟大时代立传为宗旨，以"存史资政、教化育人"为目的，形成了数据库、大事记、系列丛书和主题纪录片4方面主要成果。目前已建成内容全面、分类有序的4级数据库，编纂完成各级各类全面小康、脱贫攻坚大事记，出版"纪录小康工程"丛书，摄制完成纪录片《纪录小康》。

"纪录小康工程"丛书包括中央系列和地方系列。中央系列分为"擘画领航""经天纬地""航海梯山""踔厉奋发""彪炳史册"5个主题，由中央有关部门精选内容组织编撰；地方系列分为"全景录""大事记""变迁志""奋斗者""影像记"5个板块，由各省（区、市）和新疆生产建设兵团结合各地实际情况推出主题图书。丛书忠实纪录习近平总书记的小康情怀、扶贫足迹，反映党中央关于全面建成小康社会重大决策、重大部署的历史过程，展现通过不懈奋斗取得全面建成小康社会伟大胜利的光辉历程，讲述在决战脱贫攻坚、决胜全面小康进程中涌现的先进个人、先进集体和典型事迹，揭示辉煌成就和历史巨变背后的制度优势和经验启示。这是对全面建成小康社会伟大成就的历史巡礼，是对中国共产党和中国人民奋斗精神的深情礼赞。

历史昭示未来，明天更加美好。全面建成小康社会，带给中国人民的是温暖、是力量、是坚定、是信心。让我们时时回望小康历程，深入学习贯彻习近平新时代中国特色社会主义思想，深刻理解中国共产党为什么能、马克思主义为什么行、中国特色社会主义为什么好，深刻把握"两个确立"的决定性意义，增强"四个意识"、坚定"四个自信"、做到"两个维护"，以坚如磐石的定力、敢打必胜的信念，集中精力办好自己的事情，向着实现第二个百年奋斗目标、创造中国人民更加幸福美好生活勇毅前行。

目录

CONTENTS

目录

CONTENTS

（下）

第一篇

创造发展奇迹

——从"经济更加发展"看全面建成小康社会

回望来路，从积贫积弱到世界第二大经济体，中国经济划出不断攀升的上扬线，为全面建成小康社会奠定雄厚物质基础，在世界舞台上创造了伟大发展奇迹。

眺望前路，踏上实现第二个百年奋斗目标的新征程，中国经济巨轮正在高质量发展的航道上劈波斩浪，向着民族复兴的胜利彼岸勇往直前。

从未有哪个国家像中国这样，在如此短的时间内迎来从站起来、富起来到强起来的伟大飞跃，经济总量占世界比重由 1978 年的 1.8% 提高到 2020 年的 17% 以上。

共享奋斗成果

近年来，中国经济对世界经济增长贡献率稳定在 30% 左右。

奇迹背后，是一条被实践证明越走越宽广的中国道路。

立时代之基、应时代之变，以习近平同志为核心的党中央团结带领中国人民砥砺前行、开拓创新，以新发展理念为指引，统筹推进"五位一体"总体布局，协调推进"四个全面"战略布局，不断开辟发展新境界。

一、立国之本　强国之基

　　小康是中华民族自古以来追求的理想状态。中国共产党一经诞生，就把为中国人民谋幸福、为中华民族谋复兴确立为自己的初心使命。改革开放之初党中央提出小康社会的战略构想，经过全党全国各族人民持续奋斗，我们实现了全面建成小康社会的第一个百年奋斗目标，正在意气风发向着第二个百年奋斗目标迈进。

　　2021年7月1日，庆祝中国共产党成立100周年大会在北京天安门广场隆重举行。（新华社记者李响摄）

如今的中国，已成为全世界唯一拥有联合国产业分类中全部工业门类的国家，拥有 41 个工业大类、207 个工业中类、666 个工业小类，能够制造世界上大多数工业产品，汽车、电脑在内的 220 多种工业产品产量位居世界首位。

1952 年中国的 GDP 仅为 679 亿元，1986 年突破 1 万亿元，2000 年突破 10 万亿元，2010 年突破 40 万亿元、超越日本成为世界第二大经济体，2020 年突破 100 万亿元。新中国成立 70 多年来，中国经济累计实际增长约 189 倍。

◆ 铸就科技强国、制造强国的钢铁脊梁

　　从 1953 年开始实施第一个五年计划，到 2020 年圆满完成第十三个五年规划，中华民族迎来了从站起来、富起来到强起来的历史性飞跃，我国经济社会发展取得令世界瞩目的历史性成就。一张张五年"施工图"，围绕各历史阶段突出矛盾和问题，接力落实社会主义现代化建设长远战略目标。中国共产党领导全国人民一代接着一代干，一棒接着一棒跑，创造了世所罕见的经济快速发展奇迹和社会长期稳定奇迹。2021 年 3 月 11 日，十三届全国人大四次会议表决通过关于国民经济和社会发展第十四个五年规划和 2035 年远景目标纲要的决议。

图为 1953 年，鞍钢机械总厂的革新能手王崇伦（右一）和工人们一起研究改进工具和生产的方法。（新华社发）

1956 年 8 月 18 日，武汉长江大桥桥梁架工程架到一号桥墩。（新华社发）

2017 年 9 月 27 日拍摄的武汉长江大桥。（新华社记者熊琦摄）

　　"一五"期间，鞍钢兴建的第一座大型轧钢厂生产能力已迅速超过设计标准。这是这个厂生产的大批钢轨（摄于 1957 年 4 月）。（新华社发）

2021 年 8 月 18 日，在本钢板材炼钢厂，炼钢作业区工人在进行转炉冶炼作业。10 月 15 日，鞍钢集团本钢集团有限公司揭牌成立，本钢集团正式成为鞍钢集团控股二级子企业。这是我国不断深化钢铁业供给侧结构性改革、做强做优做大国有资本和国有企业、助力东北全面振兴取得的重要阶段性成果。（新华社记者杨青摄）

2021 年 12 月 8 日，在迁安市经济开发区的一家企业，工人在吊运电工钢。近年来，河北省钢铁重镇迁安市立足产业优势，结合市场日益增长的高端用钢需求，加快钢铁产业转型升级，延伸产业链条，优化产品结构，创新研发高附加值、高竞争力钢材产品，推动产品走向高端。（新华社记者朱旭东摄）

　　2019年9月26日是大庆油田发现60周年的日子。60多年来，大庆油田曾连续27年年产原油5000万吨以上，创造了世界同类油田开发奇迹。目前，大庆油田在四次采油技术、页岩油、天然气等勘探开发方面取得重大进展，进一步夯实了油田高质量发展基础。铁人王进喜"宁肯少活二十年，拼命也

铁人王进喜用血肉之躯奋力搅拌泥浆（资料照片）。（新华社发）

要拿下大油田"；大庆"新铁人"王启民"宁肯把心血熬干，也要让油田稳产再高产"；第三代铁人李新民把井打到国外去，"宁肯历尽千难万险，也要为祖国献石油"……大庆精神、铁人精神，成为中华民族伟大精神的重要组成部分，永远是激励中国人民不畏艰难、勇往直前的宝贵精神财富。

2019年9月27日拍摄的夕阳中的大庆油田第一采油厂第七油矿503采油队二号丛式井平台井组。（新华社发　谢剑飞摄）

2019年9月28日，在大庆市让胡路区，铁人王进喜纪念馆（左）和铁人广场（右）分建在中原路南北两侧。（新华社发　谢剑飞摄）

◆ 建立健全绿色低碳循环发展经济体系

2020 年 8 月 24 日，在蓝天白云掩映下的北京市首钢园里，雕塑作品《冬奥之约》与首钢工业遗迹遥相呼应。（新华社记者尹栋逊摄）

图为 2020 年 8 月 20 日拍摄的首钢园三高炉内部，通过保护改造后这里成为展览中心和秀场。（新华社记者陈钟昊摄）

在位于北京市石景山区的首钢园，腾退后的首钢高炉、筒仓等经过保护、改造、升级迎来新面貌，吸引一批新兴企业进驻，新兴业态与工业遗产特色相结合的园区正在形成。

2021 年 5 月 22 日拍摄的南钢厂区与滨江生态湿地公园。近年来，南京钢铁股份有限公司投资数亿元提升厂区景观、打造工厂花园，改造建设滨江湿地公园，开展水土流失综合治理、生态修复与绿化，将有着 60 多年历史的工厂厂区打造成工业文化旅游基地。（新华社记者杨磊摄）

图为 2020 年 4 月 26 日拍摄的威宁彝族回族苗族自治县龙街镇的风力发电设备。2020 年，随着新一批农业光伏电站并网发电，贵州省新能源发电并网装机突破 1000 万千瓦。2019 年，贵州省新能源发电量达到 105.73 亿千瓦时，同比增长 13%。（新华社记者陶亮摄）

2021 年 11 月 3 日，电力工人在江苏省扬州市宝应县射阳湖镇 15 万千伏安"风光渔"互补产业发电项目进行巡检。近年来，江苏省扬州市宝应县利用地区优势，大力发展"风光渔"互补产业发电、风力发电等，形成上有风力发电、中有光伏利用、下有水产品养殖和稻田的立体开发模式，通过清洁能源，不断推动绿色低碳发展。（新华社记者李博摄）

2022 年 2 月 8 日，大唐青海能源开发有限公司工作人员在青海省海南藏族自治州共和县塔拉滩光伏电站巡检。（新华社记者张龙摄）

2021 年 8 月 24 日，银川市贺兰县渔业公园内的宁夏通威现代渔业科技有限公司光伏养鱼基地，一只苍鹭站在光伏板上吃鱼。位于贺兰山下黄河之畔的宁夏银川市贺兰县，湿地、湖泊众多，具有渔业养殖的优势条件。（新华社记者王鹏摄）

　　三峡工程是迄今为止世界上规模最大的水利枢纽工程和综合效益最广泛的水电工程。监测表明，拦河大坝及泄洪消能、引水发电、通航及茅坪溪防护工程等主要建筑物工作性态正常，机电系统及设备、金属结构设备运行安全稳定。

　　2009 年 8 月 6 日拍摄的三峡大坝。11 月 1 日，水利部、国家发展改革委公布，三峡工程日前完成整体竣工验收全部程序。根据验收结论，三峡工程建设任务全面完成，工程质量满足规程规范和设计要求、总体优良，运行持续保持良好状态，防洪、发电、航运、水资源利用等综合效益全面发挥。（新华社记者肖艺九摄）

2012 年 7 月 4 日拍摄的
三峡大坝开启泄洪深孔泄洪。
（新华社记者肖艺九摄）

　　位于四川省宁南县和云南省巧家县交界处金沙江干流下游河段上的白鹤滩水电站，是开发和治理长江上游的重要水电工程，是国家能源战略布局"西电东送"的骨干电源点，也是长江防洪体系的重要组成部分。

2021年6月28日，俯瞰白鹤滩水电站。白鹤滩水电站是实施"西电东送"的国家重大工程。（新华社记者江文耀摄）

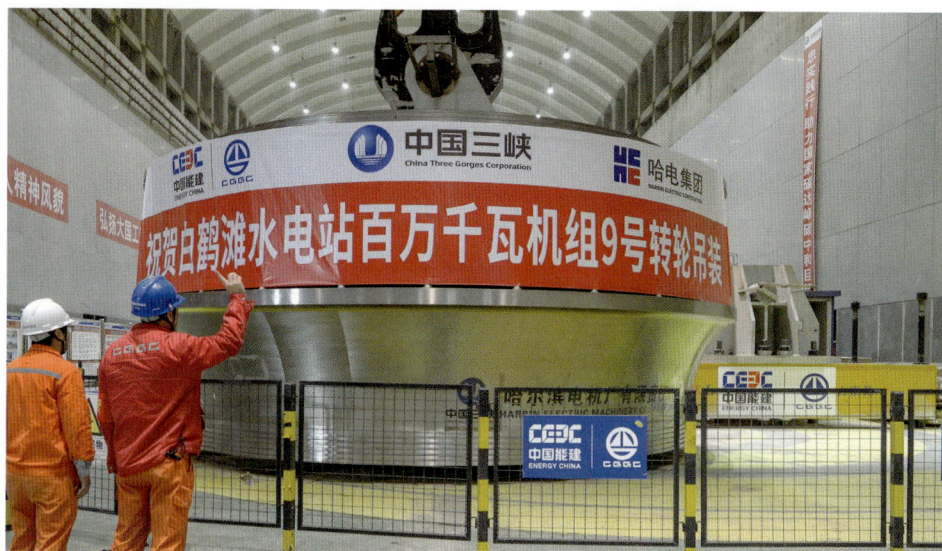

2021年12月19日，白鹤滩水电站最后一台机组——9号水轮发电机组转轮顺利完成吊装。（新华社发　赵健摄）

2021年5月14日，工人对白鹤滩水电站发电机组所需的转轮进行局部消缺处理。（新华社记者江文耀摄）

图为 2022 年 2 月 11 日在甘肃省陇南市文县中庙镇境内拍摄的大唐麒麟寺水电站库区景色。位于白龙江甘肃段的大唐碧口水力发电厂进一步完善智能电站建设，加快数字化转型，利用数字化、信息化、智能化的集控调度中心实现梯级调度、联合运行、精细化管控，开展机组检修、提质升级等工作，为经济建设和民生保障提供"清洁"能源。中国大唐集团公司持续投资开发白龙江流域水力资源，以碧口水电厂为依托，先后建成麒麟寺、苗家坝等水电站。（新华社记者马希平摄）

◆ 提升制造业核心竞争力

　　从衣被天下到国防军工，从交通运输到医疗卫生，从环境保护到新能源开发，中国纺织"上天入地"渗透到了各个行业。曾是加工代名词的中国纺织业，正在技术创新的推动下，踏上"中国智造"之路。今天的纺织行业是中国科技创新最为活跃的工业部门之一。2016 至 2019 年，纺织行业共有 11 项成果获国家科学技术奖。在纤维材料、绿色制造、纺织机械等领域，突破了一批技术难题。在国际标准规则制定方面，中国的纺织服装企业正积极主动参与国际标准和技术法规的制定。

　　2016 年 8 月 30 日，在盛泽镇电商平台宜布网展厅，员工用微信对一匹布料进行扫码。通过扫码，客商可以追溯到产品的供应详情。江苏苏州市吴江区盛泽镇，是一个历史悠久的丝绸纺织重镇，与苏州、杭州、湖州并称中国四大绸都，是我国丝绸纺织品主要生产基地、出口基地和产品集散地。（新华社记者季春鹏摄）

2018 年 11 月 18 日，在衡水市冀州区一家聚乳酸纤维生产企业，工人在存放聚乳酸纤维成品。近年来，河北省衡水市冀州区充分发挥当地纺织产业集群优势，引进发展以生产聚乳酸纤维为主的生物质纤维行业，稳步推动纺织产业提档升级、绿色发展。（新华社记者李晓果摄）

2021 年 5 月 17 日，在山东省威海市光威集团碳纤维生产车间，工人检查电子计米器上显示的产品长度。（新华社记者陈建力摄）

　　高端柴油机技术是制约中国装备制造业的"卡脖子"技术，创建于1946年的国有企业潍柴集团经过十几年的科技攻关，研制出我国第一台具有完全自主知识产权的"蓝擎"高速大功率发动机，彻底终结了我国重型商用车长期依赖"外国芯"的历史，为重卡装上了"中国芯"。2018年，凭借"重型商用车动力总成关键技术及应用项目"，潍柴荣获国家科技进步一等奖，并通过重组意大利法拉帝集团、德国凯傲集团、林德液压公司和收购美国德马泰克公司，走上了国际化、高质量发展之路。图为2021年4月22日，在位于山东潍坊的潍柴集团总装车间，工人在流水线上装配发动机。（新华社记者郭绪雷摄）

2016 年 7 月 22 日，图为位于浙江省宁波市北仑区的吉利汽车春晓制造基地的自动化焊接线。
（新华社记者黄宗治摄）

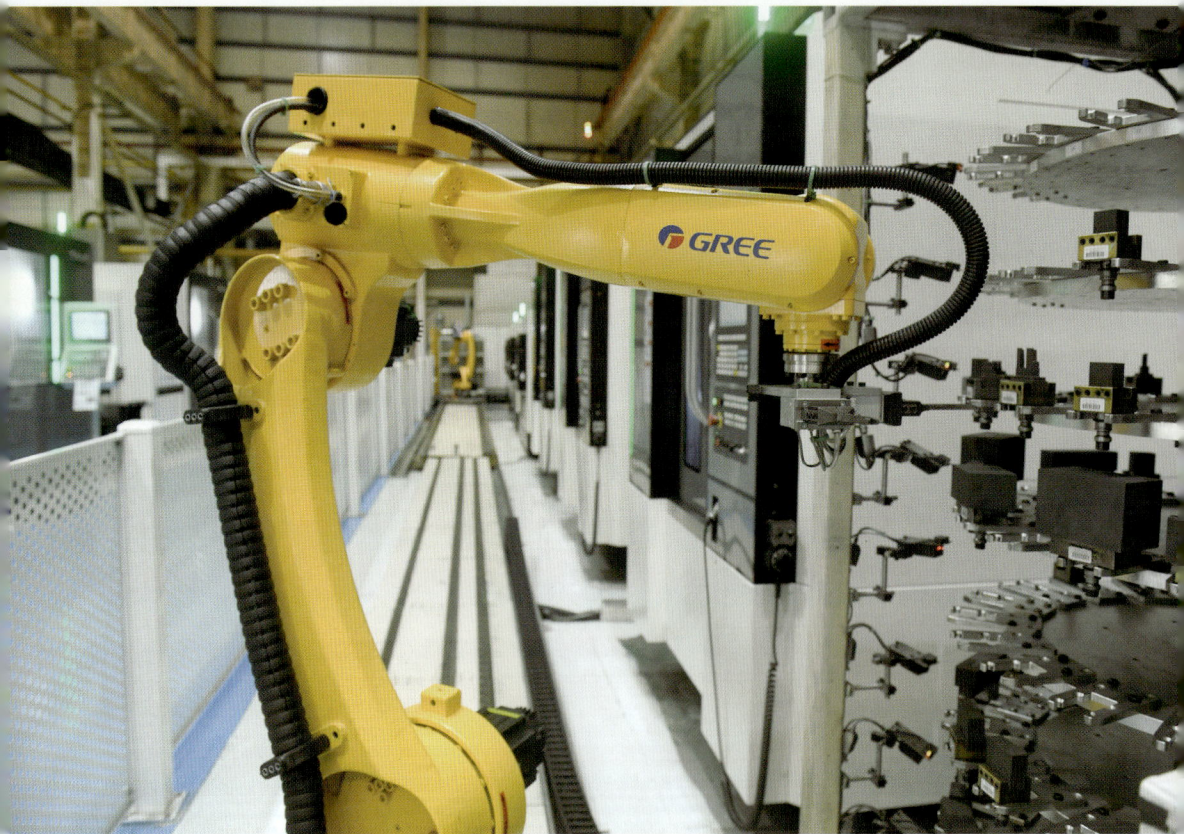

2021 年 7 月 1 日，在广东省珠海市格力电器股份有限公司格力精密模具公司车间里，格力石墨电极自动化生产线上的机器人在工作。（新华社记者卢汉欣摄）

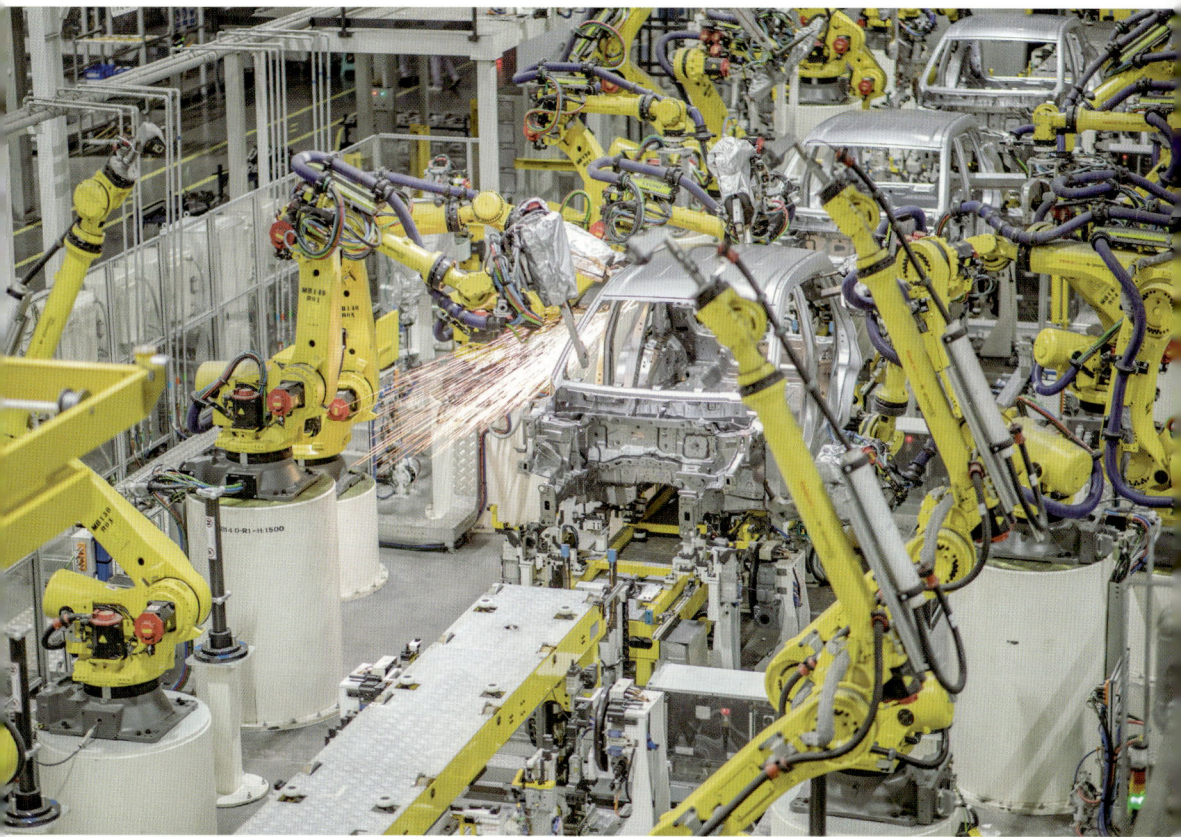

　　2021 年 4 月 2 日，在重庆金康赛力斯两江智能工厂焊装车间，点焊机器人在对车身线进行焊接作业。近年来，围绕供给侧结构性改革，重庆大力推动制造业企业实施智能化改造。通过智能化改造资金扶持政策引导企业增加科技投入、实施企业创新战略，引导企业强化需求侧管理等一系列组合措施，推动传统产业分别向终端化、智能化、精细化转型升级。（新华社记者黄伟摄）

　　总部位于吉林省长春市的中国第一汽车集团有限公司前身为第一汽车制造厂，是新中国汽车工业的摇篮。1953 年一汽奠基兴建，1956 年建成并投产，制造出新中国第一辆解放牌卡车。1958 年制造出新中国第一辆东风牌小轿车和第一辆红旗牌高级轿车。这里见证了中国汽车工业从无到有、从萌芽到大发展的过程。近年来，中国一汽不断加快智能制造步伐，以自主创新助推企业转型升级，将自主品牌复兴作为"主引擎"谋求发展，助力中国汽车工业从"大国"向"强国"迈进。

1956 年 7 月 13 日，在第一汽车制造厂，我国第一辆解放牌汽车驶下装配线。（新华社发）

2020 年 7 月 16 日，一汽红旗 HS5 车型在第十七届中国（长春）国际汽车博览会展出。（新华社发　颜麟蕴摄）

2020 年 4 月 9 日，一汽解放汽车有限公司职工在长春生产基地总装车间内进行装配作业。（新华社记者许畅摄）

　　上图为 20 世纪 50 年代的第一汽车制造厂厂区图片（资料照片）；下图为 2019 年 6 月 12 日拍摄的一汽厂区全景（新华社记者许畅摄）。

2018 年 12 月 28 日，图为 C919 国产大型客机 103 架机在上海浦东国际机场起飞。（新华社记者丁汀摄）

2021 年 7 月 20 日在山东青岛拍摄的时速 600 公里高速磁浮交通系统。当日，由中国中车承担研制、具有完全自主知识产权的我国时速 600 公里高速磁浮交通系统在青岛成功下线，这是世界首套设计时速达 600 公里的高速磁浮交通系统，标志我国掌握了高速磁浮成套技术和工程化能力。（新华社记者李紫恒摄）

　　2021年6月16日，试运行的复兴号列车驶出拉林铁路的嘎拉山隧道。6月25日10时30分，一辆复兴号高原内电双源动车组缓缓驶出拉萨火车站，向林芝市进发。这标志着全长435公里、设计时速160公里的拉林铁路建成通车，西藏首条电气化铁路建成，同时复兴号实现对31个省区市全覆盖。（新华社记者普布扎西摄）

　　左上图为：2014年12月19日，拉林铁路西藏桑日县桑珠岭隧道开工；左下图为：2020年4月5日拍摄的施工中的藏木特大桥；右上图为：2020年4月5日，拉林铁路藏嘎隧道施工中；右下图为：2017年4月11日，工人把大量冰块搬进桑珠岭隧道，用来降温。（新华社记者觉果摄）

中国一重、哈电集团、中车齐车集团等大国重器企业生产一线的共产党员在岗位上生产作业（拼版照片，2021 年 4 月摄）。（新华社记者王建威摄）

　　江苏省无锡市滨湖区马山街道地处无锡西南部，原来以农耕、林果、渔业等传统产业为主。近年来，马山转变经济发展模式，大力推进农村振兴战略，形成了旅游休闲、生物医药、先进制造业三大特色产业。2018 年 4 月 26 日，在无锡生物医药研发服务外包区的一家医药企业，抗体平台研发主管卫光波在实验室观察小鼠状态。（新华社记者沈伯韩摄）

　　2022 年 1 月 14 日，石家庄一家制药有限公司的工人在医药生产车间工作。近年来，河北省石家庄市依托生物医药产业基础雄厚的条件，通过创新、绿色发展，推动生物医药产业转型升级，形成以创新药为引领、发酵药物为主导、现代化中药为特色、基因工程药物为先导、医疗器械和医药流通服务为补充的产业体系。据介绍，目前该市生物医药产业规模以上企业 153 家。（新华社记者杨世尧摄）

◆ 发挥资本作为重要生产要素的积极作用

从创设沪深交易所到实施股权分置改革，再到创业板、科创板等一系列改革措施落地；从募资 50 万元资本金的飞乐音响，到总市值数十万亿元的 A 股……新中国资本市场"生于毫末"，长成"合抱之木"，实现了历史性飞跃。

1986 年 9 月，中国工商银行上海信托投资公司静安分公司开办代理股票买卖业务，开业第一天代理卖出飞乐音响公司和延中实业公司发行的股票 1000 多股。（新华社发）

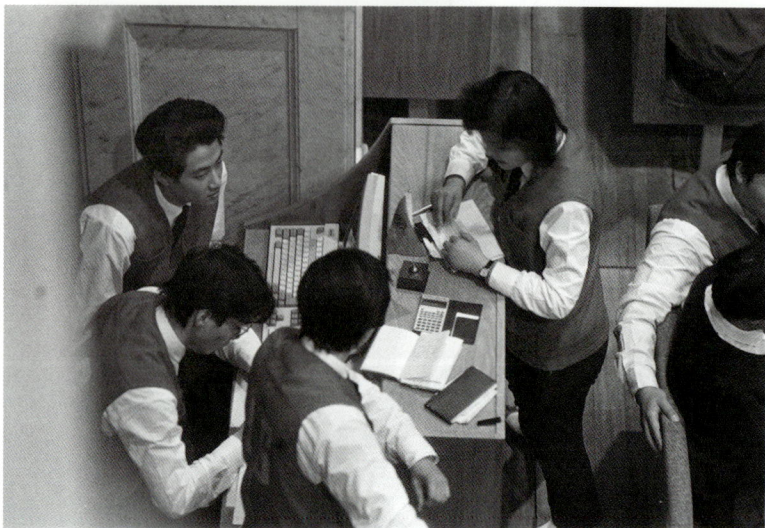

1990 年 12 月中旬，位于上海黄浦路 15 号浦江饭店（原理查饭店）内的上海证券交易所正式开业。图为经纪人正在寻找时机进行交易。（新华社记者柳中央摄）

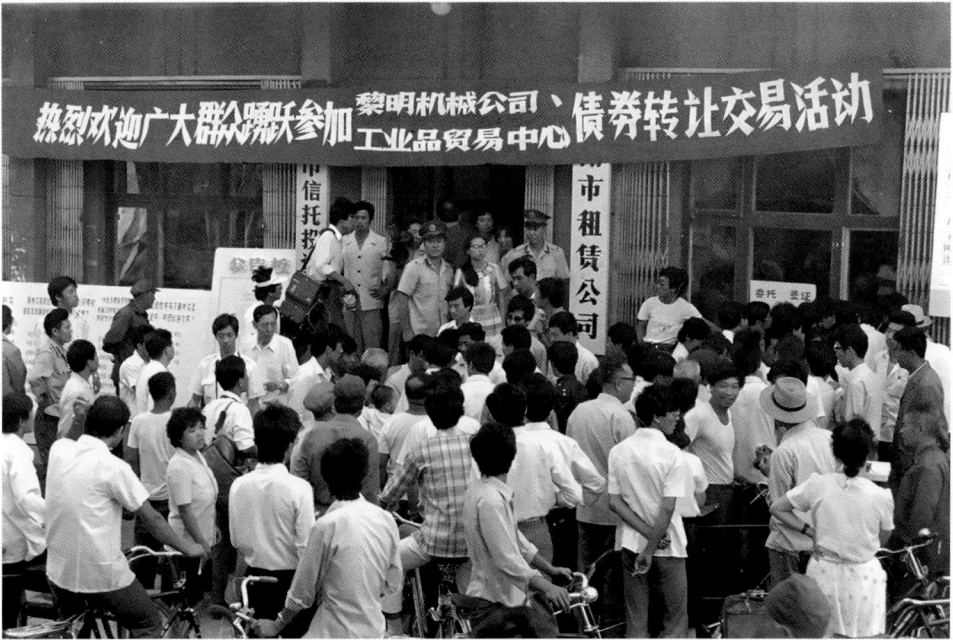

我国第一家债券、股票交易市场于 1986 年 8 月 5 日在沈阳市正式开业。图为沈阳债券、股票交易市场。（新华社记者李永宏摄）

1991 年 7 月 3 日，广东深圳证券交易所正式开业，标志着深圳市在经济、金融活动中，向国际水准迈出了关键的一步。（新华社记者黄鉴秋摄）

2019年7月22日拍摄的上海证券交易所举行的科创板首批公司上市仪式现场。（新华社记者方喆摄）

2009 年 10 月 30 日，创业板首批 28 家上市公司代表敲响上市钟。当日，深交所创业板首批 28 家上市公司股票顺利开盘。（新华社记者马平摄）

图为 2021 年 11 月 15 日拍摄的北京证券交易所揭牌暨开市仪式现场。（新华社记者李鑫摄）

二、加快推进农业农村现代化　全面推进乡村振兴

　　我国一直高度重视"三农"工作。随着如期打赢脱贫攻坚战，全面建成小康社会、实现第一个百年奋斗目标，全面推进乡村振兴正在书写"三农"发展新篇章，中央和地方政府持续抓好粮食安全等问题，巩固脱贫攻坚成果，推进农业现代化，向着全面建成社会主义现代化国家的第二个百年奋斗目标迈进。

　　2021年10月1日，吉林省吉林市永吉县万昌镇的稻田景色。（新华社记者许畅摄）

◆ 把中国人的饭碗牢牢端在自己手中

1949 年，中国粮食产量仅有 2264 亿斤。得益于深化农村改革，农业经济快速发展，70 多年来中国粮食产量先后迈过 11 个千亿斤台阶，如今已连续 6 年稳定在 1.3 万亿斤以上。

中国用全球 9% 的耕地养活了世界近 20% 的人口，有力回答了西方社会"21 世纪谁来养活中国"的疑问。

左图为 20 世纪 60 年代，河南省中牟县八岗公社八岗大队第三生产队的社员在选购夏收农具（新华社记者唐茂林摄）；右图为 2021 年 5 月 26 日，在河南省邓州市的一个农机设备停放处，工作人员在查看农机设备（新华社记者李安摄）。

上图为 20 世纪 50 年代拍摄的井冈山茨坪（资料照片）；下图为 2021 年 4 月 27 日拍摄的江西井冈山茨坪（新华社记者万象摄）。

　　上图为 20 世纪 50 年代，河南省西华县昆山集体农庄群众在打井（新华社记者孙静摄）；下图为 2017 年 3 月 9 日，在河南浚县王庄镇一处麦田旁，工人在安装灌溉用的机井抽水泵（新华社记者李安摄）。

　　2019 年 5 月 7 日，黑龙江垦区五大连池农场职工在对种植的大豆进行封闭灭草作业。黑龙江垦区的广大职工群众抓紧农时开展大豆种植，力争粮食增产增收。黑龙江省是国产大豆最大的主产区，面积约占全国的一半。（新华社发　陆文祥摄）

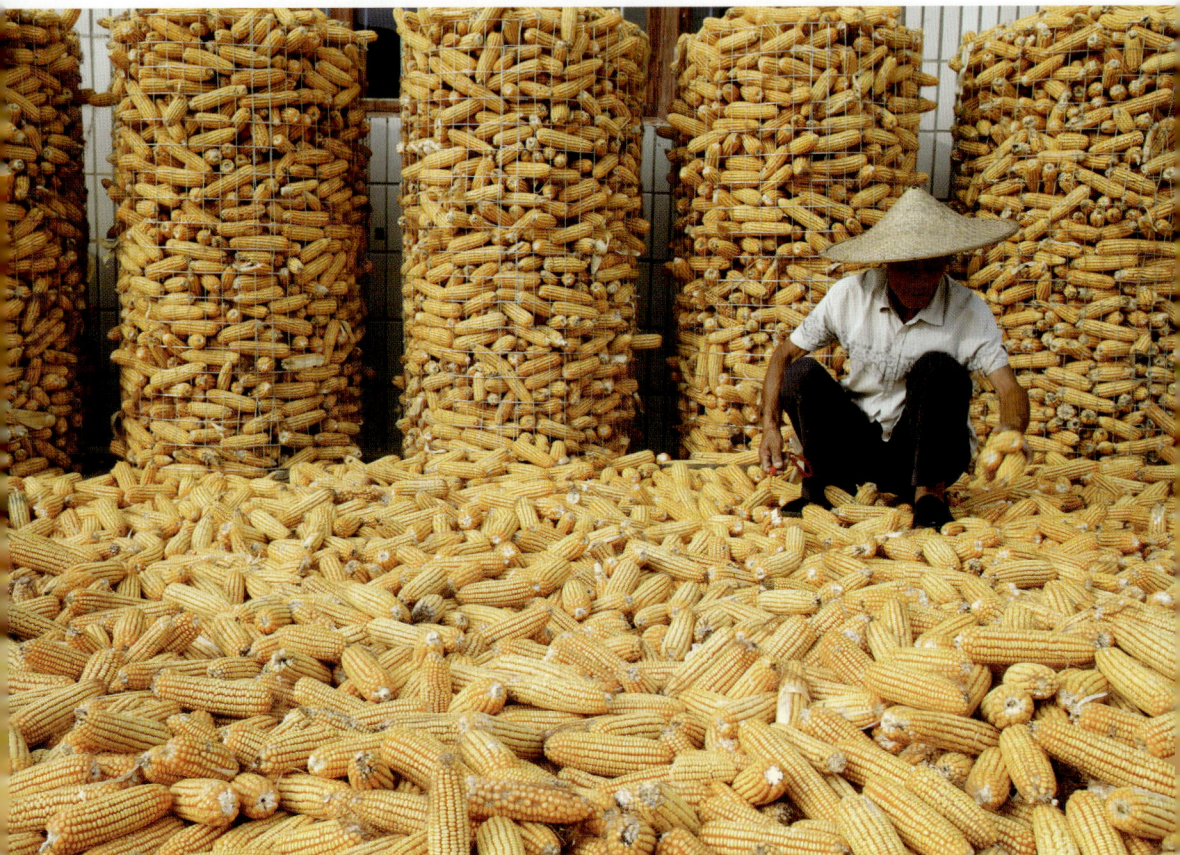

2021 年 9 月 22 日，山东省临沂市郯城县郯城街道农民在整理收获的玉米。国家统计局 12 月 6 日发布数据，2021 年全国粮食总产量达 13657 亿斤，比上年增加 267 亿斤，增长 2.0%，全年粮食产量再创新高，连续 7 年保持在 1.3 万亿斤以上。（新华社发　张春雷摄）

2021 年 10 月 10 日，吉林省吉林市桦皮厂镇周边村屯农民在收获玉米。据国家统计局 2021 年粮食产量数据公告，2021 年吉林省粮食总产 807.84 亿斤，比上年增加 47.24 亿斤。（新华社记者许畅摄）

◆ 深化农业农村改革

　　中国的改革是从农村开始的，农村的改革是从安徽凤阳小岗村开始的。1978 年，小岗村的 18 家农户为了能吃饱饭，"不在（再）向国家伸手要钱要粮"，率先实行了"包产到组、包产到户"。他们写下的这段历史，拉开了中国农村经济改革乃至整个经济体制改革的序幕。

　　2018 年 9 月 27 日，图为北大荒集团在安徽小岗村建立的现代化水稻生产基地。（新华社记者张端摄）

2022 年 1 月 26 日，在凤阳县小岗村，9 名"大包干"带头人在大包干纪念馆前展示自家领取的分红红包。（新华社记者曹力摄）

曾经的小岗村。（新华社发）

　　农业税实际上包括农业税、农业特产税和牧业税。1958年6月3日，一届全国人大常委会第96次会议通过《中华人民共和国农业税条例》。20世纪80年代中后期，农民负担问题逐步突出。从1990年起，中央开始抓减轻农民负担工作，并取得一定成效。2000年，中共中央、国务院决定安徽全省为农村税费改革试点地区。2003年，在试点的基础上，农村税费改革在全国全面推开。2004年，中共中央、国务院决定从当年开始逐步降低农业税税率，并提出5年内全面取消农业税的目标。2005年12月29日，十届全国人大常委会第19次会议决定，自2006年1月1日起国家不再针对农业单独征税，一个在中国存在2600多年的古老税种宣告终结，原定5年内取消农业税的设想提前实现。

2018年9月27日，安徽省滁州市凤阳小岗村的田野景象。（新华社记者张端摄）

　　2000年6月10日，安徽省和县南义乡百余名农民手持农业税纳税通知书，在丰西村农业税征收点排队缴纳农村税费改革后的第一笔税款。当年，安徽省农村税费改革试点工作全面展开。(新华社发)

　　2006年2月4日，安徽省蒙城县漆园镇宫庄村农民王贺朋（左一）花6600元钱购买了一台拖拉机，为春耕春播做准备。国家免征农业税等一系列惠农政策激发了农民的种粮积极性。(新华社发)

　　2014 年 1 月 19 日，新华社受权发布《关于全面深化农村改革加快推进农业现代化的若干意见》，全文约 10000 字，共分 8 个部分 33 条，包括：完善国家粮食安全保障体系；强化农业支持保护制度；建立农业可持续发展长效机制；深化农村土地制度改革；构建新型农业经营体系；加快农村金融制度创新；健全城乡发展一体化体制机制；改善乡村治理机制。

　　2013 年 12 月 4 日，一位农民在安徽滁州琅琊区三官社区的"银行卡助农取款服务点"取出现款，这种取款服务点有效解决了农民群众在家门口取款难的问题。（新华社发　王家国摄）

2013年5月14日，在沈阳一家超市，一名顾客在用手机扫描可追溯薏米仁生产源头的二维码。消费者可通过产品标识上的二维码查询所购农产品产地、施肥、采收、运输、责任人等相关信息，一旦出现食品安全问题，将实现责任和原因可查可追溯。（新华社发　张文魁摄）

2013年12月17日，湖北省宜昌市夷陵区乐天溪镇王家坪村的工作人员在整理土地流转农户的承包经营权证。2014年中央一号文件指出，稳定农村土地承包关系并保持长久不变，在坚持和完善最严格的耕地保护制度前提下，赋予农民对承包地占有、使用、收益、流转及承包经营权抵押、担保权能。（新华社发　张国荣摄）

2013年7月10日，山东省沂源县西里镇涌泉村的农民通过新建成的风光电能节水灌溉项目为桃树浇水，该项目的风力发电机和多晶硅太阳能组件构成了风光互补的电源及动力系统，将风能和光能转化成电能，引水上山实现了高效灌溉。（新华社发　赵东山摄）

◆ 乡村振兴，关键在人、关键在干

　　2014 年 10 月 23 日，在草原宏宝位于临河区的屠宰加工车间，工人们在分割包装羊肉。近年来，地处河套平原和乌拉特草原的内蒙古自治区巴彦淖尔市围绕"以农养牧、以牧促农、农牧结合、协调发展"思路，稳定发展草原畜牧业，加快发展农区畜牧业，不仅实现了牧区草原生态环境的逐步好转，而且开创了肉羊规模化养殖为主的农区畜牧业发展新模式。（新华社记者任军川摄）

2020 年 11 月 17 日，在武威金科脉草业有限责任公司，工作人员在装载青贮饲料。近年来，甘肃省武威市加快推进畜牧业产业集群建设，建立健全饲草种植、肉牛奶牛饲养、肉奶制品加工等全产业链条，优化资源配置利用，促进当地群众就业增收。（新华社记者杜哲宇摄）

2020 年 7 月 25 日，呼格吉勒在内蒙古自治区正蓝旗恩克宝力格嘎查的牧场上放牛。
（新华社记者徐钦摄）

2016 年 1 月 17 日，在贵州省遵义市红花岗区海龙镇桂花村，村民殷丙莲在给散养鸡喂食。贵州省遵义市结合高原气候和良好生态，科学规划特色农业布局，按照"一乡一业、一村一品"的工作思路，大力发展以蔬菜、辣椒、茶叶、竹业、酒用高粱、中药材、干鲜果和生态畜牧业为主的特色农业，推动农业供给侧改革，优化发展结构助农致富。（新华社发　罗星汉摄）

2017 年 9 月 5 日，在贵州省龙里县恒力源刺梨加工厂，工人在传送带上筛选刺梨。贵州省黔南布依族苗族自治州龙里县的刺梨果进入丰收季，农户抢抓晴好天气采摘刺梨鲜果供应加工企业和种植大户。（新华社发　潘希来摄）

　　2018 年 12 月 3 日，云南省澜沧拉祜族自治县南岭乡黄回村村民在管理冬季茶园。茶叶种植是该村村民的主要经济收入来源。云南省澜沧拉祜族自治县结合边疆少数民族地区发展实际，围绕精准扶贫、精准脱贫，加大各类项目资金的整合力度，提高资金使用精准度和效益。全县全面实施产业发展战略，着力发展茶叶、畜牧、蔗糖、冬早蔬菜等传统产业，并培育林业经济、热带水果、香料、乡村休闲旅游等特色优势产业，进一步完善产业扶持政策体系，初步形成"企业 + 合作社 + 基地 + 贫困户"的多元化农业产业发展模式。同时，当地抓实民族文化扶贫，着力打造"快乐拉祜"等文化品牌，依靠自身优势走出一条独具特色的文化扶贫之路，实现了社会效益和经济效益的"双丰收"。（新华社记者杜涓涓摄）

　　2020 年 4 月 20 日，在位于石家庄市行唐县的峪口禽业蛋种鸡养殖基地，工作人员在鉴别雏鸡。河北省石家庄市行唐县积极探索产业脱贫路、致富路，通过引进现代畜牧业龙头企业，建设蛋种鸡养殖基地，采用自动化养殖和智能化管理方式，实现孵化、运输、销售一体化经营，转型升级后的养殖产业为当地农户提供就业岗位 1000 余个，带动 3000 多个建档立卡贫困户脱贫致富。（新华社发　梁子栋摄）

　　2021 年 8 月 12 日，在吉林省吉林市永吉县北大湖镇草庙子村，果农搬运刚采摘的小苹果。从 2019 年发展至今，"林果小镇"依托"公司 + 基地 + 农户 + 合作社"经营模式，已形成苗木、水果、干果等多条产品渠道，走上生态恢复与农民增收双赢的发展之路。（新华社记者张楠摄）

2020年4月7日，在陕西省榆林市榆阳区古塔镇赵家茆村杏树林里拍摄的土鸡。当地群众发展林下经济，成效显著。从1999年开始，榆阳区依托退耕还林工程在南部山区大力推广种植大扁杏。目前，榆阳区杏产业基地达15万亩，加工的杏系列产品畅销省内外，杏产业成为山区群众增收致富的支柱产业。（新华社记者陶明摄）

2019 年 5 月 30 日，陆晓泉（右）与王超平在田埂上查看水稻插秧情况（无人机拍摄）。吉林辉南县是"吉林大米"主产区之一。在辉南县兴德村，活跃着几位青年创业者，他们采用"公司＋合作社＋农户"合作形式，专注水稻有机种植，帮助当地农民致富增收。（新华社记者张楠摄）

2022 年 4 月 21 日拍摄的柞水县小岭镇金米村的木耳大棚。近年来，陕西省商洛市柞水县大力推动木耳产业规模化、产业化、标准化、品牌化发展，取得明显成效。截至 2022 年 4 月，全县累计发展木耳专业村 65 个、木耳生产基地 80 个、木耳大棚 2519 个、万袋以上木耳种植户 3900 余户。木耳产业带动全县 1.5 万户农民增收。（新华社记者邵瑞摄）

2021 年 7 月 1 日，湖南省湘西土家族苗族自治州花垣县双龙镇十八洞村村民张雪琴在村里做导游，为游客讲解十八洞的故事。（新华社记者陈思汗摄）

2021 年 4 月 29 日拍摄的江西省赣州市于都县梓山镇潭头村果蔬种植基地。（新华社记者万象摄）

2020 年 9 月 27 日拍摄的贵州省遵义市播州区枫香镇花茂村。位于贵州省遵义市播州区枫香镇的花茂村，曾是一个增收难、留人难、村容差的贫困村。近年来，花茂村将生态旅游与农业、文化、商业深度融合，建设陶艺文化创意一条街、古法造纸特色商品馆等文化传承基地，发展 100 余户乡村旅游经营户，乡村面貌焕然一新。曾经的贫困村如今变成景区，村民在家门口实现就业创收。（新华社发 胡攀学摄）

2019 年 8 月 7 日拍摄的河北省阜平县
骆驼湾村。（新华社记者赵鸿宇摄）

中国是世界上最大的棉花消费、纺织品出口国，第二大棉花生产国。目前，新疆是我国最大、世界重要的棉花产区。2020年新疆棉花产量达516.1万吨，占全国棉花总产量87.3%。新疆棉花受到国内外商家和消费者的普遍青睐。新疆棉花种植业机械化和自动化程度在近十年有了重大突破，据新疆农业部门发布的2020年数据显示，新疆棉花机械采摘率已达69.83%。新疆企业将继续加大科技投入力度，提高产品质量，进一步提升市场竞争力，更好地开拓国际市场。

2021年10月14日，在尉犁县众望纺织有限公司，工作人员在整理新收购的棉花。近日，中国最大的产棉区——新疆维吾尔自治区进入棉花采收季。2020年，新疆（含新疆生产建设兵团）棉花机械采摘率达75%。2021年，新疆以"提质量、降成本、增效益"为核心，继续推进棉花生产向优势产区集中，退减无水源保障、果棉间作棉田140余万亩，棉花品种结构得到进一步优化。（新华社记者赵戈摄）

2021 年 12 月 1 日，山东省无棣县景国农机服务专业合作社棉农张元梅在棉田里采摘棉花。（新华社记者朱峥摄）

2021 年 4 月 11 日拍摄的"中棉所 127"品种棉种。（新华社记者沙达提摄）

2019年5月14日，久巴村村民在大棚里采摘草莓。出林芝市区，沿川藏公路西行30多公里，就是更章门巴民族乡久巴村的草莓基地。过去，久巴村收入来源主要是靠砍伐林木和挖松茸。西藏全面实施天然林保护工程以后，久巴村120多名群众失去了经济支柱。经过多次升级改造，川藏公路具备了更好的通行能力和更高的安全系数。久巴村从2007年开始依托川藏公路发展草莓种植业，并逐步发展建设温室大棚，成立草莓种植农牧民专业合作社。（新华社记者李鑫摄）

　　2021年9月19日，村民在甘肃省天水市甘谷县安远镇辣椒基地晾晒辣椒。时下，甘肃省天水市甘谷县进入辣椒采收旺季。村民在田间忙着采摘、运送、晾晒辣椒，一派繁忙景象。近年来，甘谷县立足资源优势，大力发展辣椒产业，采取"企业＋合作社＋订单基地＋农户＋电商"的模式，结合市场需求订单种植特色辣椒品种，扩大辣椒等特色种植业，带领农户在家门口就业增收。（新华社发　王克贤摄）

　　2021 年 10 月 20 日，工人在河北省石家庄市正定县塔元庄村"智慧农场"温室内管护蔬菜。近年来，河北省石家庄市正定县加快现代农业产业发展，建成一座集绿色生态农业、休闲观光农业、高科技现代农业等为一体的"智慧农场"，吸引游客前来参观体验，感受现代田园生活魅力。（新华社发 陈其保摄）

　　2022 年 4 月 12 日，福建省福州市闽侯县南通镇蔬菜花卉种植基地的菜农在整理耕地。闽侯县紧邻福州主城区，是福州"菜篮子工程"的重要组成部分，2021 年闽侯县蔬菜播种面积约 60 万亩，总产量约 123 万吨。（新华社记者姜克红摄）

2021 年 12 月 26 日拍摄的渔民从查干湖冰面上的出网点捞出大鱼。查干湖位于中国吉林省松原市前郭尔罗斯蒙古族自治县，渔产资源丰富，被誉为"中国北方最后的渔猎部落"。（新华社记者颜麟蕴摄）

2017 年 9 月 30 日，渔民在昆明滇池边出售刚捕捞的大鱼。当日，云南昆明滇池迎来开湖季。（新华社记者蔺以光摄）

2021 年 12 月 16 日，位于浙江温州的泰瀚 550 兆瓦渔光互补发电项目成功并入国家电网，发电量全额消纳。该项目位于温州浙南产业集聚区瓯飞围区内的滩涂上，占水域面积约 4.7 平方公里。项目将渔业养殖和光伏发电相结合，"上可发电、下可养鱼"，并网后年平均发电量达到 6.5 亿千瓦时，温州电网清洁能源发电装机容量将提升约 26%。（新华社记者徐昱摄）

2020 年 12 月 1 日，千岛湖发展集团的捕捞队在东南湖区进行巨网捕鱼。近年来，浙江省淳安县依托千岛湖一湖秀水，大力推进实施"以鱼保水""以渔治水"生态治水模式。在永葆一湖秀水的同时，打响了千岛湖优质渔业品牌，形成了独具千岛湖特色的"保水渔业"发展模式。（新华社记者徐昱摄）

2021年8月24日，银川市贺兰县银川科海生物技术有限公司园区稻田养鱼系统池塘里的鲤鱼正在进食。位于贺兰山下黄河之畔的宁夏银川市贺兰县，湿地、湖泊众多，具有渔业养殖的优势条件。当地渔业部门通过改良养殖品种、更新养殖技术、创新养殖模式，推进水资源节约集约利用，生态保护修复和环境治理，努力建设黄河流域生态保护和高质量发展先行区。（新华社记者王鹏摄）

2021年12月24日，德清县下渚湖街道一水产养殖场的工作人员在收捕白鱼。德清县是浙江淡水渔业大县。近年来，当地利用良好的水域资源，不断优化养殖品种，让渔民丰产丰收。（新华社发　王正摄）

◆ 农业现代化关键要靠科技现代化

　　"十四五"时期，我国明确提出要全面推进乡村振兴，加快农业农村现代化，提高农业质量效益和竞争力，完善农业科技创新体系，建设智慧农业。在农业领域，无人化和人工智能技术正走进山间和田地。同时，智慧农业系统通过收集数据并分析，让农户更好了解农田的全方位信息，实现精准科学的农业生产管理规划，大幅提升农业生产效益。

　　上图为20世纪50年代，河南省洛阳市郊区石人乡的群众用治虫杆子打农药（新华社记者杨震河摄）；下图为2018年4月25日，在河南省温县武德镇南徐堡村一处农田里，工作人员操作无人机喷洒农药（新华社记者李安摄）。

宁夏中卫市沐沙牧场，经过 7 年时间，改造沙漠近万亩。昔日数十米高的流动沙丘经过治理改造，变身饲草玉米种植基地，荒芜的沙地变身"奶牛乐园"。图为 2020 年 9 月 14 日，宁夏中卫市沐沙牧场的工作人员为自动转盘式奶台上的奶牛挤奶。（新华社记者王鹏摄）

2020 年 10 月 23 日，在新疆阿克苏地区沙雅县古勒巴格镇，农用机械在一处采收完的棉田里进行残膜回收、秸秆粉碎还田作业。阿克苏地区沙雅县地处塔里木盆地西北缘，是产棉大县。近年来，沙雅县先后吸引棉纺、农机制造、节水设备制造等多家企业落户。（新华社记者胡虎虎摄）

福建省东山县是全国水产品加工出口大县，2019 年全县水产品总产量 44 万吨，其中海水养殖产量 27.6 万吨。图为 2020 年 3 月 26 日拍摄的东山县陈城镇海上水产养殖区。（新华社记者姜克红摄）

◆ 统筹疫情防控和经济社会发展

　　在以习近平同志为核心的党中央领航掌舵下，我国走出了一条精准统筹疫情防控和经济社会发展的辩证之道。不仅确保了亿万人民的生命安全，还如期打赢脱贫攻坚战、全面建成小康社会、实现"十四五"良好开局……

2020年10月27日拍摄的河南省驻马店市正阳鲁花厂灌装车间一角。（新华社记者朱祥摄）

2022年3月25日，在辽宁省沈阳市凤祥综合市场，一名市民买菜后扫码付款。（新华社记者王乙杰摄）

2022 年 3 月 25 日，工作人员在位于陕西西安的隆基单晶硅太阳能电池工厂丝网印刷区工作。（新华社记者邵瑞摄）

2022 年 3 月 17 日，广西融安县潭头乡新桂村的春耕田园景色。（新华社记者张爱林摄）

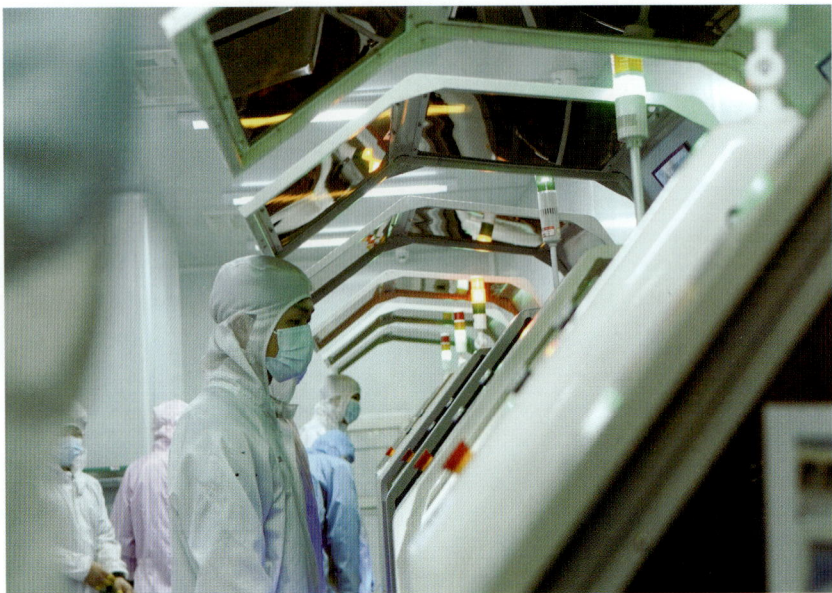

2022年5月9日,位于南昌高新区的一家通信企业,工作人员在生产线工作。近日,江西各地企业陆续复工复产。南昌高新区的多家高科技企业在做好疫情防控的同时稳步加快生产进度,不少企业开足马力满负荷生产。(新华社记者周密摄)

2022年4月12日,在长春高速公路东出口,返乡农民登上"春耕公交专线"。正值春耕备耕之季,作为我国产粮大省的吉林遭遇疫情挑战。为统筹疫情防控与春耕备耕,吉林省连续出台多项举措,坚持应放尽放、应返尽返、应管尽管,全力解决重点地区农民返乡备耕问题。(新华社发)

2022 年 4 月 15 日，在哈尔滨东安汽车动力股份有限公司生产车间，工人在生产作业。今年以来，黑龙江积极统筹疫情防控和经济社会发展，实施产业振兴行动计划，多措并举加快经济增长。（新华社记者王建威摄）

2022年4月21日，工人在江淮汽车新港基地轻卡生产线上忙碌。自春节后复工复产以来，在安徽省合肥市的江淮汽车轻卡生产基地，生产企业防疫、生产两手抓，围绕人员保障、供应链保障、物流保障积极做好防疫措施，确保轻卡生产线正常运转。汽车产业工人在生产线上加紧生产，为复工复产打"卡"。（新华社记者白斌摄）

2022年2月7日，山东省青岛市即墨区即发集团有限公司的工人在生产线上忙碌。（新华社发 梁孝鹏摄）

2022 年 4 月 27 日，在福建省福州市仓山区一家企业，工人缝制防护服。近来，福建省福州市仓山区多措并举，帮助民营工业企业解决在复工复产中面临的困难，减税降费减轻企业负担，助力民营工业企业高质量发展。（新华社发 王旺旺摄）

2022 年 4 月 21 日，工人在辽宁省台安县一家食品有限公司生产线上检查食品。本轮疫情发生后，辽宁省台安县积极帮扶保供农业企业复产复工，工人加班加点生产保供物资，生产车间和保供转运点一片繁忙景象。（新华社记者姚剑锋摄）

三、开放是当代中国的鲜明标识

一件件货物，联通中国与世界。

从面临"被开除球籍"危险到打开国门搞建设，从加入世界贸易组织到坚定维护经济全球化，从"世界工厂"到"世界市场"……中国跃居世界第一大货物贸易国，货物进出口总额从 1950 年的 11.3 亿美元增加到 2020 年的 32.16 万亿元。

从未有哪个国家像中国这样，在如此短的时间内迎来从站起来、富起来到强起来的伟大飞跃，经济总量占世界比重由 1978 年的 1.8% 提高到 2020 年的 17% 以上。中国经济对世界经济增长贡献率稳定在 30% 左右。

2019 年 10 月 25 日，满载着 82 个标准箱的中欧班列（义乌—列日）"世界电子贸易平台（eWTP）菜鸟号"首趟列车抵达比利时列日物流多式联运货运场站。（新华社记者潘革平摄）

◆ 中国改革开放的信心和意志都不会动摇

　　党的十一届三中全会作出以经济建设为中心、实行改革开放的历史性决策，实现新中国成立以来党的历史上具有深远意义的伟大转折，开启了改革开放和社会主义现代化的伟大征程。

　　1980年10月，国务院批准设立厦门经济特区。一年后，随着湖里工地上一声爆破巨响，厦门经济特区建设大幕正式拉开。以两岸融合为特色，40多年来，厦门经济总量年均增长15%，财政总收入年均增长18.1%。2020年厦门人均GDP突破2万美元。图为2021年12月9日拍摄的厦门国际会议展览中心、厦门国际会议中心及周边建筑群。（新华社记者姜克红摄）

左图为深圳蛇口工业区一瞥（新华社记者李长永摄）；右图为 2015 年 2 月 26 日拍摄的广东自贸区深圳前海蛇口片区内的蛇口片区（新华社记者毛思倩）。

　　左图：1979 年，在山东济南，28 岁的李伏英用自行车推着刚满一岁的儿子张侃出行（张侃提供）。张侃小时候跟着父母出门，经常乘坐家里这辆自行车。右图：2018 年 11 月 6 日，在山东济南，67 岁的李伏英乘坐儿子张侃的私家车出行（新华社记者朱峥摄）。张侃是改革开放同龄人，在他眼中，这些年他家最大的变化就是交通工具的改变。2009 年，他和爱人买了一辆 10 万元左右的汽车，经常开车带着一家老小走亲访友、自驾游。

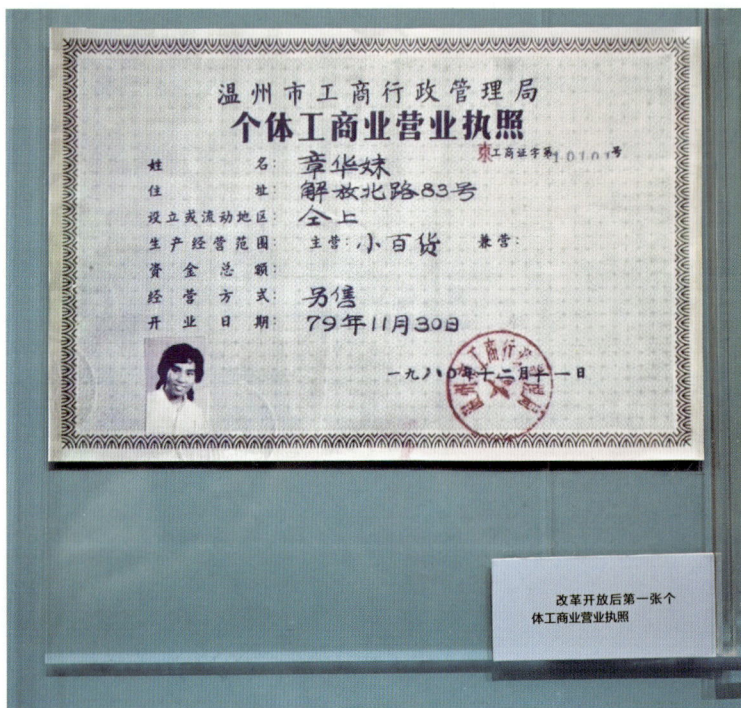

　　图为 2018 年 11 月 15 日在"伟大的变革——庆祝改革开放 40 周年大型展览"上拍摄的改革开放后第一张个体工商业营业执照。（新华社记者李鑫摄）

上图为改革开放后中国的第一家个体饭馆——中国美术馆正门对面翠花胡同里的悦宾饭店；下图为2019年1月29日，顾客在悦宾饭店里就餐。（新华社记者鞠焕宗摄）

2001 年 11 月 10 日，在多哈举行的世界贸易组织第四届部长级会议以全体协商一致的方式，审议并通过了中国加入世贸组织的决定。11 日，时任中国外经贸部部长石广生签署了中国加入世界贸易组织议定书。12 月 11 日，中国正式成为世贸组织第 143 个成员。

中国加入世贸组织以来，逐步降低进口产品关税税率，取消进口配额、许可证等非关税措施，全面放开对外贸易经营权，大幅降低外贸准入门槛，同时致力于提高对外开放政策的稳定性、透明度和可预见性，努力使国内涉外经济法律法规与中国入世承诺相一致。中国加入世贸组织极大促进了中国经济的发展，并对国际经济结构和模式的调整有重要意义。

1986 年 7 月 11 日，中国正式照会关贸总协定总干事，要求恢复中国总协定缔约国地位。世界贸易组织前身是关税与贸易总协定，中国是关税与贸易总协定的创始缔约国之一。但由于历史原因，中国与关贸总协定之间的正式关系长期中断。1984 年 1 月，中国正式成为关贸总协定下属的国际纺织品贸易协议的成员。图为关贸总协定的成员在东京开会。（新华社发 资料照片）

2001 年 11 月 11 日出版的香港报纸均用显著位置报道中国加入世界贸易组织的消息。（新华社记者沈桥摄）

2002 年 3 月 21 日，美国花旗银行上海分行正式对外营业。这是国内首家获准经营国内居民和企业外汇业务的独资外资银行。（新华社发）

2021 年 12 月 4 日，在泗洪县一水产品出口加工基地，工人在生产车间将蒸煮后的螃蟹摆放入盘。江苏省宿迁市泗洪县在培植螃蟹产业过程中，高标准建设螃蟹养殖出口示范基地，按照出口订单标准养殖螃蟹。（新华社发　许昌亮摄）

2021 年 10 月 12 日，作业车辆在满洲里口岸铁路集装箱场内装卸集装箱。（新华社记者彭源摄）

2021年7月19日，在东光包装机械产业园内的一家包装机械生产车间，工人为海外客户制造产品。今年以来，河北沧州东光县包装机械产业科技创新成效显现，海外订单大幅增加，众多企业生产提速。（新华社发　傅新春摄）

图为2020年12月30日在天津港拍摄的红旗品牌汽车装船现场。当日，400辆红旗品牌汽车由天津港正式装船驶向沙特阿拉伯，这是红旗品牌迄今为止单次最大规模的出口。沙特也成为继阿拉伯联合酋长国、挪威等国之后，红旗品牌走向世界的又一全新市场。（新华社发）

2021 年 8 月 20 日，河北省唐山市丰南区一家线缆出口企业的工人在记录产品信息。（新华社记者牟宇摄）

2020 年 11 月 26 日，在福建省霞浦县三沙镇，福建省海洋丝路渔业有限公司员工在装运出口美国的大黄鱼。（新华社记者宋为伟摄）

2022 年 1 月 14 日，海关总署发布数据显示，2021 年，以美元计价，我国货物贸易进出口规模首次突破 6 万亿美元，创下历史新高。图为 2021 年 12 月 7 日，大批出口商品车在山东港口烟台港集结等待装船。（新华社发 唐克摄）

一部广交会的历史就是中国不断扩大对外开放、融入世界经济的历史。面对全球疫情起伏反复，国际形势复杂多变，外贸发展存在诸多不确定性，国际产业链供应链受到严重冲击的大背景，线下广交会开幕充分显示：中国对外开放的决心不会动摇，推动更高水平开放的脚步不会停滞。

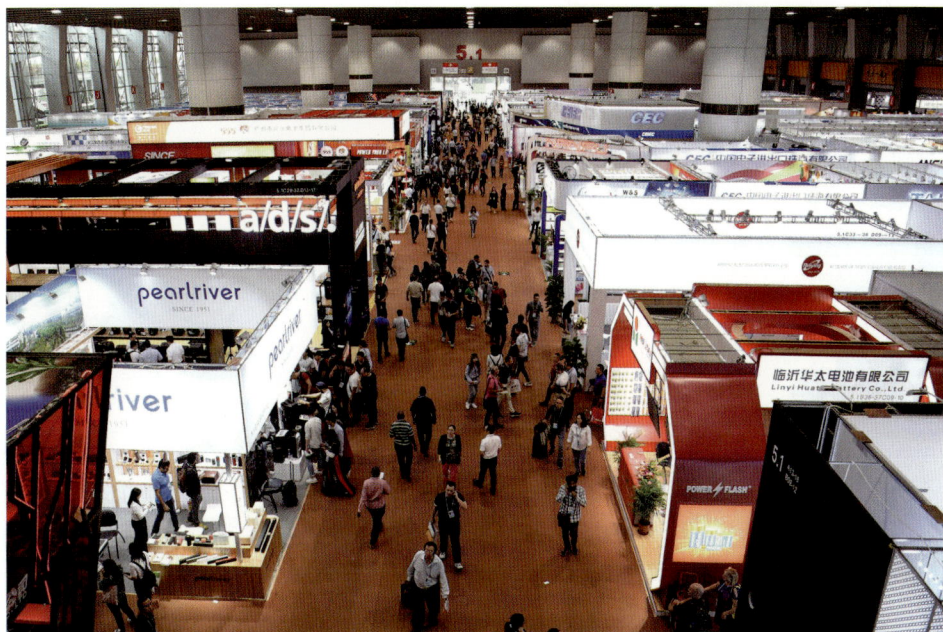

2019 年 10 月 15 日拍摄的广交会场馆内景。当日，第 126 届中国进出口商品交易会（广交会）在广州开幕。本届广交会展览总面积 118.5 万平方米，展位总数 60676 个，境内外参展企业 25642 家。（新华社记者邓华摄）

2021 年 10 月 15 日，参展人员在第 130 届广交会现场。（新华社记者刘大伟摄）

◆ 推动高质量共建"一带一路"

　　"一带一路"倡议提出后，赢得国际社会广泛认同。截至 2021 年 1 月底，中国已经同 140 个国家和 31 个国际组织签署 205 份共建"一带一路"合作文件。"一带一路"倡议已成为全球最大的国际合作平台。根据"十四五"规划和 2035 年远景目标纲要，我国坚持实施更大范围、更宽领域、更深层次对外开放，依托我国超大规模市场优势，促进国际合作，实现互利共赢，推动共建"一带一路"行稳致远，推动构建人类命运共同体。

2021 年 5 月 27 日在匈牙利考波什堡拍摄的 100 兆瓦光伏电站。由中国通用技术集团所属中国机械进出口（集团）有限公司（中机公司）投资兴建的匈牙利考波什堡 100 兆瓦光伏电站项目 27 日在考波什堡市举行投运启动仪式。（新华社发 弗尔季·奥蒂洛摄）

2018 年 10 月 2 日，车辆从由中国援建、连接马尔代夫首都马累和机场岛的中马友谊大桥桥头拱门穿过。（新华社发 杜才良摄）

"一带一路"国际合作高峰论坛于 2017 年 5 月 14 日至 15 日在北京举行，怀柔雁栖湖国际会议中心是此次高峰论坛的主会场。图为 2017 年 5 月 6 日拍摄的雁栖湖。（新华社记者李鑫摄）

2020 年 9 月 29 日上午，相嫩三号隧道顺利贯通。至此，中老铁路全线 75 座隧道实现安全贯通目标。图为 2020 年 9 月 28 日，在老挝北部琅勃拉邦省拍摄的中老铁路控制性工程——相嫩三号隧道建设现场。（新华社发　凯乔摄）

从 2020 年开始，中资制衣类企业——利德成集团在其位于孟加拉国达卡的厂区内建设光伏电站，以降低对传统能源的依赖，减少碳排放，从绿色发展的角度助力"一带一路"建设。图为 2021 年 1 月 3 日，在位于孟加拉国首都达卡郊区的利德成集团厂区，工人们在房顶组装光伏模组。（新华社发）

科伦坡港口城是斯里兰卡与中国"一带一路"重点合作项目。按照计划，港口城通过填海造地形成 269 公顷土地，在斯里兰卡首都科伦坡建成一座集金融、旅游、物流和信息技术于一体的全新中央商务区。图为 2020 年 9 月 23 日拍摄的斯里兰卡科伦坡港口城中央园林区。（新华社发 中国港湾科伦坡港口城项目部供图）

2018 年 12 月 10 日，云南大理至瑞丽铁路全线重点控制性工程——怒江四线特大桥钢桁拱顺利合龙，标志着我国"一带一路"中缅国际铁路通道建设取得重大进展。（新华社发）

图为 2020 年 7 月 24 日在老挝拍摄的中老铁路班纳汉湄公河特大桥。中老铁路是中国"一带一路"倡议与老挝"变陆锁国为陆联国"战略对接项目。（新华社发 潘龙柱摄）

2021 年 1 月 13 日，亚投行总部大楼内景和庆祝正式开业五周年装饰。（新华社记者李鑫摄）

图为 2019 年 1 月 16 日航拍的希腊比雷埃夫斯港。（新华社记者吴鲁摄）

2021 年 3 月 31 日，在绥芬河站国际联运交易所大厅，货代公司业务员在办理业务。（新华社记者王建威摄）

服务一带一路

国际货运④　　国际货运③

　　中国和欧洲，分列"一带一路"的两端。然而，万水千山从来不是阻隔，奔驰的中欧班列实现了中欧跨越大陆的握手。中国从未像今天这样向世界伸出双手，世界也从未像今天这样瞩目中国。中国国家主席习近平 2013 年提出"一带一路"倡议以来，中欧班列正成为促进中欧经贸往来的新引擎。伴随着"一带一路"翻开中国与欧洲发展的新华章，中欧班列正源源不断地写下更多共荣共享的精彩故事。

　　2014 年 11 月 18 日，首趟"义新欧"国际货运班列整装待发。当日，运载着 82 个标箱出口小商品的首趟"义（义乌）新（新疆）欧（欧洲）"班列从浙江省义乌市鸣笛开行，奔向 13052 公里之遥的西班牙马德里市。这意味着中国义乌至西班牙马德里的"义新欧"铁路国际货运班列正式开行，这也是义乌国际贸易综合改革试点国际物流大通道建设的重大突破。（新华社记者徐昱摄）

2021 年 4 月 13 日，X9041 次中欧班列（西安）从西安国际港站出发。这是 2021 年陕西开行的第 1000 列中欧班列。（新华社记者李一博摄）

2021 年 9 月 28 日，"上海号"中欧班列从上海首发，驶向德国汉堡。（新华社记者丁汀摄）

◆ 把自贸区建设成为新时代改革开放的新高地

　　2013 年 9 月，中国第一个自贸试验区在上海诞生。"十三五"时期，我国自贸试验区几经扩围，发展到 21 个，形成覆盖东西南北中的改革开放创新格局。自贸试验区以制度创新为核心任务积极探索，改革开放试验田作用充分显现，交出一份亮眼"成绩单"。

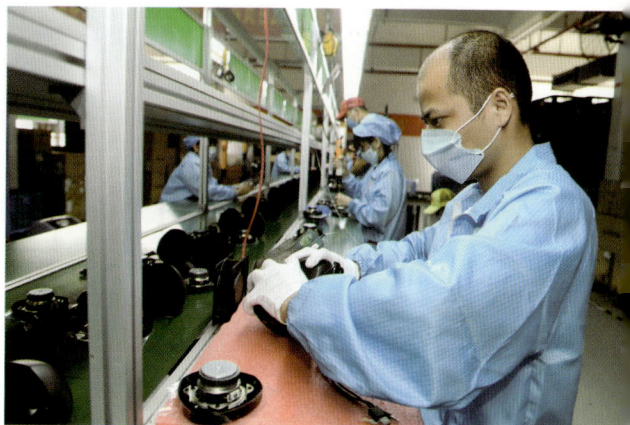

2020 年 4 月 15 日，中国—东盟自由贸易区凭祥物流园一家外贸企业的员工在生产出口的电子产品。（新华社记者陆波岸摄）

2020 年 2 月 16 日，滚装货船"劳拉"轮驶入海口秀英港，图为海南自贸区政策实施以来的首艘汽车外贸船。（新华社记者杨冠宇摄）

　　2020 年 8 月 6 日，游客在三亚亚特兰蒂斯酒店内的水族馆游玩。打造国际旅游消费中心，是海南自贸区（港）建设的重要内容。近年来，海南相继建成三亚亚龙湾、海棠湾等 9 个滨海旅游度假区和酒店集群。海南正用更多元化的重点项目不断推进国际旅游消费中心建设。（新华社记者杨冠宇摄）

　　中国（江苏）自由贸易试验区设立以来，南京、苏州、连云港 3 个片区各展风采，改革任务加速落地，开放发展动能强劲，创新活力充分释放，产业基础有力夯实，长效机制初步建立。图为 2020 年 8 月 20 日拍摄的苏州工业园区夜景。（新华社记者李博摄）

2020 年 10 月 5 日，游客在海南三亚国际免税城购物。自 2020 年 7 月 1 日免税购物额度提高至 10 万元等新政实施以来，来自全球的多家奢侈品品牌企业看好海南自贸港机遇和中国市场，已与海南签约或达成合作意向。（新华社记者郭程摄）

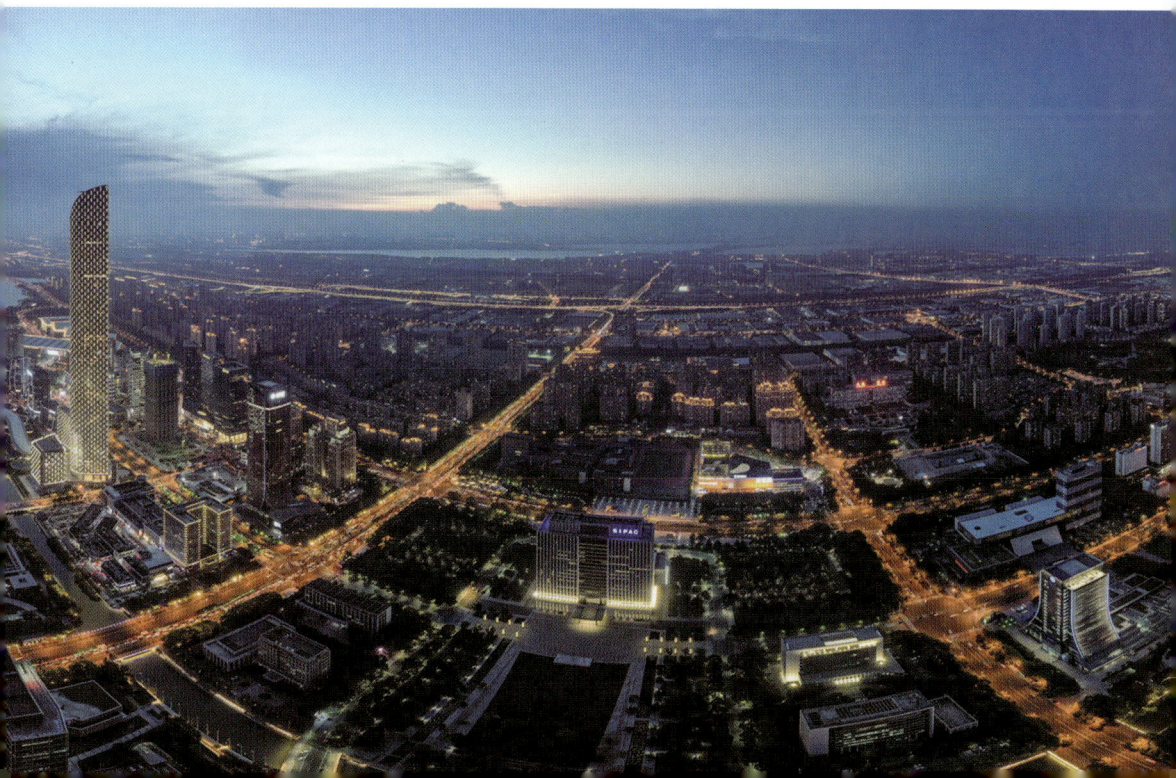

图为 2017 年 5 月 17 日在中国（四川）自由贸易试验区川南临港
片区拍摄的泸州港。（新华社记者薛玉斌摄）

中国（黑龙江）自由贸易试验区哈尔滨片区自挂牌运行以来，重点发展新一代信息技术、新材料、高端装备、生物医药等战略性新兴产业，有序推进科技、金融、文化旅游等现代服务业和寒地冰雪经济，建设对俄罗斯及东北亚全面合作的承载高地和联通国内、辐射欧亚的国家物流枢纽，打造东北全面振兴全方位振兴的增长极和示范区。图为 2020 年 11 月 13 日拍摄的位于阳明滩大桥上的中国（黑龙江）自由贸易试验区哈尔滨片区"大门"。（新华社发　张涛摄）

2020年7月31日，在中国（河北）自由贸易试验区曹妃甸片区内，一家木材企业的工人在将加工好的木材装车。中国（河北）自由贸易试验区设立以来，立足建设制度创新高地和打造改革开放试验田，按下建设"快进键"，交出了一份扎扎实实的成绩单。（新华社记者杨世尧摄）

2020年9月8日拍摄的中国（辽宁）自由贸易试验区沈阳片区"浑南会客厅"内景。"浑南会客厅"采用"一枚印章管审批"的模式，优化审批流程，整合相关事项，实现一个机构、一枚印章统管审批事项，为企业办理各种证照和许可提供便利。（新华社记者杨青摄）

2021 年 11 月 3 日，上海晨景。（新华社发　刘德功摄）

图为 1995 年 4 月拍摄的浦东陆家嘴金融贸易区。1990 年 4 月 18 日，党中央、国务院正式宣布：中央决定同意上海市加快浦东地区开发。（新华社发）

◆ 让开放的春风温暖世界

举办中国国际进口博览会由习近平主席亲自谋划、亲自提出、亲自部署、亲自推动，是中国着眼推进新一轮高水平对外开放作出的一项重大决策，是中国主动向世界开放市场的重大举措。

2018年11月5日，德国法兰克福展览公司展台举行小型推介会。首届中国国际进口博览会服务贸易展区汇集数百家来自全球的服务贸易参展商，业务涵盖物流、零售、金融、咨询、服务外包、文化教育、创意设计、旅游服务等，众多业界知名企业集中展示服务产品，满足中国日益扩大和提升的服务进口需求。（新华社记者方喆摄）

　　2019 年 11 月 10 日，在第二届进博会汽车展区，参观者（中）在工作人员的指导下体验本田公司生产的步行辅助设备。第二届中国国际进口博览会 11 月 5 日至 10 日在上海国家会展中心举行。（新华社记者王鹏摄）

　　2019 年 11 月 16 日，参观者在第二届进博会俄罗斯国家馆参观展出的飞机模型。（新华社记者王鹏摄）

2020 年 11 月 5 日在第三届进博会服务贸易展区拍摄的物流分拣机器人。最"聪明"的工厂、最"无界"的楼书、最"智慧"的方案……虽然第三届中国国际进口博览会服务贸易展区多是看不见的展品，但现场体验感同样满满，含金量颇高，一批颠覆性技术和最新成果带来"未来已来"的全新灵感。在传统贸易受疫情冲击的背景下，进博会为全球服务贸易供需双方搭建起了沟通的"桥梁"。（新华社记者张豪夫摄）

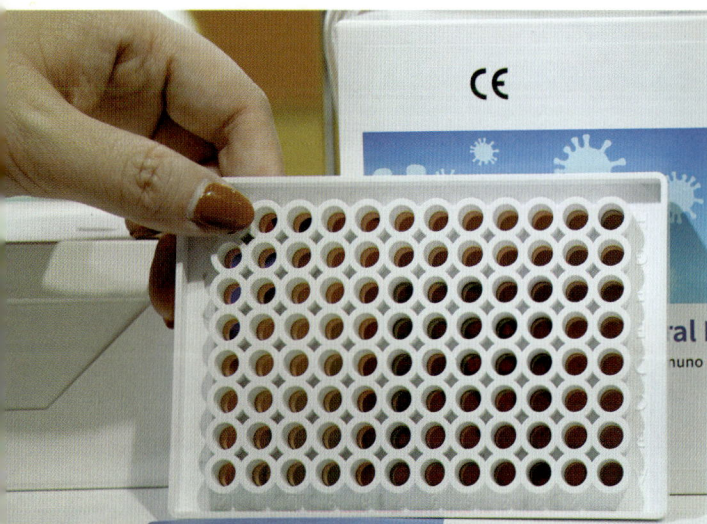

2020 年 11 月 8 日在第三届进博会医疗器械及医药保健展区阿斯利康展台拍摄的新冠病毒颗粒抗原检测试剂盒。（新华社记者刘颖摄）

2020 年 11 月 5 日，在第三届进博会服务贸易展区，德勤公司在中国首发"德勤小黄鸭智能工厂"，工作人员通过 AR（增强现实）技术展示智能工厂的应用场景。（新华社记者王翔摄）

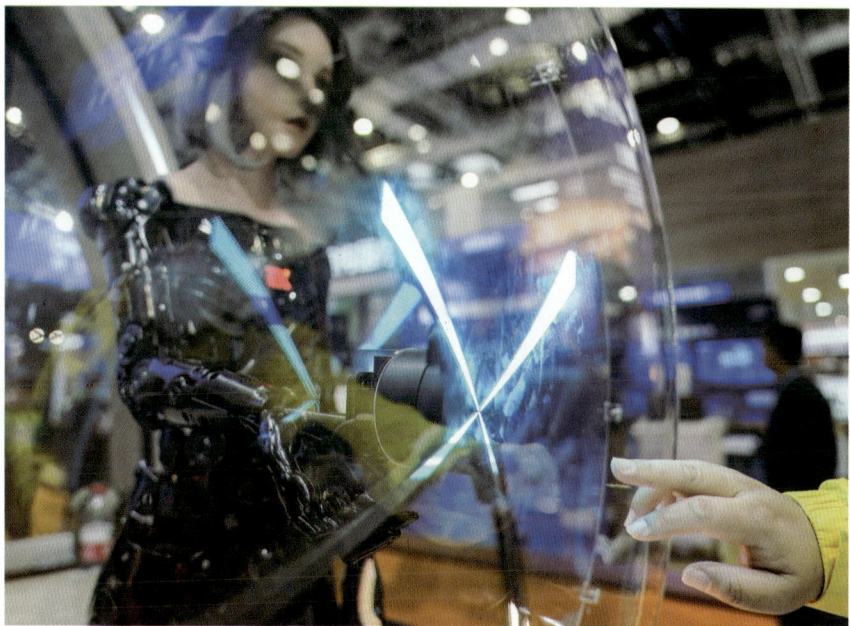

2020 年 11 月 9 日，观众在技术装备展区微软展台参观 EX 仿生机器人，人手与机械手隔空相对。在第三届中国国际进口博览会上，智能机器人各显其能，各类机械臂展示在生产、生活中的应用场景，让人们畅想未来智能化社会。（新华社记者张豪夫摄）

第三届进博会大型贸易投资对接会在线上线下吸引 64 个国家和地区的 674 家展商、1351 家采购商参会，达成合作意向 861 项。图为 2020 年 11 月 10 日，参观者从国家会展中心（上海）一处进博会主题装饰前走过。当日，第三届中国国际进口博览会在上海落下帷幕。（新华社记者赵丁喆摄）

2021 年 11 月 8 日，工作人员在进博会阿富汗手工羊毛地毯展台整理商品。在上海举行的第四届中国国际进口博览会上，来自五湖四海的各类展品多姿多彩，其中来自阿富汗的手工羊毛地毯吸引了观众的目光。（新华社记者刘颖摄）

图为 2021 年 11 月 6 日，港式奶茶品牌"金茶王"在进博会上的展位。（新华社记者王婧媛摄）

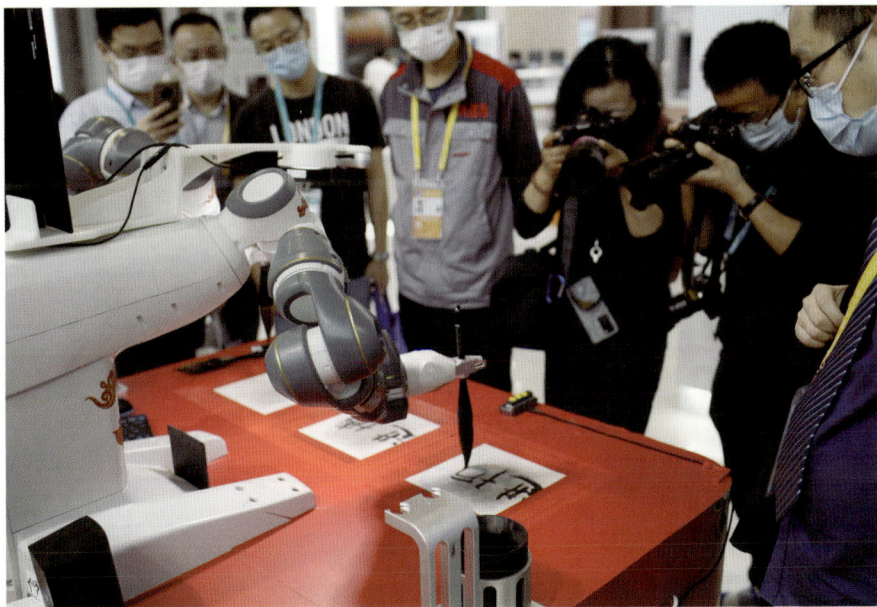

2021 年 11 月 7 日，在第四届进博会技术装备展区，一款书法机器人吸引参观者目光。第四届进博会上展出的不少新产品和新技术，让观众近距离感受数字科技给生活带来的新变化和新体验。（新华社记者金立旺摄）

2021 年 11 月 5 日，人们在第四届进博会上参观。（新华社记者李响摄）

2021年11月5日在进博会汽车展区拍摄的用"冬奥"元素布置的展台。（新华社发　郝昭摄）

第四届进博会"朋友圈"进一步扩大，企业商业展共有来自127个国家和地区的2900多家企业参展，展览面积达到36.6万平方米，再创历史新高，展示新产品、新技术、新服务422项。图为2021年11月5日在第四届进博会拍摄的技术装备展区集成电路专区。（新华社记者张建松摄）

2021 年 10 月 31 日拍摄的国家会展中心（上海）。（新华社发　蒋中呈摄）

四、全面贯彻新发展理念　加快构建新发展格局

　　党的十八大以来，以习近平同志为核心的党中央科学判断经济形势，形成经济社会发展许多重大理论创新，提出以"创新、协调、绿色、开放、共享"为主要内容的新发展理念。新发展理念是一个系统的理论体系，回答了关于发展的目的、动力、方式、路径等一系列理论和实践问题，阐明了我们党关于发展的政治立场、价值导向、发展模式、发展道路等重大政治问题。在新发展理念指引下，我国经济社会发展取得历史性成就、发生历史性变革。实践充分证明，新发展理念具有很强的战略性、纲领性、引领性，是指挥棒、红绿灯，是我国发展思路、发展方向、发展着力点的集中体现，是管全局、管根本、管长远的导向。

图为 2021 年 7 月 1 日拍摄的京雄城际铁路雄安站。（新华社记者牟宇摄）

◆ 创新发展

　　创新已经成为落实新发展理念、推动高质量发展、构建新发展格局的第一动力。展望"十四五"，更加依靠科技创新，不断拓展发展新空间，塑造新的发展优势，将为新发展阶段实现高质量发展蓄积更多新动能。

2012 年 10 月 18 日，工作人员在烽火科技生产车间内作业。进入新时代，中华民族再次焕发深厚的创新禀赋，并不断注入新的基因，使之成为实现伟大复兴梦想的第一驱动力。（新华社记者肖艺九摄）

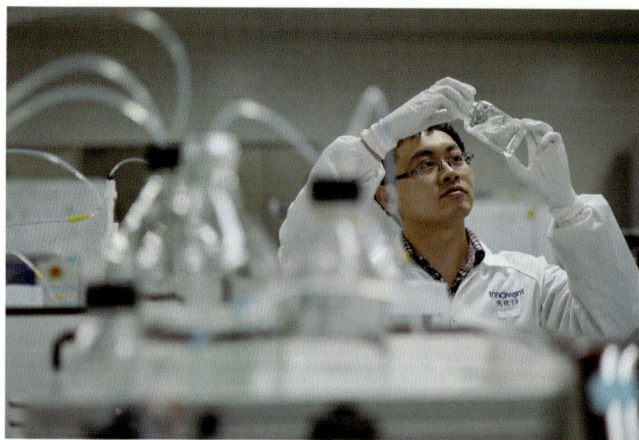

2017 年 5 月 9 日，在信达生物制药（苏州）有限公司研发实验室，一名工程师在观察药物中间产品外观。（新华社记者李响摄）

2018年2月1日，动车组停靠在武汉动车段的存车线上，准备进行检修和保温作业。"十三五"是创新驱动不断向纵深延展的时期，是科技持续"赋能"高质量发展的时期。高铁、5G加速推广应用，智能设备涌入千家万户，创新药越来越多"中国造"……回眸"十三五"，我国创新质量连年位居中等收入经济体首位，主要科技创新指标稳步提升。（新华社记者肖艺九摄）

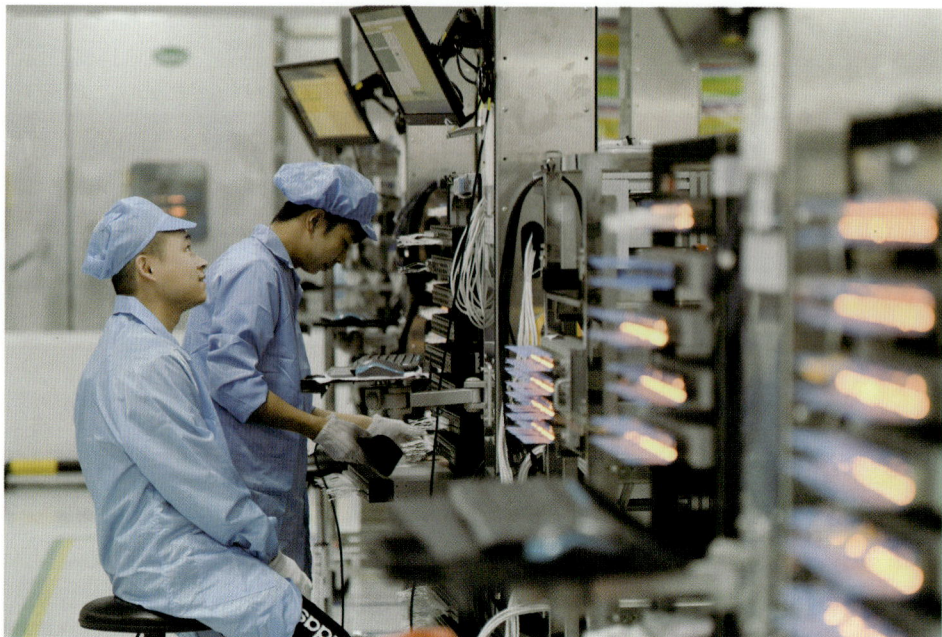

2020 年 9 月 22 日，在福建省福州市一家高新技术企业，员工在生产数字网络产品。（新华社记者宋为伟摄）

2021 年 2 月 18 日，一名技术人员在 GE 医疗北京影像制造基地车间内工作。（新华社记者彭子洋摄）

2019年6月28日，嘉宾在新华媒体创意工场参观、拍摄MR智能演播厅。当日，前来北京参加"一带一路"经济信息共享网络成立大会的外国媒体机构代表参观新华媒体创意工场和京东总部，感受中国科技创新发展成果以及社会经济发展成就。（新华社记者沈伯韩摄）

◆ 协调发展

　　协调发展，主要旨在解决发展不平衡问题，这是我国发展的实际倒逼而来，也是因时而动、应势而为，发挥主观能动性的主动选择。"十四五"规划和 2035 年远景目标纲要提出：我国要建立健全区域战略统筹、市场一体化发展、区域合作互助、区际利益补偿等机制，更好促进发达地区和欠发达地区、东中西部和东北地区共同发展。深入推进西部大开发、东北全面振兴、中部地区崛起、东部率先发展，支持特殊类型地区加快发展，在发展中促进相对平衡。

　　大湾区综合性国家科学中心先行启动区（松山湖科学城）2021 年 4 月 22 日在广东省东莞市全面启动，一批重大基础设施项目同步启动，成为推动粤港澳大湾区国际科技创新中心建设的重要力量。图为 2021 年 4 月 21 日拍摄的东莞松山湖风景。（新华社记者邓华摄）

2020 年 11 月 26 日，工人在贵州省黔东南苗族侗族自治州剑河县食用菌基地搬运采摘的食用菌。2016 年以来，浙江省杭州市对口帮扶贵州省黔东南苗族侗族自治州，通过产业扶贫、教育医疗结对帮扶，东西扶贫协作在黔东南各地结出累累硕果。（新华社发 钟传坤摄）

2020 年 3 月 18 日，农民在宁夏闽宁镇双孢菇栽培示范基地采摘蘑菇。（新华社记者王鹏摄）

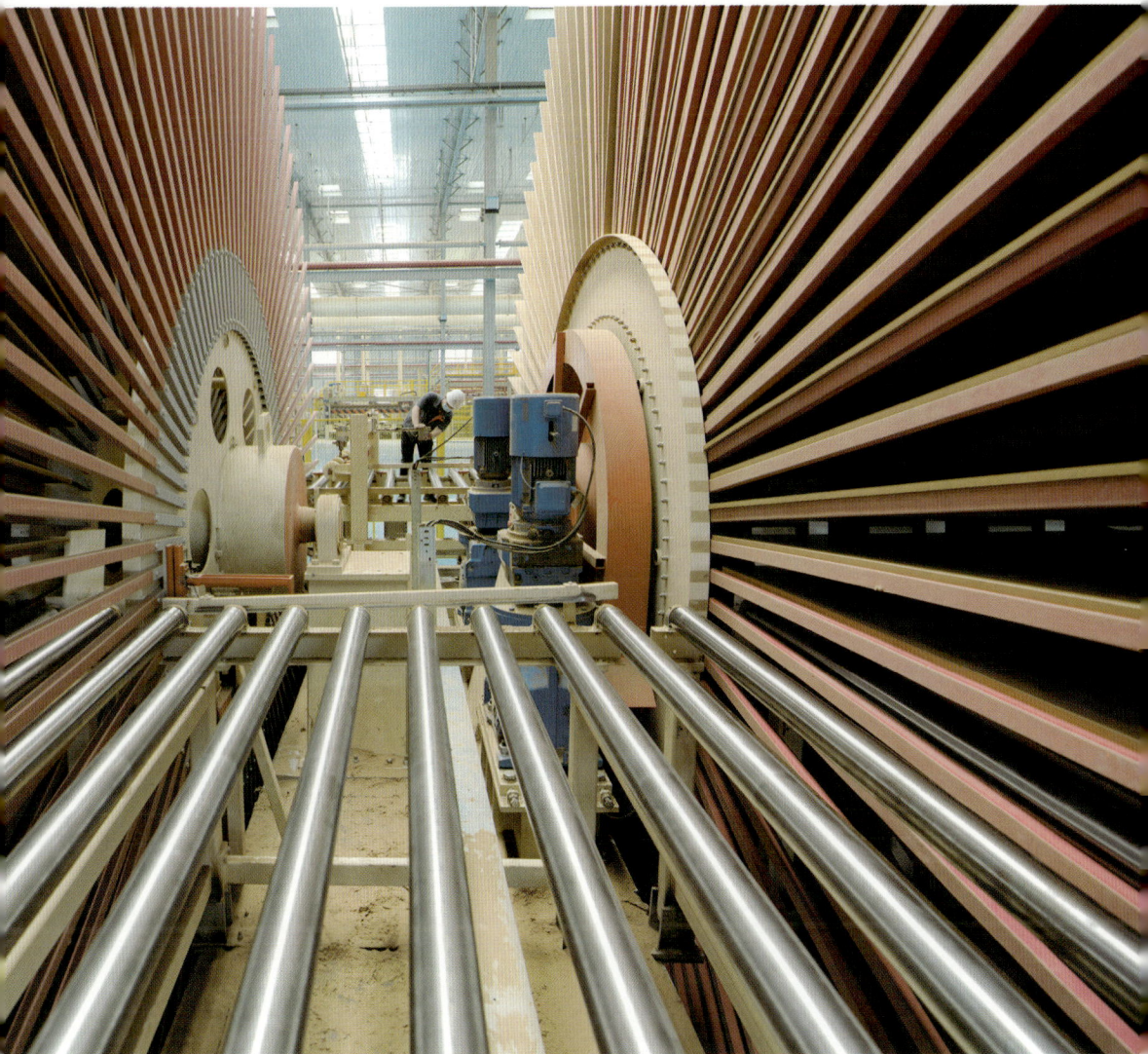

2020 年 8 月 17 日，工人在河北省唐山市曹妃甸区金隅天坛（唐山）木业科技有限公司的生产线上工作，该企业为北京金隅天坛家具股份有限公司全资子公司。京津冀协同发展战略实施以来，河北省唐山市曹妃甸区依托港口和区位优势，抢抓发展机遇，积极承接北京非首都功能产业转移。（新华社记者杨世尧摄）

《中共中央　国务院关于全面振兴东北地区等老工业基地的若干意见》2016 年 4 月 26 日发布，在"十三五"开局之际吹响了新一轮东北振兴战略的号角。图为 2016 年 3 月 28 日拍摄的沈阳机床（集团）有限责任公司机床生产车间。（新华社记者杨青摄）

2020 年 4 月 10 日，工人在位于黑龙江省齐齐哈尔市的中国一重集团有限公司车间进行生产作业。（新华社记者王建威摄）

2018 年 11 月 30 日，一汽解放职工与第 700 万辆解放卡车合影留念。（新华社记者许畅摄）

图为 2021 年 9 月 8 日拍摄的深圳前海深港现代服务业合作区。（新华社记者毛思倩摄）

图为 2020 年 9 月 12 日拍摄的港珠澳大桥。（新华社记者陈晔华摄）

2021年9月2日，在广东江门开平市国家现代农业示范区内，罗伟特、梁立锋、谭慧敏（从右至左）在鱼菜共生生产基地拿着"水口白菜"。（新华社记者邓华摄）

图为广州南沙的香港科技大学霍英东研究院。（新华社发　资料照片）

　　在长三角的经济版图上，有一些企业的名字老百姓可能从未听过，但在其所在行业却是"如雷贯耳"，它们专注于各个细分领域，把看似不起眼的产品做精做强，在细分行业内的业绩稳居龙头，这样的企业被称为"隐形冠军"。近年来，在经济活跃度很高的中国长三角地区，涌现出了一批"低调而华丽"的"隐形冠军"企业。中国的工业化、城镇化进程造就了一批世界级公司，成为各自细分领域的"隐形冠军"。从行业来看，长三角地区的"隐形冠军"公司主要集中在机械设备及轻工领域。

2016年4月18日，江苏苏州昆山好孩子集团生产线的质检人员在对产品质量进行检测。好孩子集团开创了数千项专利，产品远销海内外，还在海外建立了七大研发中心，参与了186项国际国内行业标准的制定。（新华社记者季春鹏摄）

图为 2018 年 9 月 28 日在上海市松江区行政服务中心拍摄的 G60 科创走廊产业集群"零距离"审批自助区。当日，全国首批异地办理的 11 张营业执照和 1 张工业产品生产许可证在长三角 G60 科创走廊诞生。（新华社记者丁汀摄）

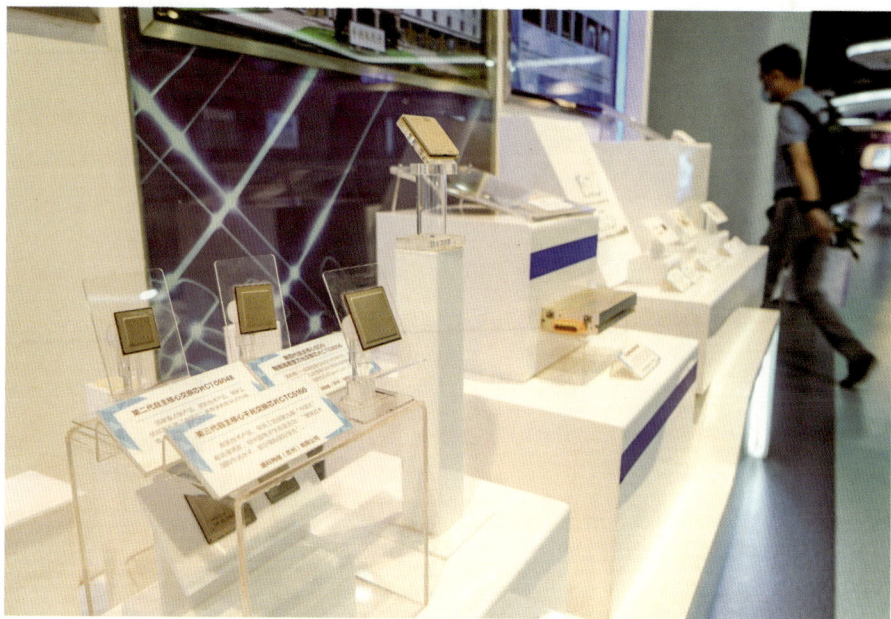

2020 年 5 月 29 日，江苏省产业技术研究院产业创新发展馆内展示的各种自主核心芯片。（新华社记者李博摄）

　　"十三五"时期，我国城市建设发展成就显著，新型城镇化深入推进。截至"十三五"末，我国城市数量达到684个，城市建成区面积达6.03万平方公里。在构建区域协调发展新机制下，一系列重大区域战略推进实施，形成主体功能明显、优势互补、高质量发展的区域经济布局。都市圈通勤交通网持续完善，中心城市动能不断提升，大中小城市和小城镇协调发展，继续创造高品质生活、实现高效能治理。

2020年12月24日，乘客准备登上由重庆沙坪坝站开往成都东站的G8608次"复兴号"高铁列车。（新华社记者唐奕摄）

图为 2020 年 5 月 6 日拍摄的重庆城市景象。（新华社记者王全超摄）

2019 年 7 月 9 日，大学生在安徽淮南市大数据展示中心参观，了解大数据产业在智慧城市建设中的作用。（新华社发　陈彬摄）

2020 年 3 月 18 日，图为上海洋山港集装箱码头。（新华社记者丁汀摄）

2021 年 2 月 7 日拍摄的在成都市锦江公园的"点亮锦江"开幕活动中，市民观赏锦江夜色。
（新华社记者刘梦琪摄）

2020 年 2 月 24 日，位于中心城区的广州海珠国家湿地公园与城市地标广州塔遥相呼应。（新华社发　谢惠强摄）

◆ 绿色发展

发展是硬道理，发展需要可持续。资源开发利用既要支撑当代人过上幸福生活，也要为子孙后代留下生存根基。我国历来高度重视生态环境保护，把节约资源和保护环境确立为基本国策，把可持续发展确立为国家战略。根据"十四五"规划和 2035 年远景目标纲要，我国要坚持生态优先、绿色发展，推进资源总量管理、科学配置、全面节约、循环利用，协同推进经济高质量发展和生态环境高水平保护。

2018 年 11 月 10 日，在江苏省泰兴市公交总站，一辆纯电动公交车准备入站充电。（新华社记者季春鹏摄）

图为 2018 年 6 月 5 日拍摄的浙江省长兴县小浦镇"全电物流"项目的全封闭输送带。（新华社记者徐昱摄）

图为 2018 年 12 月 26 日在甘肃省敦煌市光电产业园区拍摄的敦煌 100 兆瓦熔盐塔式光热电站全景（无人机照片）。（新华社记者范培珅摄）

图为 2020 年 10 月 5 日在位于重庆来福士的一家老火锅餐厅拍摄的"光盘行动"宣传标语。（新华社记者王全超摄）

◆ 开放发展

　　从统筹推进 21 个自贸试验区建设到高质量高标准建设海南自由贸易港，从颁布实施外商投资法到签署区域全面经济伙伴关系协定（RCEP），从开创性的进博会到规模盛大的服贸会……更高水平开放型经济新体制加快形成，中国在开放发展中争取战略主动。根据"十四五"规划和 2035 年远景目标纲要，我国将坚持实施更大范围、更宽领域、更深层次对外开放，依托我国超大规模市场优势，促进国际合作，实现互利共赢，推动共建"一带一路"行稳致远，推动构建人类命运共同体。

2021 年 8 月 20 日，参展商在中阿博览会展览现场了解国家能源集团展区展示的磁悬浮飞轮储能项目模型。第五届中国－阿拉伯国家博览会于 8 月 19 日至 22 日在宁夏银川举办。本届博览会以"深化经贸合作、共建'一带一路'"为主题，采取"线上线下相结合，以线上为主"的办会模式。（新华社记者王鹏摄）

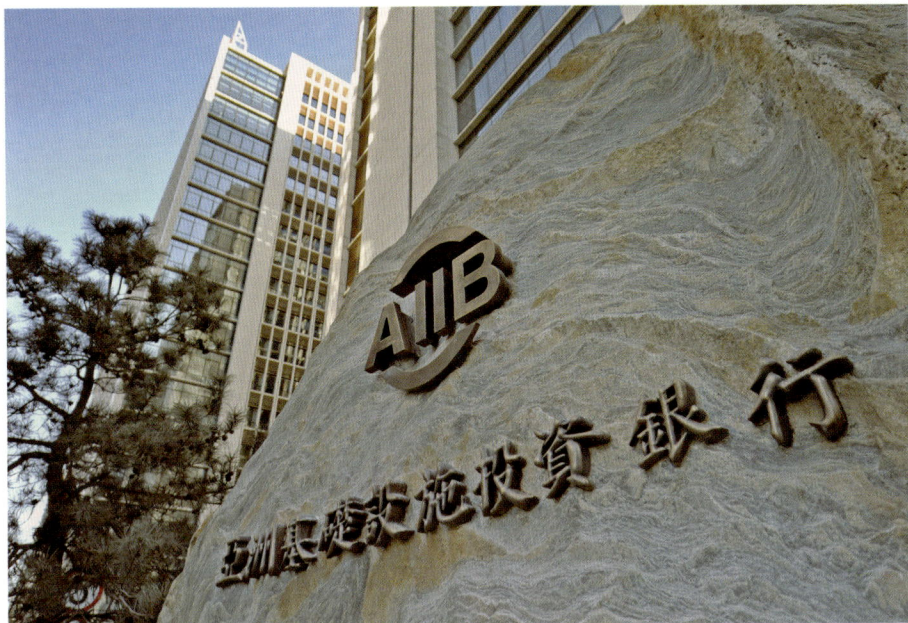

2016 年 1 月 17 日，坐落于北京金融街的亚洲基础设施投资银行总部大楼正式投入使用。（新华社记者李鑫摄）

2021 年中国国际服务贸易交易会设立中国服务贸易发展成就展，展示了"十三五"时期我国服务贸易发展取得的成就。同时，交易会上很多展台和参展企业也展示了服务贸易领域取得的成果。图为 2021 年 8 月 31 日拍摄的 2021 年中国国际服务贸易交易会首钢园展区。（新华社记者陈晔华摄）

2021 年 1 月 7 日，海口日月广场免税店的工作人员在打包免税品。（新华社记者郭程摄）

2020 年 6 月 19 日，浙江义乌举行"电商直播专项技能培训"外商创客专场，来自 17 个国家和地区的近 30 名外商、留学生参加培训。（新华社记者殷晓圣摄）

2021 年 3 月 17 日，在陕西杨凌锦田农业专业合作社，农民李海平向来自巴基斯坦的金乐天（右）讲解水肥一体化灌溉设备。巴基斯坦小伙子金乐天是西北农林科技大学植物营养学专业的一名在读博士研究生，2014 年来到中国，从零开始学习汉语，足迹遍布黄土高原多个试验站。（新华社记者张博文摄）

◆ 共享发展

　　人民对美好生活的向往是中国共产党始终不渝的奋斗目标。在以习近平同志为核心的党中央坚强领导下，各项民生事业迈上新台阶，民生保障更加坚强有力。根据"十四五"规划和 2035 年远景目标纲要，我国坚持尽力而为、量力而行，健全基本公共服务体系，加强普惠性、基础性、兜底性民生建设，完善共建共治共享的社会治理制度，制定促进共同富裕行动纲要，自觉主动缩小地区、城乡和收入差距，让发展成果更多更公平惠及全体人民，不断增强人民群众获得感、幸福感、安全感。

　　2020 年 9 月 3 日，在贵州省黔东南苗族侗族自治州从江县加榜乡加榜村，村民莫艳翠在整理竹编工艺品展示区。莫艳翠今年 44 岁，壮族，2014 年从广西回乡创业，创办了从江县加榜民间竹编工艺专业合作社，带动当地 30 多人就业。（新华社记者刘续摄）

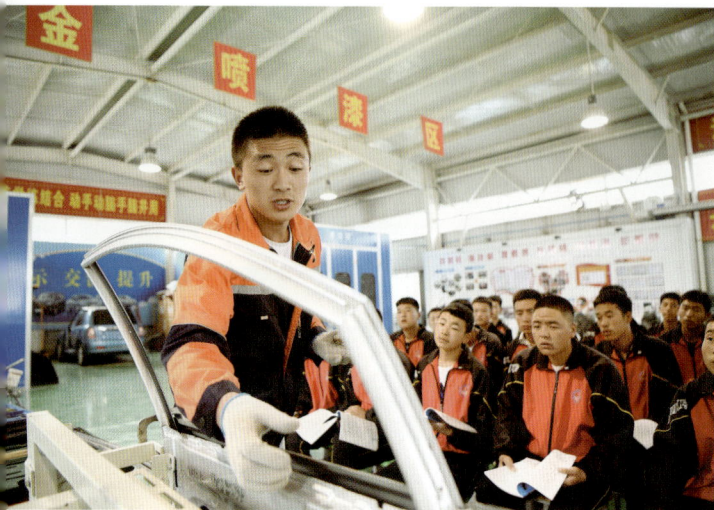

2020 年 9 月 16 日，在宁夏西吉县职业中学，汽修专业的学生在学习汽车维修实训课程。近年来，西吉县以就业市场需求为导向，通过深化产教融合、推进教育信息化等举措，发展职业教育，增强脱贫内生动力，力求"上学一人，就业一个，脱贫一家"。（新华社记者王鹏摄）

2020 年 11 月 3 日，在云南省怒江州福贡县匹河怒族乡老姆登村，怒族群众郁五林在自家开的客栈直播怒江大峡谷美景。（新华社记者胡超摄）

　　2021 年 3 月 12 日，河南省封丘县李庄镇的搬家车队行驶在路上。李庄镇紧邻黄河，是典型的黄河滩区镇，全镇 22 个行政村中有 18 个地处黄河滩区，居住环境差，基础设施落后，产业发展滞后。搬出黄河滩，改变生产、生活条件是当地群众的夙愿。（新华社记者李安摄）

第二篇

同沐民主之光

——从"民主更加健全"看全面建成小康社会

人民民主是社会主义的生命，是中国共产党始终高举的光辉旗帜。

习近平总书记指出，发展社会主义民主政治就是要体现人民意志、保障人民权益、激发人民创造活力，用制度体系保证人民当家作主。

经过不懈努力，中国共产党团结带领人民走出了中国特色社会主义政治发展道路，民主从价值理念转变为扎根中国大地的制度形态和治理机制，成为全面建成小康社会的重要制度保障，也为民族复兴筑牢政治根基。

从规划建议到规划纲要，坚持党的领导、人民当家作主和依法治国实

共享法治社会

现有机统一。这既是中国发展规划体系的鲜明特点，也是中国特色社会主义制度优势的重要体现。

60多年来，法律草案的审议程序从"一审"变为"三审"，从部分法律案向社会征求意见到将这一做法常态化，从法律案审议过程中举行立法听证会到开展法律出台前的"评估"……这些变化见证着人大立法工作更加注重回应百姓需求，适应社会现实和发展要求。

一、不断发展全过程人民民主

人民民主是社会主义的生命，是一种全过程的民主。

党的十八大以来，以习近平同志为核心的党中央坚持党的领导、人民当家作主、依法治国有机统一，健全人民当家作主制度体系，推动人民民主发展更加广泛、更加充分、更加健全，全过程人民民主不断发展完善，社会主义民主政治焕发勃勃生机，为社会主义现代化事业和中华民族伟大复兴筑牢坚实民主基石。

图为 2021 年 12 月 4 日在《中国的民主》白皮书新闻发布会现场拍摄的《中国的民主》白皮书中、英文版。（新华社记者李贺摄）

◆ 坚持和完善人民代表大会制度

　　人民代表大会制度是坚持党的领导、人民当家作主、依法治国有机统一的根本政治制度安排。人大代表由人民通过民主选举产生，代表人民的利益和意志。人大代表来自人民、代表人民、服务人民，在发展全过程人民民主中发挥着重要作用。人大代表密切联系群众、听取群众呼声、反映人民意愿，依法提出议案、建议和意见，认真履职，为发展社会主义民主政治、建设社会主义法治国家作出了积极贡献。

1954年9月15日，出席第一届全国人民代表大会第一次会议的代表进入中南海怀仁堂。
（新华社记者刘东鳌摄）

2021 年 3 月 5 日，第十三届全国人民代表大会第四次会议在北京人民大会堂开幕。（新华社记者张玉薇摄）

2021年3月8日，第十三届全国人民代表大会第四次会议举行第二场"代表通道"采访活动。图为全国人大代表杨震生（左）、范永贞（中）、齐嵩宇通过网络视频方式接受采访。（新华社记者张玉薇摄）

上图：1954 年 9 月，出席第一届全国人民代表大会第一次会议的申纪兰代表在报到；下图：2008 年 3 月 5 日，申纪兰代表走向人民大会堂，出席十一届全国人大一次会议开幕会。（新华社发　资料照片）

2017 年 2 月 25 日，全国人大代表、海南省五指山市畅好乡番贺村党支部书记黄月芳（左一）在番贺村村民黄梳梅（右二）家里，了解黎族传统织锦的销售情况。黄月芳持续关注少数民族地区的脱贫攻坚工作。（新华社记者赵颖全摄）

2017 年 3 月 8 日，全国人大代表、神华宁煤集团煤制油化工研发中心主任罗春桃（左）在清华大学化学工程系魏飞教授的实验室参观，请教技术问题。罗春桃关注加大国企改革、激发企业创新方面的问题。（新华社记者李然摄）

2021 年 2 月 21 日，在重庆市九龙坡区谢家湾小学，全国人大代表刘希娅（左二）与部分教师代表交流，收集教师对人工智能在教学领域应用的意见和建议。（新华社记者黄伟摄）

2021 年 2 月 25 日，在深圳富士康科技集团龙华科技园，全国人大代表杨飞飞（右）与产业工人交流。（新华社记者毛思倩摄）

2022 年 2 月 24 日，李先兰（中）和同事们交流。全国人大代表李先兰是广汽本田汽车有限公司工会女工办公室副主任。作为一名长期在基层生产一线工作的全国人大代表，李先兰积极为基层员工的权益鼓与呼，特别关注女性权益、女性健康、职工子女教育等问题。（新华社记者卢汉欣摄）

2022 年 2 月 15 日，郭凯（右二）在盘山县太平街道办事处张家村向村民征求土地保护和节约粮食的意见。"我是一个农民的代表，我得为农民、农业发声。"全国人大代表郭凯说。"不能浪费农民一粒粮食，必须颗粒归仓。"（新华社记者杨青摄）

2006 年 10 月 13 日，北京西城区砖塔社区的阮毓英老人在展示自己珍藏的1953 年领取的选民证。（新华社发　资料照片）

1953 年 12 月，北京市西单区群众打腰鼓，扭秧歌，庆祝普选。（新华社发　资料照片）

1962 年 12 月 20 日，西藏拉萨市郊旦巴乡第一次选举乡人民代表。（新华社发 资料照片）

1979 年 12 月 30 日，广西壮族自治区龙胜各族自治县的选民，按照《中华人民共和国全国人民代表大会和地方各级人民代表大会选举法》，采取无记名投票方式，直接选举县、社两级人民代表。（新华社发 资料照片）

1987年4月,北京朝阳门街道大方家胡同选区的工作人员在贴选民榜。(新华社发　资料照片)

2011年10月28日,北京西城区老墙根广安东里选区的选民在观看选民名单。(新华社记者罗晓光摄)

2011年10月28日，北京西城区一社区居委会工作人员在发放选民证。（新华社记者李文摄）

2016 年 9 月 19 日，在北京市西城区金融街街道，市民在阅读人大代表换届选举宣传板。当日，北京市举行区、乡镇人大代表换届选举集中宣传日活动。（新华社记者鞠焕宗摄）

2016 年 11 月 23 日，古田县纪检监察工作人员陈伯东（前右）向平湖镇达才村村两委班子成员传达换届选举纪律。当日，福建省古田县纪检监察机关在该县平湖镇达才村开展县乡两级人大换届纪律警示教育活动。活动中，纪检工作人员向村两委通报相关破坏选举案件的查处情况，教育党员干部从中吸取教训，严守换届纪律，努力营造风清气正的选举工作环境。（新华社记者魏培全摄）

2021年6月2日，在浙江省湖州市吴兴区东林镇星火村，当地人大代表等乡村议事会成员对星火村农民新村建设项目的施工进展情况进行监督检查。（新华社记者徐昱摄）

2021年12月14日，村民在湍口镇迎丰村的基层投票点领取选票参加投票。浙江省杭州市临安区湍口镇地处浙西偏远山区，村庄分散。近期，湍口镇开启基层人大换届选举，为确保山区选民充分行使选举权，湍口镇设置多个基层投票点和流动投票箱，由党员志愿者、村级监察联络员组成的选举工作组深入到自然村、田间地头组织选民投票，逐村、逐户核实情况，助力基层人大换届选举。（新华社记者徐昱摄）

2015年2月7日，泽国镇选民代表、人大代表在恳谈会上进行分组讨论。当日，浙江温岭市泽国镇举行参与式公共财政预算选民协商民主恳谈会，当地选民代表、人大代表等300多人对2015年度公共财政预算进行初审。此次协商恳谈收集到的民意，将作为镇政府编制年度预算的重要参考。（新华社记者韩传号摄）

2021年12月1日，人大代表在安徽省淮北市濉溪县临涣镇一家茶馆的"人大代表谈心室"内接待选民群众。（新华社记者周牧摄）

2021年2月22日，浙江省桐庐县钟山乡乡贤代表、民宿业主代表、桐庐县乡两级人大代表以及党员和村民代表在钟山乡参加"新村夜话"讨论活动。（新华社记者徐昱摄）

2021 年 3 月 11 日，第十三届全国人民代表大会第四次会议在北京人民大会堂闭幕。（新华社记者张玉薇摄）

◆ 坚持和完善我国新型政党制度

　　人民政协是中国共产党把马克思列宁主义统一战线理论、政党理论、民主政治理论同中国实际相结合的伟大成果，是中国共产党领导各民主党派、无党派人士、人民团体和各族各界人士在政治制度上进行的伟大创造。在中国共产党领导下，人民政协坚持团结和民主两大主题，服务党和国家中心任务，在建立新中国和社会主义革命、建设、改革各个历史时期发挥了十分重要的作用。

　　1949 年 9 月 21 日至 30 日，中国人民政治协商会议第一届全体会议在北平中南海举行。图为中南海新华门前庆祝会议召开的群众队伍。（新华社记者陈正青摄）

2022 年 3 月 10 日，中国人民政治协商会议第十三届全国委员会第五次会议在北京人民大会堂举行闭幕会。
（新华社记者陈钟昊摄）

2018 年 11 月 20 日，全国政协委员在参观"伟大的变革——庆祝改革开放 40 周年大型展览"。当日，500 多名十三届全国政协京内新任委员走进中国国家博物馆，参观庆祝改革开放 40 周年大型展览。（新华社记者沈伯韩摄）

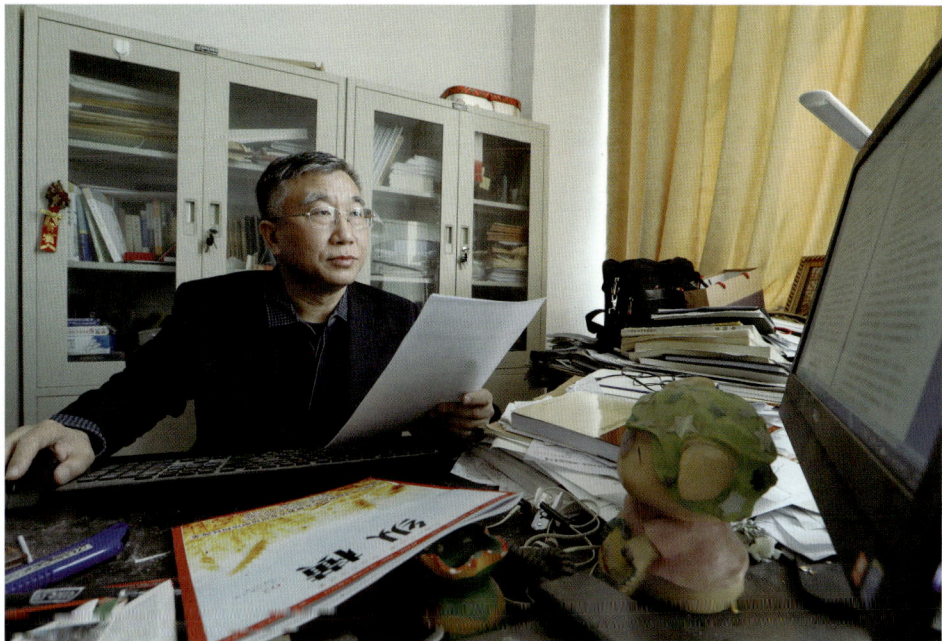

2017 年 2 月 23 日，全国政协委员司富春在河南中医药大学办公室内准备提案。全国政协委员司富春是河南中医药大学教授，从事中医药科研、教学和医疗方面的工作。每年，他都会走访学校、医院、社区、农村、养老机构等地，深入调研，认真撰写提案，内容涉及中医药发展战略规划、中医药与医疗卫生事业改革、疾病防治、养生保健等，努力不懈地为我国中医药事业发展建言献策。（新华社记者陈建力摄）

全国政协委员王静（左）就筑牢农产品质量安全基石发言。2022 年是巩固拓展脱贫攻坚成果同乡村振兴有效衔接的关键一年。3 月 5 日提请十三届全国人大五次会议审议的政府工作报告提出，大力抓好农业生产，促进乡村全面振兴。完善和强化农业支持政策，接续推进脱贫地区发展，促进农业丰收、农民增收。代表委员在全国两会上就如何更好保障 14 亿多人"到点开饭"、如何守住不发生规模性返贫底线、乡村振兴如何发力等积极建言献策。（新华社记者黄敬文摄）

2018 年 5 月 5 日，左图：全国政协委员吕逸涛说，文艺创作要加大新闻性与艺术性的融合，不断以文艺力量彰显广大主流媒体的责任担当。右图：在北京中国国家博物馆，一对母女在朗读亭内朗读。（新华社记者金良快摄）

左图：全国政协委员王翠坤建议各行业、各部门联合，自上而下打破"信息孤岛"，形成多行业数据互联互通的数字城市底座，让数据发挥其作为生产要素的重要作用，再利用大数据和人工智能的优势，辅助科学决策，提升城市治理能力，助力智慧城市建设。（新华社记者刘彬摄）

右图：2019 年 12 月 16 日，在河北廊坊开发区智慧城市运营中心，工作人员在对数据进行分析。2019年，廊坊经济技术开发区建设智慧城市运营中心，使全区各部门数据及业务应用实现融合汇聚、集中共享和互联互通，缩短决策到执行以及事后反馈的时间，有效破解"信息孤岛"问题，为智慧城市未来发展进行探索。（新华社记者李晓果摄）

　　2022 年 2 月 16 日，在广西壮族自治区妇幼保健院，杜丽群（右）向阮毅燕医生了解罕见疾病用药及其价格情况。全国政协委员杜丽群是广西南宁市第四人民医院艾滋病科护士长。"为生命站岗是广大医护工作者的天职，也是政协委员的职责。"她说，作为一名来自医疗卫生第一线的政协委员，更应该肩负使命担当，为生命站岗，守护健康中国。（新华社记者陆波岸摄）

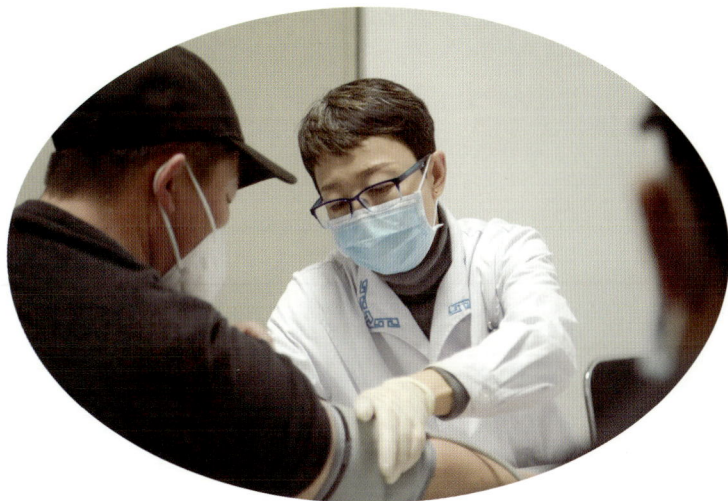

　　2021 年 2 月 25 日，在位于呼和浩特的内蒙古国际蒙医医院，咏梅在为患者测量血压。全国政协委员咏梅是内蒙古国际蒙医医院主任医师。多年来，她一直致力于运用蒙医诊疗技术为患者解除病痛。（新华社记者李志鹏摄）

◆ 坚持和完善民族区域自治制度

在人类历史长河中，70 年只是短短一瞬；但在一项制度的发展进程中，70 年足以书写光辉一页。

1947 年，我国首个省级少数民族自治地方内蒙古自治区的成立，为我国实行少数民族区域自治树立了典范。从茫茫草原出发，民族区域自治这一具有开创性的制度设计，为一个统一多民族国家的繁荣发展与团结进步，奠定了坚实的基础。栉风沐雨，薪火相传。70 多年来，各民族在民族区域自治制度的指引下，同奋进、共成长，经历了改天换地的伟大历程，昂首阔步奔向更加美好的未来。

2013 年 7 月 5 日，在新疆维吾尔自治区喀什老城吾斯塘博依街上的百年老茶馆，几位维吾尔族群众在凉台上喝茶。（新华社记者沈桥摄）

2017 年 3 月 29 日，广西壮族自治区南宁市逸夫小学的孩子们身着民族盛装品尝百家宴，欢庆"壮族三月三"。（新华社记者周华摄）

2013年9月30日，车辆从西藏自治区拉萨老城区的街道上驶过。
2013年10月开始施行的《拉萨市老城区保护条例》，以立法形式加大对拉萨老城区的保护管理，不仅提升了拉萨旅游城市形象，也增强了人们保护历史文化资源的法律意识。（新华社记者觉果摄）

2022 年 5 月 24 日拍摄的银川市镇北堡镇德林村。地处贺兰山脚下的银川市镇北堡镇德林村，是宁夏回族自治区人居环境整治示范村。（新华社记者王鹏摄）

2017 年 7 月 12 日，内蒙古自治区锡林郭勒盟蒙古中学老师在用蒙古文为高一年级学生授课。1947 年，内蒙古在校少数民族学生只有 2.2 万人。经过 70 年发展，内蒙古自治区的双语教育以民汉兼通为基本目标，构建起从学前、中小学到高等学校各阶段有效衔接，覆盖教师培养、教材建设、教学理念、招生升学、就业服务等各个环节。（新华社记者任军川摄）

◆ 坚持和完善基层群众自治制度

　　基层群众自治制度，是指人民群众在党的领导下对农村村级、城市社区公共事务和公益事业直接行使当家作主民主权利的政策、法规、程序、规范的总称，是伴随新中国发展历程而生长起来的基本政治制度。实践证明，基层群众自治制度在我国政治制度体系中有着十分独特的作用。

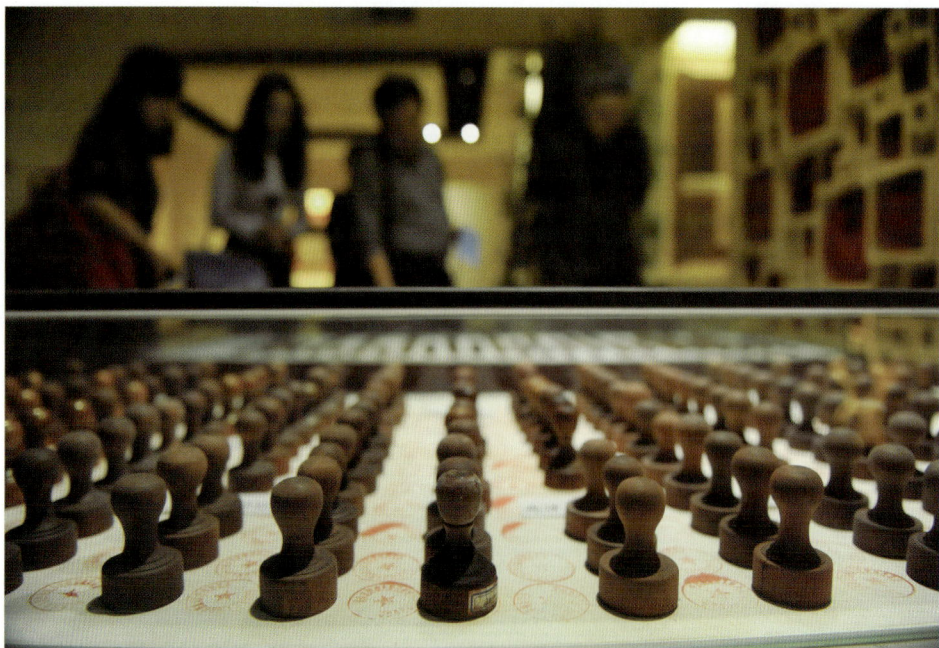

　　2014年10月17日，参观者在中国村民自治展示中心内参观展出的各类农村治理机构使用过的图章。中国村民自治展示中心位于中国第一个村民委员会诞生地广西宜州市的冯京公园内。该中心于2010年12月建成开馆，展示陈列面积1500平方米，共陈列物品1000多件，馆藏资料20000余件，展示陈列以图片、文字、实物为主，结合运用声、光、电技术和网络等现代科技手段，是民政部批准建造的展示我国农村基层群众自治制度历史脉络和发展成就的首个国家级专业性场馆。（新华社记者鲁鹏摄）

2014 年 7 月 22 日，三沙市组织部副部长黄广南（左）和甘泉岛居委会主任许德辉共同揭牌。当日，海南省三沙市甘泉社区居委会正式挂牌成立，标志着三沙市西沙群岛全部有人居岛礁均设立了群众自治组织，三沙市基层组织建设日趋完善。据介绍，甘泉社区居委会将配合三沙市各有关部门，在岛礁及周边海域开展动植物、文物保护等工作。（新华社记者赵颖全摄）

2018 年 11 月 15 日，安义县东阳镇枫树自然村村民在"综治银行"积分公示表前查看积分。2016 年以来，江西省安义县创新社会治理模式，在全县农村设立"综治银行"，搭建起村民自治平台，做到民事民管、民事民议、民事民办，在源头上减少矛盾纠纷的发生。"综治银行"是公益性群众自治组织，社员以户为单位在"综治银行"开设账户并发放积分储蓄存折，进行积分登记。截至目前，安义县已设立"综治银行"215 家。（新华社记者宋振平摄）

　　2018 年 12 月 21 日，韦焕能在广西河池市宜州区屏南乡合寨村的樟树下留影。1980 年，正是在这棵大樟树下，韦焕能和当地群众一起，选举成立了我国第一个村民委员会，韦焕能当选为首任村委会主任。村民委员会还探索了一系列管理制度，如村规民约、选举方法、议事制度等等，为建立基层群众自治制度作了重要探索。1982 年，村民自治写进《中华人民共和国宪法》，成为我国社会主义民主在农村最广泛的实践形式之一。（新华社发　韦克文摄）

◆ 人权保障没有最好，只有更好

党的十八大以来，中国特色社会主义进入新时代，以习近平同志为核心的党中央坚持把生存权、发展权作为首要的基本人权，协调增进全体人民的经济、政治、社会、文化、环境权利，努力维护社会公平正义，促进人的全面发展，团结带领中国人民在中华大地全面建成小康社会，进一步夯实了人权基础，丰富了人权内涵，拓宽了人权视野，谱写了中国人权事业的新篇章。

2021年4月24日，洛桑多吉老人带曾孙女、曾孙子在村子里玩耍。洛桑多吉老人1942年生，是西藏日喀则市聂拉木县聂拉木镇宗塔村人。旧西藏的黑暗生活是老人不堪回首的往事。1959年，西藏进行民主改革，百万农奴翻身得解放。"民主改革后，我家分到了牦牛，吃上了饱饭，共产党和政府还提供了一份工作。现在我家有十多口人，曾孙子、曾孙女都有了，生活简直比蜜还甜。我们永远不忘共产党的恩情，永远热爱我们的祖国。"洛桑多吉说。（新华社记者张汝锋摄）

2021 年 12 月 7 日，达娃拉珍（左）和朋友走在拉萨街头。1945 年出生的达娃拉珍老人，如今生活在拉萨，享受着天伦之乐。达娃拉珍从小就给农奴主放羊。"每天的口粮很少，在山上放羊时，各种野果、野菜都用来填饱肚子。"达娃拉珍说，丢了羊不但会被骂，还会被克扣原本就不多的口粮。1959 年西藏进行民主改革，百万农奴翻身获得了解放。吃上饱饭、穿上新衣不再是奢望，曾经想都不敢想的自由已经实现。如今，达娃拉珍每天都会和她的朋友一起健身，打太极拳，幸福的微笑总是挂在她的脸上。（新华社记者晋美多吉摄）

2014 年 12 月 30 日，居民在福建省三明市医疗保障基金管理中心内等待办理医保报销手续。2019 年 11 月，国务院医改领导小组印发《关于进一步推广福建省和三明市深化医药卫生体制改革经验的通知》总结推广三明医改经验（新华社记者姜克红摄）

2019 年 12 月 13 日，山东省乳山市党员干部在乳山市廉政警示教育基地接受廉政警示教育。（新华社记者郭绪雷摄）

2022 年 6 月 18 日拍摄的日照市五莲县红泥崖村风貌。位于沂蒙革命老区的山东省日照市五莲县红泥崖村曾是贫困村。2016 年村支书张守英带领村民依托大青山的"青山绿水"优势，通过盘活资源抓发展、乡村治理换新貌、互助养老促脱贫三项措施，彻底摘掉"穷"帽子。2021 年，为有效做好脱贫攻坚与乡村振兴的衔接，红泥崖村在山东农业大学专业指导下，由村党支部领办合作社发展食用菌种植，撑起促进乡村振兴的"致富伞"。（新华社记者郭绪雷摄）

2020 年 2 月 17 日拍摄的武汉体育中心方舱医院。（新华社记者肖艺九摄）

2020 年 3 月 10 日，武汉所有方舱医院全部休舱。图为医护人员在武昌方舱医院前庆祝。（新华社记者肖艺九摄）

二、加强和创新基层社会治理

　　党的十八届三中全会首次提出"完善和发展中国特色社会主义制度，推进国家治理体系和治理能力现代化"重大命题。一个国家治理体系和治理能力现代化水平很大程度上体现在基层。近年来，各地不断强化基层党建工作、深化"放管服"改革、打造一体化政务服务平台、推行网格化管理和服务、建设城市大脑和智慧社区……多措并举构建共建共治共享的基层社会治理新格局。

　　2020年2月24日，在武汉市江岸区黄石路汉口大药房，惠民苑社区网格员丰枫把为居民购买的药挂在身上。疫情期间，他每日奔波于街头巷尾，给社区居民代购救命药。（新华社发）

　　2017年5月24日，在重庆市北碚区蔡家岗镇三溪村便民服务中心，镇公共服务中心工作人员准备乘坐"民事直通车"赶往下一个村。为居住偏远的居民提供办事便利，2017年年初，重庆市北碚区蔡家岗镇在全镇开通"民事直通车"服务，为居民提供证件代办服务。"民事直通车"前往村子、社区收集居民办理老年证、残疾证、失业证等所需的资料，并将办结后的证件及时送回，提高了群众办事效率。（新华社发　秦廷富摄）

　　2019年11月29日，在浙江省湖州市织里镇社会治理综合服务中心的调解室，"平安大姐"工作室的志愿者对一起加工厂因加工童装质量差而导致业主亏损的纠纷进行调解。（新华社记者徐昱摄）

2020年11月13日，在上海市半淞园路街道瞿溪新村小区入口拍摄的停车智能引导系统。（新华社记者王翔摄）

2020年2月13日，武汉市汉正街石码社区党委书记兼居委会主任韩小琴（右一）带领社区工作人员向步行街旁的居民宣传防疫知识。（新华社记者王毓国摄）

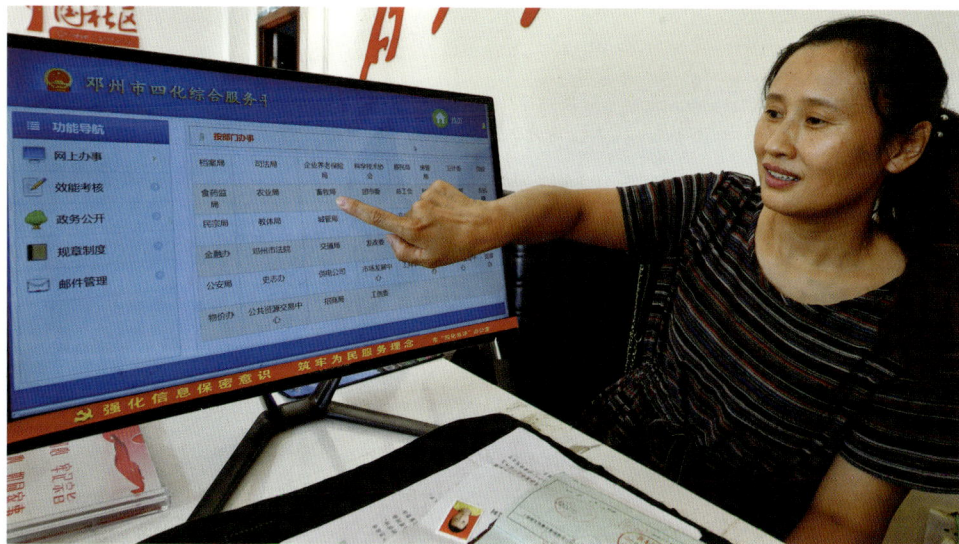

2018 年 8 月 8 日，在河南省邓州市花洲街道办事处中州豪园社区为民服务大厅，工作人员介绍网上办事平台进驻的单位。（新华社记者冯大鹏摄）

2020 年 7 月 21 日，群众在浙江湖州吴兴区八里店镇三合片区党群服务中心"司法驿站"向律师志愿者进行法务咨询。（新华社记者翁忻旸摄）

　　2020年10月29日，国家税务总局邯郸市肥乡区税务局工作人员在一家生产企业调研税费政策落实情况。国家税务总局邯郸市肥乡区税务局实施"一企一策"个性化精准辅导，主动上门宣传和解读减税降费政策，确保税费优惠相关政策落实"一户不少、应享尽享"，为企业发展助力。（新华社记者王晓摄）

　　2020年3月10日，在北京市海淀（中关村科学城）城市大脑展示体验中心，工作人员展示海淀区智慧社区平台。（新华社记者任超摄）

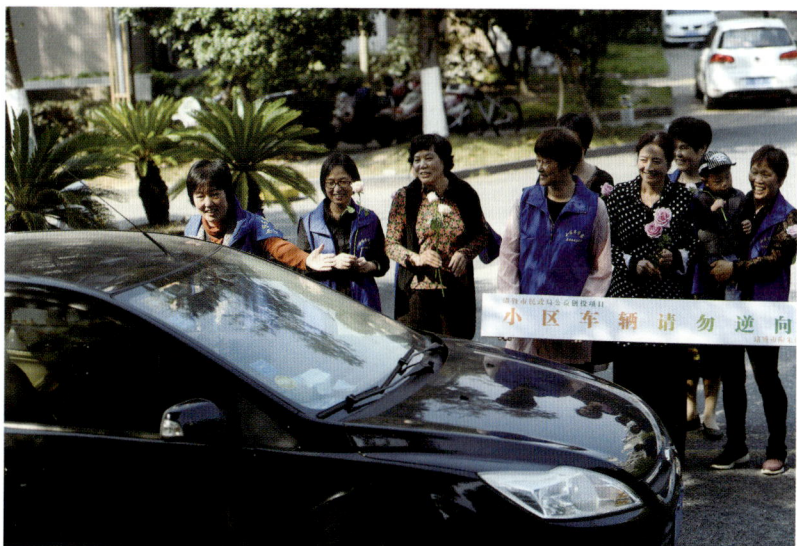

2019 年 10 月 23 日，浙江省诸暨市陶朱街道友谊社区上海城小区内老年志愿者、小区"车管家"在引导车辆通行。2019 年 7 月起，诸暨市陶朱街道陶朱老年大学学员成立"陶朱老同志"志愿服务队，2000 多名老年志愿者广泛参与社区基层治理。（新华社记者韩传号摄）

2020 年 11 月 23 日，在长春市二道区政务服务中心辅助填报区，市民在工作人员的辅助下进行事项填报。近年来，长春市二道区多措并举持续推进营商环境建设，搭建涵盖企业开办各类事项的"一门式、一张网"综合服务平台，创新优化政务服务举措、效能和环境，助推区域经济发展。（新华社记者许畅摄）

2019 年 12 月 19 日，杭州市余杭区中泰街道泰峰村村民展示手机上的"智慧村务"界面。（新华社记者徐昱摄）

2020年9月21日，在上海市静安区临汾路街道办事处，工作人员介绍党建网格的应用场景。（新华社记者王翔摄）

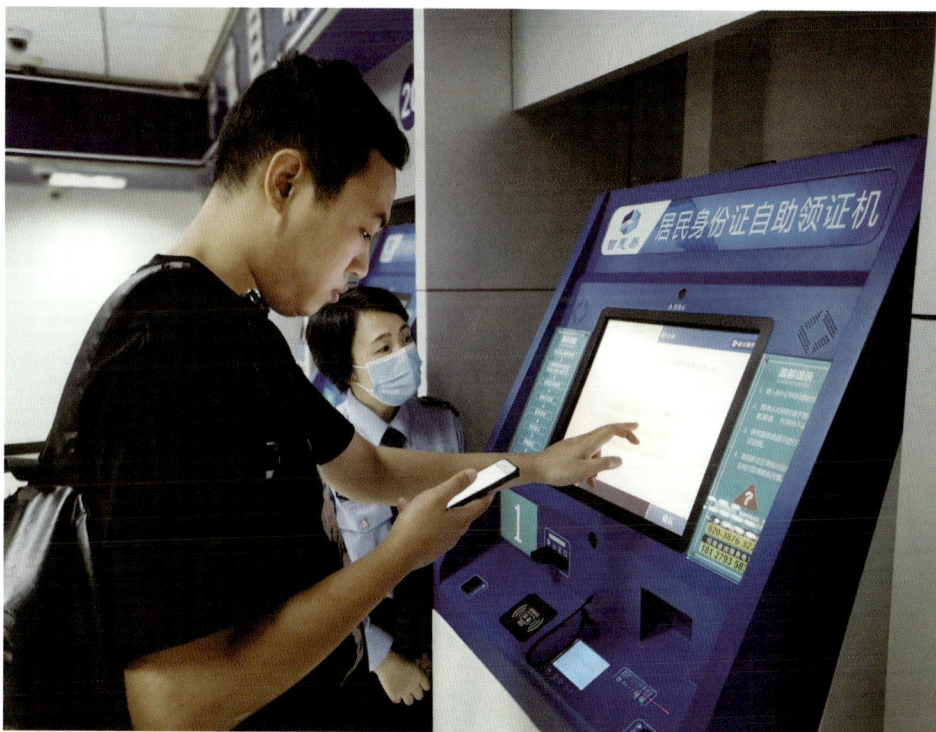

　　2020年10月27日，广州市民使用居民身份证自助领证机领取身份证。广州公安机关从破解群众办事创业的堵点痛点入手，在便民利企改革上释放便捷红利，推动交管、出入境、户政、行政审批等领域"放管服"改革进入快车道。（新华社发）

2020年6月19日，江苏省张家港市永联村永全社区的居民代表在村议事厅民主协议社区环境整治问题。（新华社记者杨磊摄）

2020年4月13日，工作人员在杭州城市大脑运营指挥中心办公。杭州城市大脑是为城市生活打造的数字化界面，2016年起步建设，包括公共交通、城市管理、卫生健康、基层治理等领域。（新华社记者黄宗治摄）

2020 年 11 月 11 日，在贵州省从江县停洞镇东勤村，同为从江县供销联社派驻东勤村扶贫网格员的贺常乐（左二）和母亲刘瑛（左一），与村干部们在搬运村集体种植的吊瓜。（新华社记者杨文斌摄）

2019 年 11 月 13 日，在位于北京亦庄的 12345 市民热线话务大厅，工作人员接听热线电话。（新华社记者彭子洋摄）

2020 年 7 月 2 日，贵州省湄潭县兴隆镇梁桥村党支部书记唐波（中）和村里的"寨管家"成员讨论工作。为加强基层社会治理，更好服务群众，当地近年来组织乡贤、退役军人等担任村寨的"寨管家"。（新华社发　田景强摄）

2021 年 11 月 19 日，政协委员、政府部门代表、物业代表等在广州市政协"有事好商量"民生实事协商平台齐聚一堂，围绕加强装修垃圾管理议题展开协商。（新华社发　庄小龙摄）

　　图为 2020 年 6 月 5 日拍摄的南京江北新区市民中心的服务区。经过三年的施工建设，由中建二局承建的南京江北新区市民中心已进入最后的收尾调试阶段，将于近期投入使用。南京江北新区市民中心项目总建筑面积 7.5 万平方米，由公共服务中心、市民中心、新区城市展陈区三部分组成，将成为集城市展示、公共服务、市民活动为一体的多功能"城市会客厅"。（新华社记者李博摄）

三、坚定不移走中国特色社会主义法治道路

　　党的十八大以来，以习近平同志为核心的党中央坚持和拓展中国特色社会主义法治道路，把全面依法治国纳入"四个全面"战略布局，中国特色社会主义法治建设迈出新步伐。

　　我国社会主义民主法治建设成就斐然，科学立法、严格执法、公正司法、全民守法全面推进。从民法典全方位保障人民群众各项民事权利，到刑法更有力惩治老百姓深恶痛绝的各类犯罪，再到行政诉讼法让"民告官"更有底气……一部部更具针对性、有效性、可操作性的法律，标注着法治中国建设成果。

2020 年 11 月 26 日，在江西省贵溪市泗沥镇尹家村，贵溪市人民法院泗沥人民法庭法官周淑琴在巡回法庭开庭前佩戴法徽。（新华社记者胡晨欢摄）

2019年8月30日，云南省怒江傈僳族自治州贡山县人民法院法官邓兴背着国徽与同事们跨过怒江。（新华社记者江文耀摄）

　　2015 年 2 月 2 日，一名书记员（左）在位于深圳的最高法第一巡回法庭进行诉讼登记。最高法第一巡回法庭 1 月 28 日在深圳挂牌，巡回区为广东、广西、海南三省区。（新华社记者毛思倩摄）

　　2015 年 3 月 2 日，众多媒体记者在深圳采访最高法第一巡回法庭审理的第一宗案件。（新华社记者毛思倩摄）

2015 年 5 月 4 日，上海市第二中级人民法院的工作人员在为当事人办理立案登记。改"立案审查"为"立案登记"，增添了人民对公平正义的信心。（新华社记者丁汀摄）

2015 年 7 月 17 日，河北省香河县人民法院法官对人民陪审员进行培训。（新华社记者李晓果摄）

2015 年 8 月 25 日，在合肥市文博苑社区律师联络点，李连连律师（中）接受小区居民咨询法律知识。网络谣言入刑，考试作弊入刑，医闹入刑，反家暴上升至国家、社会共同责任，织牢织密保护公民的法网；能取消的行政审批事项坚决取消，该下放审批权力的一律下放，简政放权是法治政府的应有之义；在权与法之间筑起"防火墙"，巡回法庭挂牌开张，回应人民群众对公平正义的期待……（新华社记者杜宇摄）

2016 年 3 月 4 日，市民在福建省平潭综合实验区行政服务中心办理有关手续。福建省平潭综合实验区是全国率先实施商事制度改革的地区，2015 年 5 月发出全国首张"统一社会信用代码"营业执照。（新华社记者林善传摄）

2016 年 10 月 14 日，在北京市公安局东城分局前门派出所，领取北京市首批居住证的吴先生展示《北京市居住证》和纪念册。居住证暂行条例施行，让两亿非户籍人口在居住地"扎根"，"法治获得感"滴灌到百姓心头。（新华社记者李文摄）

2017 年 1 月 10 日，内蒙古自治区首批 156 名入额法官在内蒙古高级人民法院宣誓。司法责任制改革全面推开，12 万多名法官、9 万多名检察官遴选入额，优质司法资源充实办案一线。（新华社记者邓华摄）

2017 年 8 月 17 日，在浙江省宁波市奉化区行政服务中心，奉化一家公司在商事登记窗口办理公司注册手续。目前全国所有省市县三级政府部门权责清单均已公布，明确政府机构、职能、权限、程序，厘清权力边界。（新华社记者翁忻旸摄）

　　2017年8月24日，在成都双流国际机场，122名跨国电信诈骗案件犯罪嫌疑人从柬埔寨被统一押解回国。互联网不是"法外之地"，通过立法、执法、司法多种手段，重拳打击电信网络诈骗，营造清朗网络空间，"法治获得感"滴灌到百姓心头。（新华社记者吴光于摄）

　　2017年12月4日，在河北省石家庄市建胜路小学举办的校园模拟法庭现场，石家庄市桥西区检察院检察官为学生们讲解庭审程序。（新华社发　章朔摄）

2018 年 4 月 12 日，重庆市云阳县人民法院"水上巡回法庭"工作人员在庭审结束后向高阳镇团堡村村民进行普法宣传。（新华社发　饶国君摄）

2018 年 6 月 7 日，江苏省盱眙县纪检监察干部来到盱眙县太和街道漫岗社区宣讲。（新华社记者李响摄）

2018年12月3日，安徽省合肥市经开区明珠居委会法律援助律师在给明珠小学的学生们讲解宪法知识。（新华社记者郭晨摄）

2018 年 2 月 24 日拍摄的西安知识产权法庭。（新华社记者李一博摄）

2019 年 4 月 25 日，浙江省诸暨市人民法院值班法官吴尚伟（左二）在调解一起侵害作品信息网络传播权纠纷。（新华社记者翁忻旸摄）

2020 年 11 月 26 日，江西省贵溪市人民法院泗沥人民法庭的法官周淑琴（右）在贵溪市人民法院调解一起案件。（新华社记者胡晨欢摄）

2021 年 3 月 28 日，在河北省青龙满族自治县八道河乡沙河村法庭工作室，特邀调解员张玉三（中）调解一起土地纠纷。（新华社记者杨世尧摄）

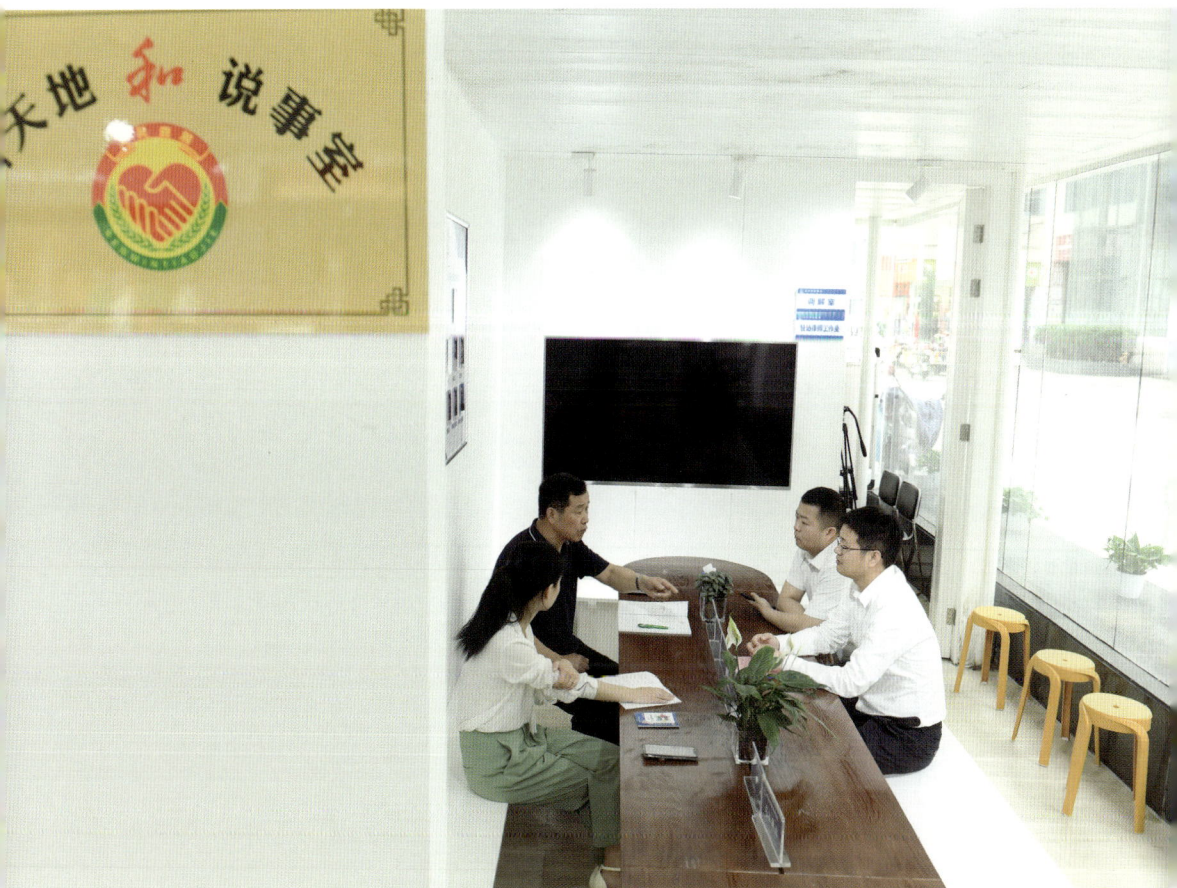

2021 年 5 月 18 日，"道德医生"（左上）和驻站律师（左下）为辖区某商业中心物业工作人员提供政策法规咨询。（新华社记者翁忻旸摄）

2021 年 12 月 3 日，山东省滨州市举行 2021 年国家宪法日领导干部宪法宣誓仪式。（新华社发　刘伟摄）

2021 年 11 月 17 日，在湖州市南浔区人民检察院的青少年法治教育基地，检察官给学生及家长介绍热线及 APP。（新华社记者徐昱摄）

2021 年 12 月 8 日，甘肃省天水市秦州区举办 2021 年"法律明白人"培训会。（新华社发）

四、立善法于天下，则天下治

　　党的十八大以来，科学立法、民主立法、依法立法不断推进，以宪法为核心的中国特色社会主义法律体系更加完善，为推进国家治理体系和治理能力现代化、满足人民群众对美好生活新期待提供了重要保障。

　　适时修改宪法，健全保证宪法实施的法律制度；编纂民法典，修改环境保护法，制定反食品浪费法等，法律立改废释工作聚焦重要领域有序开展；通过优化营商环境条例、市场主体登记管理条例等，营商环境的法治保障更有力……

1954年9月21日，首都群众聚集天安门广场庆祝中华人民共和国宪法的诞生。（新华社发）

2018年3月11日，十三届全国人大一次会议在北京人民大会堂举行第三次全体会议。这是代表投票表决中华人民共和国宪法修正案草案。（新华社记者饶爱民摄）

◆ 坚持依法治国首先要坚持依宪治国

　　党的十八大以来，以习近平同志为核心的党中央高度重视宪法在治国理政中的重要作用，把实施宪法摆在全面依法治国的突出位置，采取一系列有力措施加强宪法实施和监督工作，维护宪法法律权威，中国特色社会主义法治建设取得重大成就。

2014 年 12 月 3 日，民警在山东省枣庄市文化路小学"国家宪法日"系列活动中向学生们赠送《宪法》单行本。2014 年 12 月 4 日是我国首个"国家宪法日"。（新华社发　孙中喆摄）

　　2016 年 12 月 2 日，天津岳阳道小学学生在进行宪法晨读活动。在 12 月 4 日国家宪法日即将到来之际，天津市岳阳道小学开展宪法晨读活动，同学们通过晨读了解宪法知识。（新华社发 史淞予摄）

2021 年 12 月 2 日，山东省青州市实验初级中学学生与普法志愿者互动猜法治谜语。在国家宪法日来临之际，各地开展宪法主题教育宣传活动，增强法治观念，弘扬宪法精神。（新华社发 王继林摄）

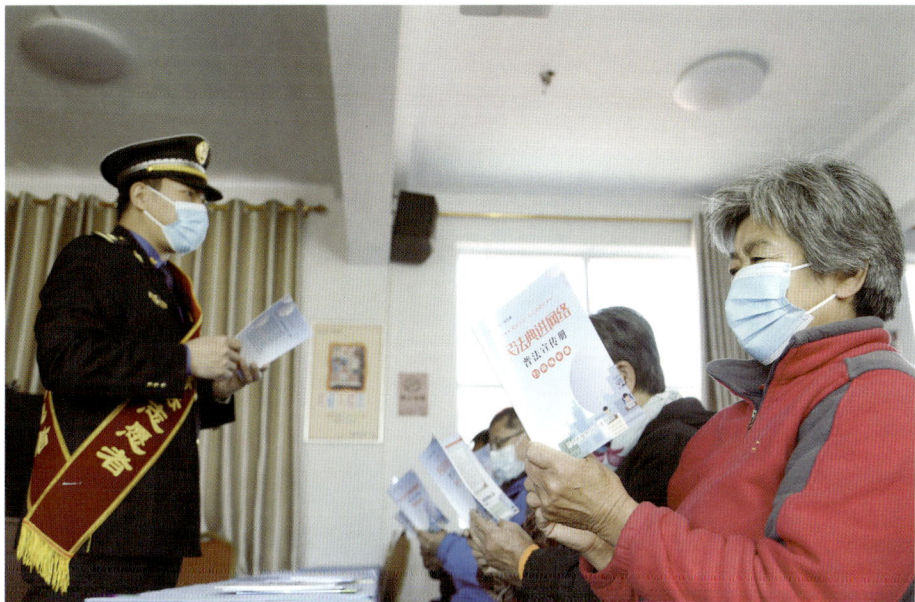

2021 年 12 月 4 日，在河北省邢台市襄都区东郭村镇南康庄村"普法课堂"上，普法志愿者在给村民讲解法律知识。当日是国家宪法日，全国多地通过咨询、普法课堂等形式开展宪法宣传教育活动。（新华社发　张驰摄）

2020 年 12 月 4 日，河北衡水市人民检察院检察官助理刘学敏在衡水中学为学生们讲解宪法知识。（新华社记者 王民摄）

2014 年 12 月 4 日，西安市民在国家宪法日宣传活动现场观看依法治国宣传展板。（新华社记者李一博摄）

2021 年 12 月 3 日，南京铁路公安处乘警支队民警来到中国铁路上海局集团有限公司南京客运段，开展宪法宣传活动，迎接国家宪法日的到来。图为乘务员在活动上学习宪法知识。（新华社记者季春鹏摄）

2021 年 12 月 3 日，在山东省滨州市滨城区人民法院，讲解员给清怡小学的学生们讲解宪法知识。（新华社发　初宝瑞摄）

2020 年 12 月 3 日，农民工在观看宪法知识展板。当日，中铁上海工程局联合安徽省合肥市瑶海区人民法院在合肥畅通二环二标项目工地开展"送法进工地"活动，法律工作者在现场向农民工解读《中华人民共和国宪法》《中华人民共和国民法典》，并集中解答农民工提出的有关劳务纠纷、权益保障等问题，提高其维护自身权益的能力。（新华社记者曹力摄）

◆ 加快完善中国特色社会主义法律体系

加快完善中国特色社会主义法律体系，为全面建设社会主义现代化国家提供法律保障，是新时代新任务对立法工作提出的新要求。做好新时代立法工作，要深入学习贯彻习近平法治思想，坚持党对立法工作的全面领导，紧扣建设中国特色社会主义法治体系、建设社会主义法治国家总目标，坚持系统观念，统筹立改废释纂，深入推进科学立法、民主立法、依法立法。

2015 年 4 月 20 日，食品安全法修订草案提交十二届全国人大常委会第十四次会议进行三审。（新华社记者李涛摄）

　　2014 年 9 月 24 日，河北省大厂回族自治县工商局工作人员在向群众讲解如何辨别假冒伪劣商品。当日，河北省大厂回族自治县工商局组织开展了"新消法进万家"主题宣传活动，该县工商局工作人员来到超市等人员密集场所，向过往群众宣讲 2014 年 3 月 15 日新实施的《消费者权益保护法》的特点和内容，现场发放宣传资料，解答群众咨询，受理投诉，维护群众合法权益。（新华社记者李晓果摄）

　　2014 年 12 月 27 日，三河市环保局的工作人员在三河市街头发放"新环保法"的宣传资料。当日，河北省三河市在市区街头举行普法宣传活动，面向广大市民宣传即将于 2015 年 1 月 1 日起实施的新修订的《中华人民共和国环境保护法》，旨在向公众宣传相关法律知识，倡导低碳绿色生活方式，促进我国环境的可持续发展。（新华社记者鲁鹏摄）

　　2015 年 8 月 25 日，在合肥市稻香村街道望江西路社区一处建筑工地，律师罗勤（前左）为外来务工人员介绍法律法规。（新华社记者杜宇摄）

　　2016 年 4 月 20 日，太原铁警向过往群众发放宣传资料。当日上午 10 时，太原铁路公安局在太原南站组织百余名特警开展《反恐怖主义法》宣传，反恐器械展示和应急处突演练吸引了广大过往旅客驻足观看。（新华社发）

　　2016年3月6日，合肥市新华社区志愿者夏一琼（右）向市民晋及反家暴相关法律知识。当日，一场主题为"反对家庭暴力 构建和谐家庭"的宣讲活动在合肥市南七街道新华社区开展，辖区志愿者结合3月1日施行的《中华人民共和国反家庭暴力法》，向市民宣传相关法律知识和遭遇"家暴"的处理办法。（新华社记者张端摄）

　　2017年1月1日，一位特警（右一）在介绍爆炸物销毁器的使用方法。当日，太原铁路公安局在太原南站开展《中华人民共和国反恐怖主义法》实施一周年纪念活动，向市民展示各类反恐装备并组织反恐演练，为即将到来的"春运"做好安保准备。（新华社发　曹阳摄）

2019 年 11 月 27 日，在上海市长宁区虹桥街道办事处，全国人大常委会法工委召开未成年人保护法、预防未成年人犯罪法的意见征询会，参会的幼儿园、中小学老师，司法所专职干部、社区工作者、律师等从不同角度畅所欲言（新华社记者刘颖摄）

图为 2019 年 11 月 27 日拍摄的上海市人大常委会基层立法联系点——古北市民中心。（新华社记者刘颖摄）

2021年11月26日，上海虹桥街道基层立法联系点召开《中华人民共和国体育法（修订草案）》意见征询座谈会。（新华社记者刘颖摄）

2021年11月26日，在意见征询会现场，讨论过程通过屏幕直播给全国人大常委会法工委相关工作人员以及华东政法大学附属中学的学生。（新华社记者刘颖摄）

图为 2021 年 5 月 30 日在开放日活动上拍摄的"6+1"未成年人保护论坛现场。在新修订的未成年人保护法和预防未成年人犯罪法即将正式施行之际，最高人民检察院举办以"检爱同行 共护未来"为主题的检察开放日活动。活动包括贯彻落实"两法"座谈会、"6+1"未成年人保护论坛、法治教育课等内容。部分全国人大代表、全国政协委员、学校师生代表和专家学者等 120 余人参加了开放日活动。从 6 月 1 日起，新修订的未成年人保护法和预防未成年人犯罪法将正式施行。（新华社记者殷刚摄）

國安法頒布，一國兩制

2020 年 6 月 30 日，香港市民在铜锣湾街头支持实施香港国安法。（新华社记者王申摄）

國家安全法
National Security Law

保一國兩制 還香港穩定
Preserve One Country, Two Systems
Restore Stability

2020 年 7 月 1 日，国家安全法的宣传板竖立在香港金紫荆广场醒目位置。（新华社记者李钢摄）

2020 年 5 月 28 日，十三届全国人大三次会议表决《中华人民共和国民法典（草案）》。（新华社记者丁海涛摄）

2021 年 12 月 14 日拍摄的合肥民法典主题园一景。近日，合肥市首个以民法典为宣传主题的园区在合肥市瑶海区花冲公园亮相。据悉，该主题园覆盖面积约为 1 万平方米，以"'典'亮美好生活"为主题，利用公园内原有设施和自然景观，建设民法典宣传雕塑、景观小品、宣传标识等宣传设施。（新华社发　解琛摄）

第三篇

以科教育人才

——从"科教更加进步"看全面建成小康社会

这是翻天覆地的历史巨变！

我国从"一穷二白"到成为世界上具有重要影响力的科技大国，从文盲率 80% 到教育水平跃居世界中上行列。

70 余年来，中国共产党领导新中国科教事业发展取得举世瞩目的成就，为全面建成小康社会提供了源源不断的创新动力。

新起点上，向"高水平科技自立自强"进军的号角已经吹响，我国科教事业将继续砥砺前行，为中华民族伟大复兴凝聚起磅礴的创新力量。

党的十八大以来，我国科技创新取得新的历史性成就，"嫦娥"奔月、"天问"探火，500 米口径球面射电望远镜首次发现毫秒脉冲星，新一代"人

以创新筑未来

造太阳"首次放电，在量子信息、干细胞、脑科学等前沿方向上取得一批重大原创成果……我国科技实力正从量的积累迈向质的飞跃、从点的突破迈向系统能力提升。

2012 年至 2020 年，我国教育经费从 28655 亿元增至 53014 亿元，国家财政性教育经费从 23148 亿元增至 42891 亿元。

教育事业的长足发展，保障了亿万人民群众受教育的权利，有效提升了全民族的科技文化素质，培养了数以亿计的高素质劳动者和技术技能人才。

一、吹响"向科学进军"的号角

　　新中国成立时，科技基础近乎为零，专门的科学研究机构仅有 30 多个，几乎没有大型科研仪器设备。随着新中国吹响"向科学进军"的号角，我国攻克一个又一个科技难关，成为复兴之路上的重要支撑。

　　从"两弹一星"到核潜艇，从青蒿素到杂交水稻，我国科技创新始终聚焦国家和人民需要，筑起国家安全、人民健康的坚实屏障。

　　1955 年 6 月 1 日至 10 日，经国务院批准，由中国优秀科学家组成的中国科学院四个学部成立大会在北京举行。当时分为物理学数学化学部、生物学地学部、技术科学部和哲学社会科学部 4 个学部，现分为数学物理学部、化学部、生物学部、地学部、技术科学部 5 个学部。中国科学院学部是国家在科学技术方面的最高咨询机构，由院士组成。图为成立大会会场。（新华社发）

1964 年 10 月 16 日，我国第一颗原子弹爆炸成功。（新华社发）

1967 年 6 月 17 日，中国在西部地区上空成功地爆炸了第一颗氢弹。图为氢弹爆炸的资料照片。（新华社发）

1970 年 4 月 24 日，我国用"长征一号"运载火箭成功发射第一颗人造卫星"东方红一号"。图为"东方红一号"资料照片。（新华社发）

图为钱学森在给同学们解答问题（资料照片，1964 年摄）。（新华社发）

我国自行设计和制造的核潜艇首次远航训练获得圆满成功。图为航行中的核潜艇。（新华社记者邓钧照摄　1986 年 12 月 31 日发）

1988 年 9 月 14 日至 27 日，中国自行研制的核潜艇从水下向预定海域发射运载火箭获得成功。火箭准确溅落在预定海域。（新华社记者王建民摄）

能抗除草剂的第3代青蒿新品（右）与传统青蒿产品（左）对比。（2015年10月27日拍摄）（新华社发）

2015年12月10日，在瑞典首都斯德哥尔摩音乐厅举行的2015年诺贝尔奖颁奖仪式结束后，中国科学家屠呦呦展示获得的奖章。（新华社记者叶平凡摄）

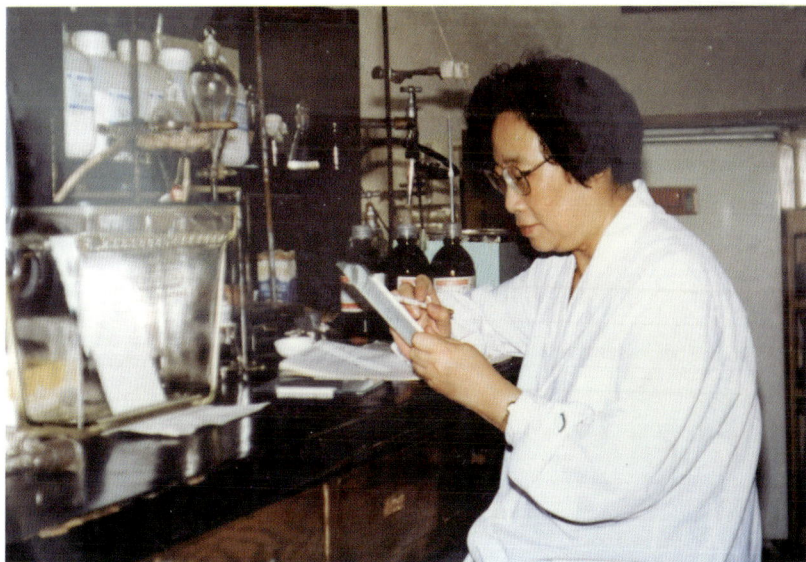

屠呦呦在工作中（翻拍资料照片）。屠呦呦因开创性地从中草药中分离出青蒿素应用于疟疾治疗获得2015年的诺贝尔生理学或医学奖。这是中国科学家在中国本土进行的科学研究而首次获诺贝尔科学奖，是中国医学界迄今为止获得的最高奖项，也是中医药成果获得的最高奖项。（新华社发）

图为 1976 年 12 月 14 日，湖南省农业科技人员袁隆平（农业科学院研究员）（右）、李必湖在观察杂交水稻生长情况。（新华社记者孙忠靖摄）

2021 年 10 月 17 日，袁隆平团队测产组工作人员在测产现场查看水稻生长情况。（新华社记者陈振海摄）

2010 年 12 月 15 日，孙家栋在西昌卫星发射中心。孙家栋是共和国勋章获得者、"两弹一星"元勋、中国科学院院士、国际宇航科学院院士、原航天工业部及航空航天工业部副部长、"东方红一号"卫星总体技术负责人、月球探测工程首任总设计师、"北斗"卫星导航工程总设计师、航天科技集团高级技术顾问。（新华社记者李明放摄）

2006 年，陆元九院士在航天时代电子公司激光陀螺实验室与同事探讨问题。生于 1920 年的他，是 29 位"七一勋章"获得者中最年长的一位。（新华社发）

二、加快建设科技强国，实现高水平科技自立自强

这是翻天覆地的历史巨变！

从"一穷二白"到成为世界上具有重要影响力的科技大国，从文盲率80%到教育水平跃居世界中上行列。

70余年来，中国共产党领导新中国科教事业发展取得举世瞩目的成就，为全面建成小康社会提供了源源不断的创新动力。

新起点上，向"高水平科技自立自强"进军的号角已经吹响，我国科教事业将继续砥砺前行，为中华民族伟大复兴凝聚起磅礴的创新力量。

2021 年 4 月 29 日 11 时 23 分，中国空间站天和核心舱在我国文昌航天发射场发射升空，准确进入预定轨道，任务取得成功。（新华社记者蒲晓旭摄）

◆ 建设航天强国要靠一代代人接续奋斗

1992 年，我国载人飞船正式列入国家计划进行研制，这项工程后来被定名为"神舟"号飞船载人航天工程。"神舟"号飞船载人航天工程由"神舟"号载人飞船系统、"长征"运载火箭系统、酒泉卫星发射中心飞船发射场系统、飞船测控与通信系统、航天员系统、科学研究和技术试验系统等组成，是我国在 20 世纪末期至 21 世纪初期规模最庞大、技术最复杂的航天工程。经过近 30 年独立自主发展和接续奋斗，中国已圆满完成载人航天工程"三步走"发展战略第一步、第二步全部既定任务，正向着建造空间站、建成国家太空实验室进发。

2021 年 6 月 17 日，巨焰腾起，神舟十二号载人飞船成功发射，中国人首次进入自己的空间站。中华民族的飞天征程，站在了新的起点上。

图为 1988 年 9 月 7 日北京夏令时 5 时 30 分，载着"风云一号"气象卫星的"长征"四号火箭发射成功。（新华社发）

1999 年 11 月 20 日，"神舟一号"飞船发射成功，图为整装待发的"神舟一号"飞船。（新华社发）

1999 年 11 月 20 日，我国载人航天工程第一艘试验飞船飞行成功。（新华社记者赵建伟摄）

2003 年 10 月 15 日，神舟五号载人航天飞船搭载我国首位航天员杨利伟，在酒泉卫星发射中心升空。图为神舟五号飞船发射升空。（新华社发）

2003 年 10 月 16 日，中国第一艘载人飞船"神舟五号"成功着陆，图为航天英雄杨利伟自主出舱。（新华社记者王建民摄）

2008 年 9 月 25 日 21 时，神舟七号飞船发射成功。（新华社记者李刚摄）

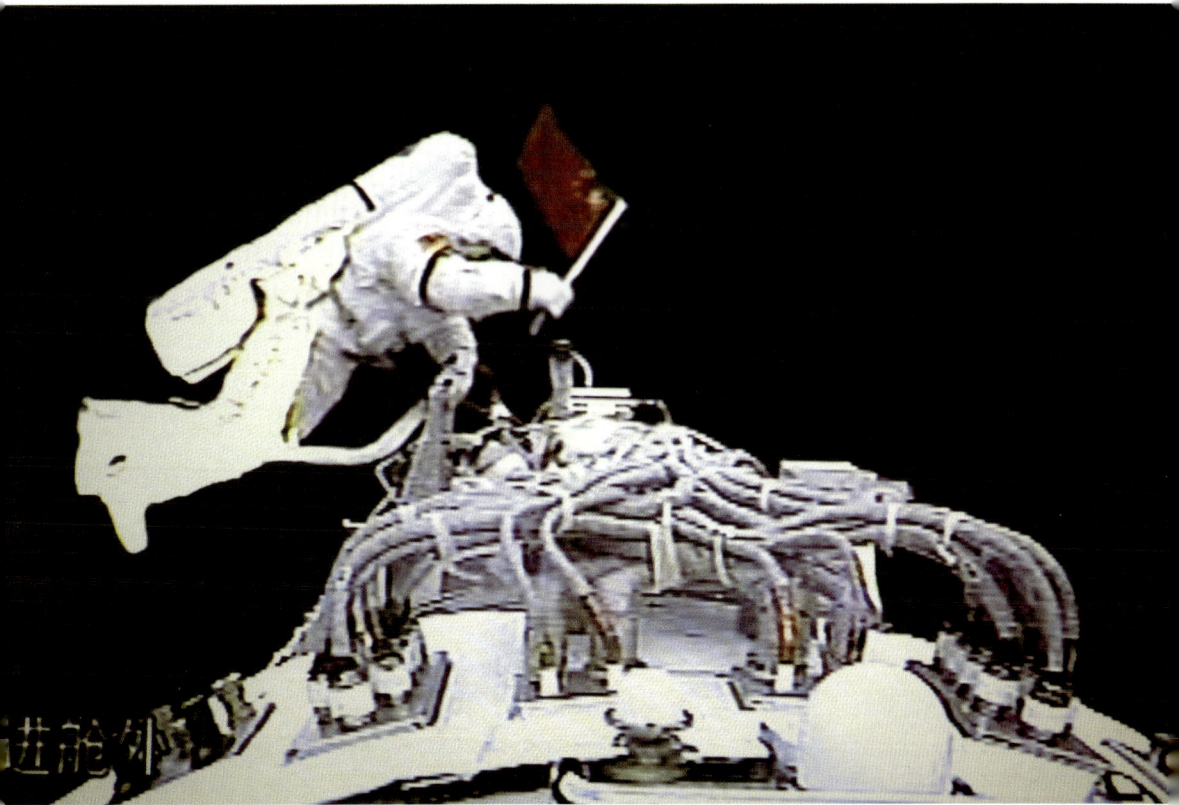

2008 年 9 月 27 日，执行神舟七号载人航天飞行出舱活动任务的航天员翟志刚出舱后挥动中国国旗。（新华社发）

2013年6月11日，神舟十号飞船在酒泉卫星发射中心发射升空。（新华社记者李刚摄）

2013 年 6 月 26 日，神舟十号载人飞船返回舱在内蒙古主着陆场成功着陆，图为圆满完成任务的三位航天员张晓光、聂海胜、王亚平（从左至右）自主出舱后挥手致意。浩瀚太空，谱写下中华民族飞天梦想的崭新篇章。2013 年 6 月 26 日 8 时 07 分，遨游太空 15 天的神舟十号飞船，在顺利完成我国天地往返运输系统的首次应用性飞行后，其返回舱成功降落在内蒙古中部阿木古朗草原。至此，中国十艘神舟飞船、一个天宫一号目标飞行器发射飞行全部取得成功。（新华社记者王建民摄）

2020 年 5 月 5 日，为我国载人空间站工程研制的长征五号 B 运载火箭在海南文昌首飞成功，正式拉开我国载人航天工程"第三步"任务的序幕。（新华社记者蒲晓旭摄）

图为 2021 年 7 月 4 日，在北京航天飞行控制中心大屏拍摄的航天员在舱外工作场面。（新华社记者金立旺摄）

2021 年 9 月 17 日晚，聂海胜（中）、刘伯明（右）、汤洪波敬礼。据中国载人航天工程办公室消息，圆满完成神舟十二号载人飞行任务的航天员聂海胜、刘伯明、汤洪波，于 2021 年 9 月 17 日乘坐任务飞机平安抵达北京。（新华社发 郭中正摄）

北京时间 2021 年 10 月 16 日 0 时 23 分，搭载神舟十三号载人飞船的长征二号 F 遥十三运载火箭，在酒泉卫星发射中心按照预定时间精准点火发射，约 582 秒后，神舟十三号载人飞船与火箭成功分离，进入预定轨道，顺利将翟志刚、王亚平、叶光富 3 名航天员送入太空，飞行乘组状态良好，发射取得圆满成功。（新华社记者刘磊摄）

图为 2021 年 11 月 8 日在北京航天飞行控制中心拍摄的神舟十三号航天员翟志刚在出舱任务结束后挥手示意。（新华社发　郭中正摄）

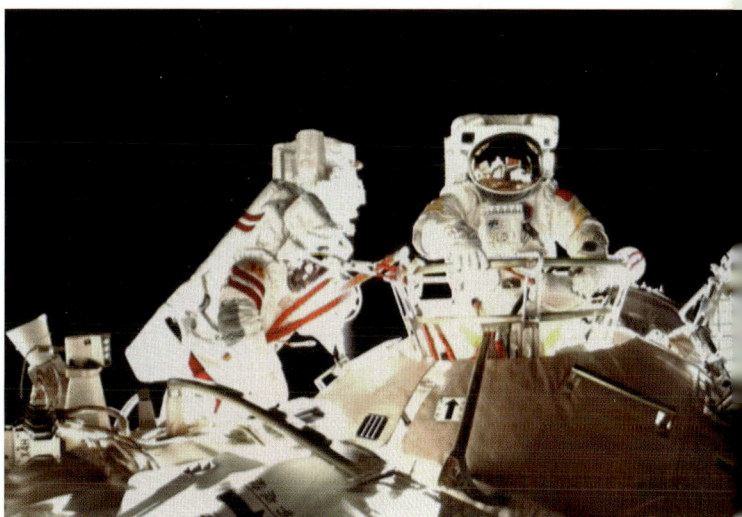

图为 2021 年 11 月 8 日在北京航天飞行控制中心拍摄的神舟十三号航天员王亚平（右）结束出舱任务。（新华社发　郭中正摄）

　　2022 年 4 月 16 日，神舟十三号载人飞船返回舱在东风着陆场成功着陆。图为航天员翟志刚、王亚平、叶光富（左至右）安全顺利出舱（拼版照片）。（新华社发）

2022 年 4 月 16 日，神舟十三号载人飞船返回舱在东风着陆场成功着陆。（新华社记者彭源摄）

◆ 坚决打赢关键核心技术攻坚战

从"嫦娥"探月到"长五"飞天，从"蛟龙"入海到航母入列，从北斗组网到5G商用，从随处可见的"扫一扫"到层出不穷的"无人""共享"……中国以一系列创新成就实现了历史性飞跃。依托科技创新所带来的各种新技术、新产品、新应用，见证着我们生产生活方式的改变。创新的种子已经播撒，创新的激情正在升腾，创新的中国风华正茂。

2017年5月5日，国产大型客机C919在上海浦东国际机场首飞成功。（新华社记者丁汀摄）

图为 2018 年 11 月 30 日，在深圳比亚迪总部展厅拍摄的比亚迪新能源汽车和充电桩展品。（新华社记者毛思倩摄）

2019 年 1 月 25 日，一列复兴号动车组列车在北京永定门城楼附近的京津城际铁路上行驶。（新华社记者邢广利摄）

2019 年 12 月 17 日，我国第一艘国产航空母舰山东舰在海南三亚某军港交付海军。经中央军委批准，我国第一艘国产航母命名为"中国人民解放军海军山东舰"，舷号为"17"。（新华社记者李刚摄）

图为 2019 年 6 月 25 日拍摄的北京大兴国际机场航站楼。（新华社记者张晨霖摄）

2020年12月4日，中国科学技术大学宣布该校潘建伟等人成功构建76个光子的量子计算原型机"九章"，求解数学算法高斯玻色取样只需200秒。这一突破使我国成为全球第二个实现"量子优越性"的国家。这是光量子干涉实物图：左下方为输入光学部分，右下方为锁相光路，上方共输出100个光学模式，分别通过低损耗单模光纤与100超导单光子探测器连接。（新华社发）

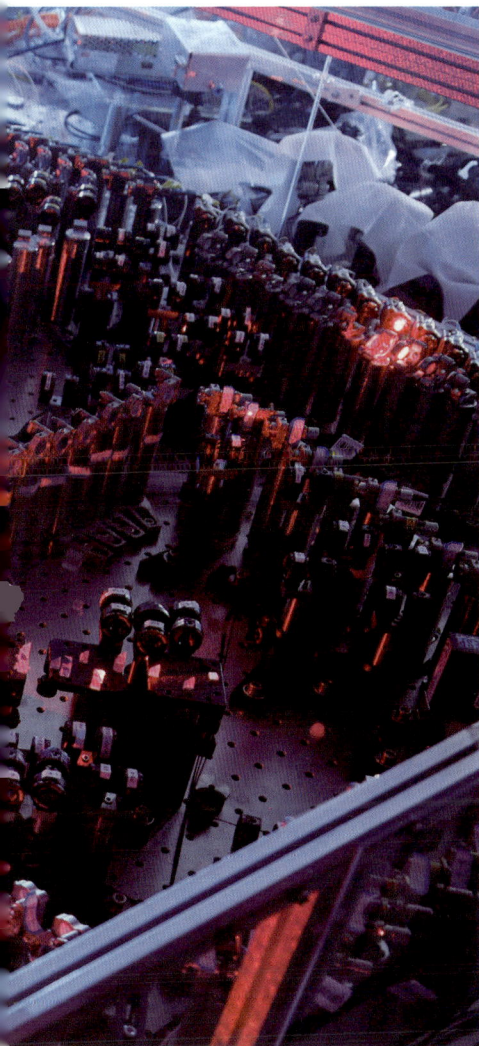

图为 2020 年 11 月 2 日在国家超级计算天津中心拍摄的天河高性能计算机系统。（新华社发 赵子硕摄）

2020 年 12 月 4 日，我国新一代可控核聚变研究装置"中国环流器二号 M"（HL-2M）在四川成都正式建成放电，标志我国正式跨入全球可控核聚变研究前列，HL-2M 将进一步加快人类探索未来能源的步伐。图为 2020 年 12 月 4 日，中国环流器二号 M 装置建成暨首次放电见证活动现场。（新华社记者张超群摄）

2020 年 11 月 28 日 8 时 30 分许，创造了 10909 米中国载人深潜新纪录的"奋斗者"号，完成第二阶段海试，胜利返航。图为拍摄的"奋斗者"号。（新华社发）

2020 年 7 月 26 日，国产大型水陆两栖飞机"鲲龙"AG600 在山东青岛团岛附近海域成功实现海上首飞。（新华社记者李紫恒摄）

　　"长鲸 1 号"集成了自动投饵、5G 基站、风力发电、海水淡化、水下机器人、海洋数据观测等多种"高精尖"技术，仅需 4 人一年就可养殖优质深海鱼 1000 吨。图为 2020 年 9 月 5 日拍摄的国内首座深远海智能化坐底式网箱"长鲸 1 号"海洋牧场平台。（新华社记者王凯摄）

2018年6月1日，在位于松辽盆地的松科二井拍摄的"地壳一号"万米钻机整机系统。这是中国入地工程的一项标志性成就，将为我国地球深部探测提供关键技术和装备，拓展松辽盆地深部页岩气、地热能等清洁能源勘查开发的新空间。（新华社记者许畅摄）

2020 年 12 月 8 日，中国和尼泊尔共同向世界宣布，珠穆朗玛峰的最新雪面高程为 8848.86 米。图为 2020 年 5 月 27 日，2020 珠峰高程测量登山队队员在珠穆朗玛峰峰顶开展测量工作。（新华社特约记者 扎西次仁摄）

2020 年 5 月 21 日，在海拔 6500 米的珠峰前进营地，中国移动工作人员在调试 5G 基站。（新华社记者晋美多吉摄）

2021 年 4 月 18 日 盾构机推拼同步技术在上海试验成功 这是 2021 年 4 月 13 日拍摄的上海隧道机械制造分公司车间内的"骥跃"盾构机。（新华社记者方喆摄）

2019 年 8 月 28 日拍摄的"中国天眼"全景（检修期间拍摄）。（新华社记者欧东衢摄）

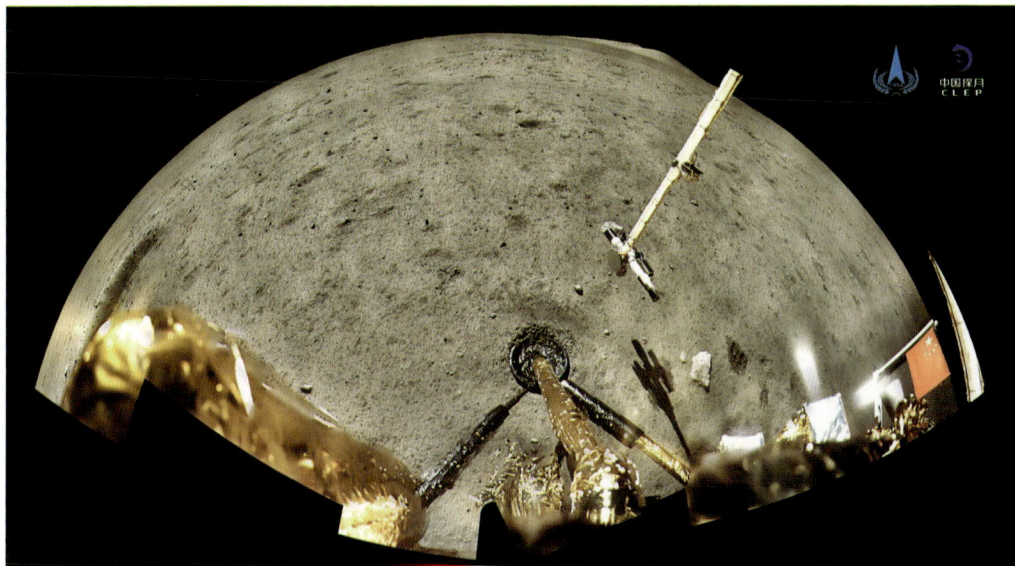

2020 年 12 月 4 日，国家航天局公布了探月工程嫦娥五号探测器在月球表面国旗展示的照片。嫦娥五号着陆器和上升器组合体全景相机环拍成像，五星红旗在月面成功展开，此外图像上方可见已完成表取采样的机械臂及采样器。（新华社发）

2020 年 10 月 1 日，国家航天局发布我国首次火星探测任务"天问一号"探测器飞行图像（新华社发）

2021年9月16日，在湖南国际会展中心，观众在北斗卫星导航系统成果展上参观。（新华社记者陈泽国摄）

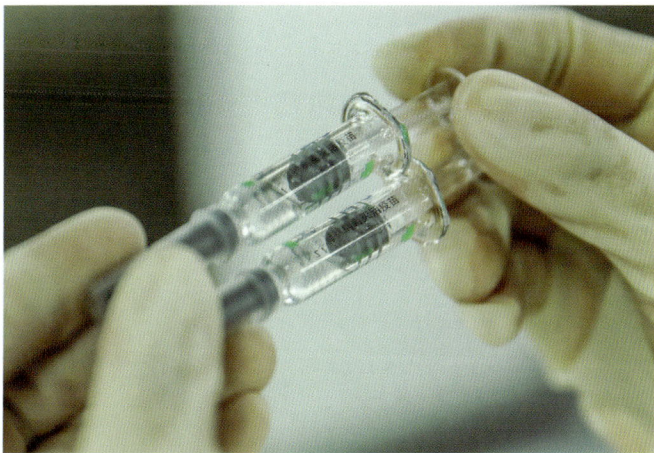

国务院联防联控机制 2020 年 12 月 31 日发布，国药集团中国生物的新冠病毒灭活疫苗已获国家药监局批准附条件上市。图为 2020 年 12 月 25 日，工作人员在国药集团中国生物北京生物制品研究所的新冠病毒灭活疫苗分包装车间内检查产品包装质量。（新华社记者张玉薇摄）

2021 年 2 月 26 日，嫦娥五号搭载的太空稻种在华南农业大学国家植物航天育种工程技术研究中心温室萌芽。（新华社发　张梓望摄）

图为 2018 年 1 月 22 日拍摄的克隆猴"中中"和"华华"在中科院神经科学研究所非人灵长类平台育婴室的恒温箱里得到精心照料。（新华社记者金立旺摄）

"慧眼"卫星最新观测结果证实，快速射电暴可以起源于磁星爆发。这一发现，与国际上其他望远镜的观测一起，部分破解了快速射电暴的起源之谜。图为 2021 年 2 月 19 日，在中国科学院高能物理研究所（高能所）举行的发布会上，慧眼卫星首席科学家张双南研究员在介绍成果。（新华社记者金立旺摄）

2021 年 1 月 5 日，在上海交通大学医学院附属同仁医院员工食堂，员工通过数字人民币"硬钱包"支付。（新华社记者刘颖摄）

中核集团 2021 年 1 月 30 日宣布，全球第一台"华龙一号"核电机组福建福清核电 5 号机组已完成满功率连续运行考核，投入商业运行。图为 2021 年 1 月 27 日在福建省福清市拍摄的中核集团福清核电有限公司核电机组外景。（新华社记者林善传摄）

2017年5月3日，陆朝阳（中）和学生们在检查光量子计算机的运行情况。中国科技大学的"80后"教授陆朝阳，始终心怀一个信念：让中国人站上量子科学之巅。28岁从剑桥大学博士毕业后，陆朝阳立刻回国，投身量子领域前沿研究。（新华社记者金立旺摄）

2018 年 5 月 11 日拍摄的位于青岛的海尔董事局新大楼。今天的海尔已在全球建立 10 大研发中心、108 个制造工厂，产品遍及全球 160 多个国家和地区。（新华社记者李紫恒摄）

2020 年 5 月 22 日，中关村的企业华拓金服数码科技集团在江苏省昆山市花桥基地举行新入职员工入职签约活动。面对突如其来的新冠肺炎疫情，作为国家自主创新示范区，中关村的企业一手抓疫情防控，一手抓生产研发，把"危机"变成攻坚"战机"、转型"契机"，逆势而上，交出了一份不乏亮色的答卷。危中寻机，一批新产业、新业态加速升级，快速发展，新动能不断得到培育。（新华社发）

三、百年大计，教育为本

新中国成立之初，教育水平低，人口文化素质差，小学净入学率和初中毛入学率分别为 20% 和 3%，高校在校生仅有 11.7 万人，全国 80% 的人口是文盲。

新中国成立以来，我国教育事业攻坚克难，建立了世界上规模最大的教育体系。2020 年，各级各类学校 53.71 万所，比 1949 年增加 18.5 万所；在校生 2.89 亿人，是 1949 年的 7.3 倍。

2008 年 3 月 13 日，甘肃省临泽县第一小学学生放学回家。（新华社记者张锰摄）

图为 1958 年，云南玉溪县凤凰水库工地上的民工利用休息时间识字。（新华社记者王传国摄）

　　1958年5月，四川郫县太平乡红星三社女社员倪怀凤在十天内通过刻苦学习掌握了1500多个生字。图为倪怀凤（中）正在领取扫盲毕业证书。（新华社记者孙忠靖、游云谷摄）

　　1951年，河北定县翟城村开展冬学。图为参加冬学的学员们在上课。（新华社记者曹兴华摄）

图为 1960 年，新疆塔什库尔干塔吉克族自治县慕士塔格人民公社二大队的社员在小学生的帮助下在田间学习文化。（新华社记者武纯展摄）

1958 年，北京市宣武区椿树胡同管界内的 624 名文盲中有 557 人参加了扫盲学习。图为一个扫盲小组在练习写生字。（新华社发　资料照片）

1951 年，部队文化教员祁建华研究速成识字教学法，创立一套适合部队战士学习的快速识字法。图为 1952 年 8 月，祁建华（左）帮助行军的战士学习注音字母。（新华社记者岳国芳摄）

图为 1952 年，天津一个剧团的演员在后台学习生字。（新华社发　资料照片）

图为 1951 年，青海省的两个牧童在放羊时，温习冬学教师教给他们的生字。（新华社发　资料照片）

图为 1958 年 9 月，福建省福州市生活在水上的妇女在船头练习写字。新中国成立前，福州市的水上居民中妇女 100% 都是文盲。新中国成立后，她们组织了识字班，在当地小学教师的辅导下开展扫盲学习。（新华社发　资料照片）

图为 1952 年，山西省平顺县西沟村李顺达农林畜牧生产合作社的妇女识字小组在上课。（新华社记者陈之平摄）

图为 1955 年，辽宁省复县沙坨村的扫盲班在地里通过实物进行扫盲教学。（新华社发 资料照片）

◆ 圆梦青春

1977 年，高考恢复，全国 570 万考生参加高考，录取新生 27.3 万。一代有理想、有抱负、渴望知识的中青年人怀着无比激动的心情，带着自己独特的人生经历和丰富的社会经验走进考场，走进课堂，又带着刻苦学习所掌握的专业知识和报效祖国的满腔热情走向社会，走向世界，为祖国及人类社会现代化建设作出了应有的贡献。作为中国最重要的考试之一，40 多年来，高考影响着考生的人生轨迹，也镌刻着国家发展、时代变迁的印记。无论时代如何变化，高考如何变革，中国人对知识的尊崇、对梦想的追求从未改变。在这张永无止境的答卷上，每一代人都面临着各自的考题，都应当也必将作出精彩的解答。

1077 年，在北京参加高等学校入学考试的青年正在认真答卷。（新华社发）

1978 年春，北京大学迎来恢复高考后录取的第一批新生。（新华社发）

为了加速培养民族师资，贵州省黔东南苗族侗族自治州于 1978 年正式创办黔东南民族师范专科学校。这个学校招收的苗、侗、布依等少数民族学生，已达全校现有学生总数 40％左右。（新华社记者龙启云摄）

清华大学 1977 级的学生在课堂上。（新华社发）

1978 年 3 月，北京师范大学 1977 届新生在学习中交流。（新华社发）

1982 年 6 月，中国举行了首次博士论文答辩。
有 6 位研究生通过了博士论文答辩，分别获得了理学
和工学博士学位。北京大学攻读博士学位的研究生张
筑生，1982 年 7 月 6 日顺利通过论文答辩，成为我
国第一个通过博士论文答辩的攻读博士学位的研究生。
（新华社记者顾德华摄）

1985 年 9 月 10 日，新中国第一个教师节，我国
著名教育家吴若安（右二）来到她曾担任校长的上海
市第一女子初级中学，为她题写的校名揭牌。1985 年
1 月 21 日六届全国人大常委会第九次会议确定，每年
的 9 月 10 日为教师节。（新华社发 朱正民摄）

第六届全国人民代表大会第四次会议，于 1986
年 4 月 12 日在北京人民大会堂闭幕。图为代表们举
手通过中华人民共和国义务教育法。（新华社记者王
新庆摄）

◆ 发展中国特色社会主义教育事业

　　"教育是民族振兴的基石，教育公平是社会公平的重要基础。"，从1986年颁布义务教育法起，经过10多年奋斗，我国在2000年实现了基本普及九年义务教育、基本扫除青壮年文盲（简称"两基"）目标，"两基"人口覆盖率超过85%，2007年进一步扩大到99%，跻身于免费义务教育水平较高国家行列。2004年，国家西部地区"两基"攻坚计划启动。中央财政投入100亿元建设8300多所寄宿制学校，解决学生"进得来"的问题；实施"两免一补"政策，解决学生"留得住"的问题。2006年9月1日，修订后颁

14岁的新疆喀什市疏勒县疏勒镇阔纳巴扎小学学生米热古丽·木合台（前左一，维吾尔族）家庭贫困，政府实施的"双免工程"使她走进课堂安心读书。新疆喀什市自2003年7月开始实施"双免工程"，即免费提供教科书和免收学杂费。"双免工程"让贫困学生、家长和社会各界切实感受到了党和政府一心一意为百姓的温暖。（新华社记者李涛摄）

行的《义务教育法》明确规定，"实施义务教育，不收学费、杂费"。这一年，西部农村首先实施义务教育经费保障机制改革。2007 年春天，这项改革推行到全国农村；同年秋季，全国农村义务教育在免交学杂费的同时，还免收教科书费，1.5 亿学生因此受益。2008 年春天，16 个省区市和 5 个计划单列市进行免除城市义务教育学杂费试点。到了秋季，所有城市免除义务教育学杂费，至此我国形成了城乡统一的义务教育普惠制。

2007 年 2 月 28 日，安徽省合肥市庐阳区五里拐小学的学生在展示免除学杂费的告知卡。（新华社记者李健摄）

2008 年 2 月 17 日，南京凤凰花园城小学四年级二班的学生在新学期开学报到时领到了免费的新课本。2008 年春季新学期开始，江苏省向全省城乡义务教育阶段学生免费提供教科书，包括公办校、民办校学生及民工子弟在内的受益学生达 727 万。（新华社记者孙参摄）

2008 年 4 月 18 日，陕西省宁陕县汤坪镇华严小学的肖应杰在校园就餐。从 2007 年秋季开始，宁陕县追加学生营养餐专项资金，在全县有寄宿学生的中小学中启动"学生营养计划"工程。（新华社记者陶明摄）

20 世纪 90 年代初，"211 工程"逐渐被人熟知：面向 21 世纪、重点建设 100 所左右高等学校和一批重点学科。这一工程于 1995 年 11 月经国务院批准后正式启动，成为中国实施科教兴国战略的重大举措，也是新中国成立以来由国家立项、在高等教育领域进行的规模最大、层次最高的重点建设工程。经过一段时间建设，先后有 112 所高校跻身"211 工程"，教学科研成效显著。

1998 年 5 月，北京大学百年校庆之际，一个更高的目标被提出："为了实现现代化，我国要有若干所具有世界先进水平的一流大学。"1999 年，国务院批转教育部《面向 21 世纪教育振兴行动计划》，"985 工程"正式启动建设。时光流转，放眼全国，"985 工程"学校数从北大加清华之"2"，到"2+7"，再到 34 所，最终定格在 39 所。

为庆祝北京大学建校一百周年，"北京大学百年校庆交响音乐会"1998 年 5 月 2 日晚在北京世纪剧院举行。（新华社记者姜华摄）

四、加快推进教育现代化，建设教育强国

2012 年至 2020 年，我国教育经费从 28655 亿元增至 53014 亿元，国家财政性教育经费从 23148 亿元增至 42891 亿元。

教育事业的长足发展，保障了亿万人民群众受教育的权利，有效提升了全民族的科技文化素质，培养了数以亿计的高素质劳动者和技术技能人才。

图为 2021 年 3 月 17 日拍摄的果洛藏族自治州甘德县下贡麻乡寄宿制中心小学。近年来，青海省不断加大教育投资，持续实施义务教育"全面改薄"工程、能力提升工程等，在校舍建设、师资补强等方面持续发力，进一步改善办学条件。2016 年以来，青海省累计向青南等地区投资 129 亿元，建设校舍 320 万平方米，办学条件显著改善。（新华社记者张龙摄）

◆ 义务教育是国民教育的重中之重

　　从颁布实施义务教育法，全面完成普及九年义务教育的战略任务，我国加速走过了西方国家近百年的义务教育普及之路，实现了对世界的庄严承诺。从改革开放之初基本普及小学教育，到如今即将普及高等教育——教育发展的巨变，为实现中华民族伟大复兴提供了势不可挡的磅礴力量。新时代中国教育已经站上新的历史起点，向着教育强国阔步前行。

全球媒体儿童日

Global News Day For Children

　　图为 1991 年 4 月在安徽省金寨县桃岭乡三合中心学校拍摄的小学生苏明娟在认真听课的照片。1989 年 10 月，中国青少年发展基金会向海内外宣布：实施"希望工程"，建立我国第一个救助贫困地区失学少年基金，让因家庭贫困而失学的孩子重返校园。1989 年 10 月 30 日，中国青少年发展基金会把"希望工程"的第一块基石，铺奠在河北省涞源县桃木疙瘩村。1990 年 4 月，我国第一所希望小学在安徽省金寨县创办。1990 年 9 月 5 日，邓小平欣然为"希望工程"题名。（新华社发　解海龙摄）

2019 年 9 月 3 日，金寨县希望小学南校区学生在上计算机课。金寨县希望小学位于安徽省金寨县南溪镇。1990 年 5 月 19 日，金寨县希望小学正式落成，成为全国第一所希望小学。（新华社记者张端摄）

2019 年 9 月 3 日拍摄的金寨县希望小学校园里的"感恩"石。（新华社记者刘军喜摄）

2022 年 1 月 21 日，山东省滨州市沾化区利国乡南五社区便民服务中心，孩子们在学习捏面塑。为丰富孩子们寒假生活，山东省滨州市沾化区利国乡积极落实"双减"政策，组织开展面塑、阅读等假期活动，充实孩子们的假期生活。(新华社记者范长国摄)

2022 年 1 月 7 日，重庆市璧山中学的学生们在"衣衣不舍"服装工作坊兴趣社团改造旧衣服。(新华社记者唐奕摄)

　　2021年11月30日，赵家镇中心小学三年级的学生在非遗拳术特色课堂上学习"赵家拳棒"（无人机照片）。当日，浙江省诸暨市赵家镇中心小学的孩子们在非遗传承人的指导下练习"赵家拳棒"，这也是该校落实"双减"政策开设的非遗拳术特色课堂。据悉，诸暨市赵家镇的"赵家拳棒"历史久远，2012年被列入浙江省非物质文化遗产名录。（新华社记者徐昱摄）

　　2020 年 12 月 3 日，忠县汝溪镇中心小学校学生在教室内吃午餐。忠县位于重庆市中部，地处三峡库区腹心。近年来，忠县通过优化师资配备、设立教育扶贫资助基金、新增教育用地、添置教育设施设备等举措，推动义务教育均衡发展和城乡一体化，促进学生全面发展。（新华社记者王全超摄）

　　2021 年 10 月 12 日，工作人员在贵州省遵义市绥阳县风华镇中心学校食堂为排队学生打取营养餐。2017 年春季开始，贵州省遵义市采取择优选择投资人的方式，食品卫生监督部门介入，全面推行义务教育阶段营养改善计划，确保学生吃得饱、吃得好、吃得健康，造福黔北山区学子。（新华社发　李艳摄）

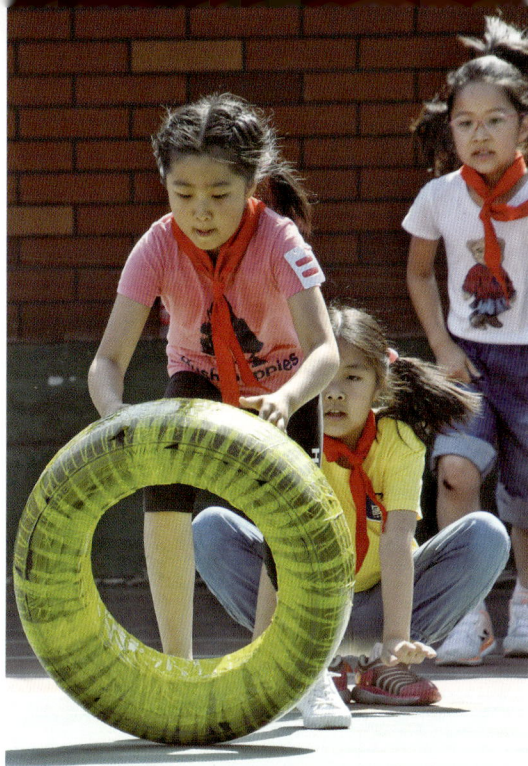

2018 年 5 月 31 日，北京市东城区史家小学的学生在上体育课。近年来，北京市义务教育入学政策坚持稳中求进，不断深化改革，"免试就近入学"成为常态。2018 年，北京市小学就近入学比例保持在 99% 以上，初中就近入学比例保持在 96% 以上。（新华社记者李欣摄）

2021 年 11 月 18 日，在上海市杨浦区平凉路第三小学的"教学助手"展示课上，四年级学生在数学课上通过平板电脑进行课堂练习。目前，上海市正在推进基础教育数字化转型，以教学为中心，建设可复制、可推广、高质量的教育应用场景，建设数字化课堂和校园，旨在实现更高层次的优质均衡。（新华社记者刘颖摄）

◆ 教育投入要向民族地区、边疆地区倾斜

党的十八大以来，我国在实现教育公平方面加大力度，向农村倾斜、向困难群体倾斜、向少数民族倾斜、向贫困地区倾斜。

"十三五"期间，全国23个省份、95.3%的县级单位实现义务教育基本均衡发展，全国义务教育阶段建档立卡辍学学生实现"动态清零"；覆盖全学段的学生资助政策体系累计资助贫困学生3.91亿人次、资助金额达7739亿元。

图为2017年8月31日，广西都安瑶族自治县龙湾乡琴棋小学的老师和学生在升国旗。2015年以来，广西把教育扶贫作为阻断贫困代际传递的治本之策，不断补齐教育短板，优化教师结构，充实师资力量，拓宽教育帮扶渠道，贫困学生教育保障水平和贫困地区教育发展质量得到明显提高。（新华社记者陆波岸摄）

上图为 2013 年 12 月 19 日，改造前的广西大化瑶族自治县板升乡弄勇小学；下图为 2017 年 9 月 4 日，弄勇小学新貌。（新华社记者黄孝邦摄）

　　2018 年 12 月 7 日，云南省西盟佤族自治县勐梭镇班母村佤山育忠小学的学生在上电脑课。位于中缅边境的云南省西盟佤族自治县是国家扶贫开发工作重点县。自 2014 年以来，该县落实产业扶贫、教育扶贫、健康扶贫、农村危房改造等一系列脱贫攻坚政策，有效提振群众脱贫的内生动力，因地制宜开展扶贫工作。（新华社记者杨宗友摄）

　　2020 年 4 月 24 日，北京市第二中学阿尔山分校的学生在课堂上回答问题。自京蒙扶贫协作工作开展以来，北京市第二中学教育集团与内蒙古阿尔山市第一中学签约建立北京二中阿尔山分校，选派了两批教学管理团队进驻北京市第二中学阿尔山分校开展为期一年的支教活动，目前该校共有 6 名北京市第二中学教育集团教师。（新华社发　贝赫摄）

　　2021年，由格力集团出资5000万元援建的泸水市格力小学荣获"全国脱贫攻坚先进集体"称号。泸水市格力小学和格力幼儿园于2018年9月3日投入使用，是全国东西部扶贫协作开展以来教育领域单体投资规模最大项目。图为2018年9月3日拍摄的云南省泸水市大兴地镇维拉坝珠海社区的格力小学。（新华社发）

2020 年 12 月 1 日，张桂梅（中）在教室里检查学生上课情况。2021 年 6 月 29 日，张桂梅被党中央授予"七一勋章"并在"七一勋章"颁授仪式上发言 。（新华社发　陈欣波摄）

2021 年 2 月 25 日，贵州省从江县丙妹镇大歹小学教师蒙慧莲（左二）在家访。（新华社记者杨文斌摄）

◆ 加快构建现代职业教育体系

在全面建设社会主义现代化国家新征程中，职业教育前途广阔、大有可为。要坚持党的领导，坚持正确办学方向，坚持立德树人，优化职业教育类型定位，深化产教融合、校企合作，深入推进育人方式、办学模式、管理体制、保障机制改革，稳步发展职业本科教育，建设一批高水平职业院校和专业，推动职普融通，增强职业教育适应性，加快构建现代职业教育体系，培养更多高素质技术技能人才、能工巧匠、大国工匠。

2019 年 6 月 26 日，在北京市贯通培养试验项目首批试点高职院校——北京财贸职业学院校本部操场上，参与 2017 级贯通培养试验项目的学生们，在结束了前两年基础文化阶段学习后，手握"车票"登上"贯通号"即将开启职业教育阶段的新旅程。根据 2019 年政府工作报告，2019 年高职院校大规模扩招 100 万人。高职扩招 100 万人，将成为高等教育普及化的"临门一脚"，直接推动我国高等教育迈入普及化阶段。（新华社记沈伯韩摄）

2021 年 10 月 14 日，在深圳职业技术学院，唐雪梅与同学们一起上课。国家示范性高职院校深圳职业技术学院近年来实施一系列"输血造血"帮扶举措，发挥职业教育优势，助力帮扶对象"拔穷根"。2019 年学校开始面向云南省建档立卡贫困户家庭招生，挑选了计算机网络技术、机电一体化技术、物流管理等实用性强的 7 个专业，派出专门团队到当地走村串户开展招生宣传。同年，唐雪梅选择前往深圳读书。针对定点扶贫的云南昭通学生，学校不仅为他们免除学杂费，还提供生活补贴和交通补贴。（新华社记者毛思倩摄）

2021 年 10 月 14 日，在深圳职业技术学院，唐雪梅（左）在 ABB 机器人实训室与同学一起练习操控工业机器人。（新华社记者毛思倩摄）

　　2020年12月3日，在重庆市北碚区职业教育中心，饭店运营与管理专业的学生进行铺床练习。近年来，重庆市北碚区职业教育中心打破以课堂教学为主的传统培养方式，通过模拟车间、真实场景等教学方式，构建工学结合、产教结合、校企合作的职业技术人才培养模式。职教中心还按照企业需求开展"订单"式培养，实现与企业、行业对接，在提升学生综合职业技能的同时提高学生的就业率。（新华社发　秦廷富摄）

　　2021年5月24日，在河北省邯郸市涉县职业教育中心实训基地，机电专业学生在教师指导下组装电子产品。（新华社发　郝群英摄）

2020 年 12 月 29 日，福建武夷山旅游职业中专学校的老师给学生上茶艺课。（新华社发　邱汝泉摄）

2021 年 3 月 16 日，在果洛藏族自治州职业技术学校，2020 级学前教育专业学生在上音乐课。近年来，青海省果洛藏族自治州不断加大职业教育投入，改善教学条件，提升教育基础设施，培养藏医学、学前教育等地区发展紧缺人才，助力地方经济社会发展。（新华社记者张龙摄）

◆ 特殊教育

　　党的十八大以来，我国孤残儿童保障工作持续加强，特殊教育实现更快更好发展。来自四面八方的爱心汇聚，为这一特殊群体照亮前行的路。近年来，我国残疾学生受教育机会不断扩大，国家出台并全面实施特殊教育提升计划，基本实现 30 万人口以上且残疾儿童少年较多的县（市、区）都有一所特殊教育学校。随着国家对特教师资的支持和投入力度加大，教师数量持续增加，教师学历和专业素养也得到了大幅提升。

2020 年 3 月 2 日，北京 2022 年冬残奥会开幕前，参与表演的张家口市特殊教育学校的学生老师和志愿者在国家冬季两项中心合影。（新华社发　王欢摄）

2021 年 9 月 14 日，海南（海口）特殊教育学校的体育老师梁其道（右一）给足球队员示范动作。海龙足球队是海南周末球场上一支特殊的队伍，当其他球队的队员在呼喊交流的时候，他们的球场却静默无声，进球的欢呼在无声的球场被一个个竖起的大拇指代替。海龙足球队还有另一个名字——海南聋人足球队，他们曾多次代表海南参加全国聋人足球锦标赛和残运会，并取得了骄人的成绩。梁其道是海南聋人足球队的教练，也是海南（海口）特殊教育学校的体育老师。海南聋人足球队的前身，就是这所学校里的学生球队。（新华社记者张丽芸摄）

2021 年 9 月 7 日，在长沙职业技术学院特殊教育学院的舞蹈房里，邓芸虹（后）带着学生练习基本功。（新华社记者陈泽国摄）

2021年3月29日，在天津市北辰区特教学校的"音乐魔方"教室内，周鹏程给患有自闭症的学生上课。（新华社记者李然摄）

2022年2月23日，莆田市特殊教育学校校长吴劲松（右一）和特教老师蔡黎萍（左一）对毕业生庄志宇（中）进行回访。2021年，庄志宇通过西安美术学院的招考，成为学弟学妹们眼里的榜样。（新华社记者魏培全摄）

2021年3月23日，四川省眉山市仁寿县特殊教育学校教师颜志霞为学生提供"送教上门"服务。（新华社发）

◆ 走好人才自主培养之路

教育兴则国家兴，教育强则国家强。高等教育是一个国家发展水平和发展潜力的重要标志。今天，党和国家事业发展对高等教育的需要，对科学知识和优秀人才的需要，比以往任何时候都更为迫切。党的十九大报告中提出要"加快一流大学和一流学科建设，实现高等教育内涵式发展"。当前，我国高等教育办学规模和年毕业人数已居世界首位，但规模扩张并不意味着质量和效益增长，走内涵式发展道路是我国高等教育发展的必由之路。

2017年5月6日，浙江大学数学系教授苏德矿为学生授课。59岁的苏教授授课充满激情、生动幽默，常用段子将高深的数学理论讲得通俗易懂，深受学生喜爱。2017年，教育综合改革进入关键时期。梳理这一年教育改革大事，思政工作意见发布、沪浙新高考落地、"双一流"名单出炉……成果看得见摸得着。十九大报告提出，"努力让每个孩子都能享有公平而有质量的教育"，这是新时代我国教育的新使命，深化教育改革，未来更可期。（新华社记者王定昶摄）

2021 年 6 月 7 日，在吉林省国家教育考试考务指挥中心，考生家长拍摄监控画面。当日，2021 年高考拉开帷幕。位于吉林省教育考试院的吉林省国家教育考试考务指挥中心向考生家长代表和新闻媒体开放，接受社会监督。这里的监控系统，可以查看全省 150 个考点 3795 个考场的考生答题情况。（新华社记者张楠摄）

2021 年 6 月 7 日，在北京市陈经纶中学考点，考生在结束高考首场科目考试后走出考点。当日，2021 年高考拉开帷幕。（新华社记者鞠焕宗摄）

2021 年 6 月 8 日，在安徽省合肥市五十中学天鹅湖校区考点外，考生和家长拥抱。当日，全国部分地区 2021 年高考结束。（新华社记者黄博涵摄）

2021年6月9日，考生在考试结束后跑出湖南省长沙市一中考点。当日，全国部分地区高考结束。（新华社记者薛宇舸摄）

2021年6月8日，在安徽省合肥市第八中学考点，考生在结束考试后走出考场。当日，全国部分地区2021年高考结束。（新华社记者韩旭摄）

2021 年 7 月 15 日，在北京理工大学 2021 年本科生录取工作现场，工作人员展示录取通知书礼盒。北京理工大学 2021 本科录取通知书陆续寄出。据了解，本次本科生录取通知书采用礼盒的方式，包括录取通知书、校徽、北京理工大学地图、带有学校元素的徽章盲盒等。2021 年北京理工大学本科生录取工作将持续至 8 月初。（新华社记者任超摄）

2015 年 7 月 24 日，沈阳农业大学教师赵新华在科研基地内调试土壤剖面水分测定系统。沈阳农业大学师生利用假期走进位于辽宁省阜新市彰武县西六家子乡的农大花生科研基地，对 110 亩花生试验田进行除草、施肥、病虫害防治及科研数据记录工作。师生们还对在这里种植的农大新品种花生"农花 13 号"进行栽培技术的数据积累和研究。（新华社发）

2022年2月3日，梁丹在安徽农业大学生物科技楼内观察自己养的蚕。老家在黑龙江齐齐哈尔的梁丹是安徽农业大学生物化学与分子生物学的博士生，也是该校家蚕遗传资源发掘与利用研究团队成员。因为科研实验的安排，这个春节假期梁丹留在学校，和她的科研对象"蚕宝宝"一起度过。进行科研实验、撰写毕业论文、和父母视频聊天，梁丹的留校时光很充实。（新华社记者张端摄）

2017年4月20日，在中国科大自旋磁共振实验室，工作人员谢一进在编写控制软件。（新华社发　张大岗摄）

图为 2018 年 5 月 2 日拍摄的北京大学西校门。2018 年 5 月 2 日，在五四青年节和北京大学建校 120 周年校庆日即将来临之际，习近平总书记考察北京大学，对学校建设、人才培养等提出殷切期望，在北大师生中引起热烈反响。（新华社记者张晨霖摄）

2021 年 4 月 20 日，《觉醒年代》主创团队与北大师生代表座谈。当日，电视剧《觉醒年代》主创团队来到北京大学，在北京大学百周年纪念讲堂李莹厅与在校师生分享制作经验、交流心得。（新华社记者任超摄）

2015 年 8 月，中央全面深化改革领导小组第十五次会议审议通过《统筹推进世界一流大学和一流学科建设总体方案》，将"211 工程""985 工程"等重点建设项目统一纳入世界一流大学和一流学科建设。"双一流"建设是"211 工程""985 工程"之后，又一次体现国家意志的高等教育发展计划。

2022 年 2 月 14 日，第二轮"双一流"建设高校及建设学科名单公布，公布的名单共有建设高校 147 所，北京大学、清华大学自主建设的学科自行公布。第二轮建设名单不再区分一流大学建设高校和一流学科建设高校，将探索建立分类发展、分类支持、分类评价建设体系作为重点之一引导建设高校切实把精力和重心聚焦有关领域、方向的创新与实质突破上创造真正意义上的世界一流。

2021 年 7 月 4 日，在中国人民大学世纪馆门前，2020 届毕业生抛学士帽。当日，中国人民大学 2020 届毕业生学位授予仪式举行，3700 余名 2020 届毕业生参加，活动旨在让受新冠疫情影响无法到校参加学位授予仪式的 2020 届毕业生重温在校美好时光。（新华社记者任超摄）

2021年7月1日上午，庆祝中国共产党成立100周年大会在北京天安门广场隆重举行。图为共青团员和少先队员代表集体致献词。（新华社记者陈晔华摄）

2021 年 7 月 1 日上午，庆祝中国共产党成立 100 周年大会在北京天安门广场隆重举行。图为合唱团仕大会开始前演唱。（新华社记者申宏摄 ）

川 纪录小康工程

千年梦圆

全面建成小康社会影像纪实

（下）

本书编写组

人民出版社
新华出版社

目录

目录

● C O N T E N T S ●

第四篇

坚定文化自信

——从"文化更加繁荣"看全面建成小康社会

从每年数亿人次打卡博物馆、非遗走红到三星堆考古引发世界关注，从红色旅游升温到《山海情》《觉醒年代》《我和我的祖国》等主旋律影视剧"圈粉"年轻一代，从红火的乡村文化大院到城镇密布的图书馆、博物馆……

全面建成小康社会，收获的不仅是物质文明的胜利，更是精神文明的成长、人民精神力量的增强，包括文化建设在内的"五位一体"高质量发展汇聚成百姓全方位的幸福感、获得感。

把最好的精神食粮奉献给人民，丰富多彩的文化成果以社会主义核心价值观为引领，以文化人、培根铸魂。小康中国，正以更昂扬的文化自信走在大路上。

精彩精神生活

在全国很多地方，传统手艺正转化为脱贫生产力。数据显示，"十三五"以来，有关部门支持各地设立各级非遗扶贫就业工坊超过 2000 家，带动数十万人就业增收。

文化兴国运兴，文化强民族强。

党的十九届五中全会明确提出，到 2035 年建成文化强国。以文化焕发出的内生动力，凝聚起全面建成小康社会的精神力量。中华文化所蕴含的文明价值导向，滋养新时代、照亮复兴路。

一、数字跃升，见证"文化小康"坚实步伐

1949 年，我国公共图书馆数量为 55 个，博物馆数量仅 21 个。70 多年的持续努力，带来翻天覆地的变化。截至 2020 年末，全国共有公共图书馆 3212 个，全国所有公共图书馆、文化馆（站）、美术馆和 5214 家博物馆免费开放，实现"无障碍、零门槛"进入。

2021 年 5 月 2 日，读者在安徽省蒙城县图书馆天梯书架旁阅读书籍。（新华社发　胡卫国摄）

◆ 推动全民阅读　建设书香中国

　　全民阅读的核心是内容"阅读"，关键在大众"全民"，是增强文化自信、建设文化强国的规定动作。

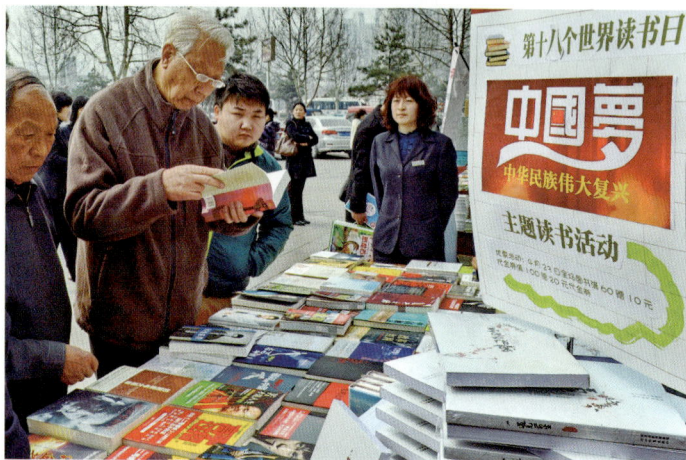

　　2013 年 4 月 23 日，是第十八个世界读书日。市民在河北省秦皇岛市图书大厦广场上挑选喜爱的图书。（新华社记者杨世尧摄）

　　2016 年 6 月 8 日，山东省青岛市首家社区主题阅览室——"悦读书房"在李沧区春和景明社区正式启用。"悦读书房"占地面积 200 余平方米、藏书 4000 余册，将通过"环境布置、氛围营造、活动组织"等多种途径，让更多社区居民爱上阅读，推进全民阅读活动深入开展。（新华社发　解豪摄）

2016年3月15日，市民在广西南宁市江南区一社区24小时自助图书馆免费借阅图书。南宁市在市内设立了10家社区24小时自助图书馆，旨在为广大市民提供近在身边的文化教育和知识更新平台，推动全民阅读。（新华社发　东萍摄）

　　2016 年是中国实施全民阅读推广活动的第 10 个年头。十年来，一些特色经营的实体书店悄然复苏，成为一座城市的公共空间和文化新地标，满足读者的阅读、文化体验和消费需求。在每一个守望精神家园的书店里，书香为伴成为越来越多人的存在状态。

上图：浙江杭州西溪湿地麦家理想谷书店，门口写着"读书就是回家"引导牌，下图：读者在杭州西溪湿地麦家理想谷书店阅读（2016 年 4 月 18 日摄）。（新华社记者黄宗治摄）

2017年9月17日，市民在位于许昌市建安大道上的"智慧阅读空间"阅览图书。为了促进全民阅读，给百姓提供丰富的精神食粮，河南许昌在人流密集、交通便利的路段及公共服务场所建成12座24小时智慧阅读空间，为读者提供图书借阅、阅读学习等文化服务。（新华社发　史林静摄）

2018年12月6日，一位女士在河北省张家口市宣化区的一家图书馆中阅读。据介绍，该图书馆包括主楼3层和副楼2层，总面积4000余平方米，藏书8万多册，供市民免费借阅。（新华社记者杨世尧摄）

2019 年 4 月 23 日，市民在山东省枣庄市一家书店内阅读。（新华社发 孙中喆摄）

2019 年 12 月 19 日，设立在长沙侯家塘地铁站的"24 小时自助图书馆"。近年来，为进一步推动全民阅读，让广大市民享受更好的文化便民服务，长沙图书馆在长沙地铁换乘站点逐步设立"24 小时自助图书馆"。这是集办证、查询、借书、还书等功能为一体的自助图书设备，借还书无须工作人员接待，不受时间限制，受到广大市民的青睐。（新华社记者陈泽国摄）

近年来，江西省赣州市章贡区通过在全区范围建设城市书屋，打造"十五分钟阅读圈"，让市民便捷乐享阅读生活。截至 2019 年 1 月，章贡区共建设了 29 个城市书屋。

2019 年 9 月 19 日，市民在位于江西省赣州市章贡区郁孤台历史文化街区的"24 小时自动借书柜"借书。（新华社记者胡晨欢摄）

陕西省安康市大力推进书香社会建设，打造城区 24 小时自助性质小型公共图书馆体系，积极营造全民阅读的文化氛围，为市民提供大量优质的公共阅读资源。

2020 年 11 月 25 日，读者在"安康阅读吧"龙舟文化园分馆内读书学习。（新华社记者邵瑞摄）

2019 年 10 月 11 日晚，市民在安康阅读吧东大街分馆阅读图书。（新华社发 袁景智摄）

2020 年 10 月 11 日，一处"书香巴马"24 小时智慧图书馆。为了促进全民阅读，广西巴马瑶族自治县在人流密集、交通便利的路段及公共服务场所设立"书香巴马"24 小时智慧图书馆，为读者提供图书借阅服务。（新华社记者崔博文摄）

2021 年 1 月 24 日，家长陪伴孩子在海南省海口市龙华区文化馆内读书。（新华社记者张丽芸摄）

2021年6月6日，读者在西藏拉萨市城关区"拾光读书驿站"享受阅读时光。（新华社记者王泽昊摄）

◆ 走进博物馆，让文化馨香远播

博物馆是一个地区、城市文化和艺术的圣地，是现代人的精神殿堂，承载着新时代中国的新使命，"每到一座城市先去博物馆看看"。

2012年12月9日，观众在国家博物馆参观《复兴之路》展览。（新华社记者王全超摄）

2018 年 5 月 18 日，一市民在南京市八路军驻京办事处旧址参观。当日是国际博物馆日，主题为"博物馆藏品架起沟通的桥梁"。（新华社记者程新闻摄）

2018 年 5 月 18 日，在贵州省博物馆内，一位市民在参观展出的西夏文物。（新华社记者刘续摄）

2018 年 5 月 18 日，观众在位于江西南昌的金九福钱币博物馆参观。（新华社记者周密摄）

2018 年 5 月 18 日，观众在山东潍坊青州博物馆参观。（新华社发 王继林摄）

　　2019 年 6 月 1 日，孩子们在甘肃省和政县的和政古动物化石博物馆参观。当日是"六一"国际儿童节，不少小朋友来到甘肃和政古动物化石博物馆参观，学习古生物知识。（新华社发　史有东摄）

2019 年 10 月 4 日，参观者在广西民族博物馆里参观风雨桥模型。（新华社记者曹祎铭摄）

2020 年 6 月 12 日拍摄的奉化博物馆外景。当日，主体建筑由原热电厂发电车间改造而来的浙江省宁波市奉化博物馆首次向公众开放。（新华社记者黄宗治摄）

2020 年 8 月 8 日在抚远市拍摄的鱼文化博物馆。（新华社记者谢剑飞摄）

图为 2021 年 6 月 8 日拍摄的扬州中国大运河博物馆夜景。（新华社发　孟德龙摄）

2021 年 6 月 16 日，参观者在扬州中国大运河博物馆内参观。（新华社记者李博摄）

　　上图是广西民族博物馆展出的广西环江毛南族自治县民居照片（2022 年 5 月 18 日翻拍）；下图是广西环江毛南族自治县思恩镇陈双村的民居（新华社记者陆波岸摄）。

◆ 美术馆，让文化资源活起来

　　美术馆是连接过去、现在和未来的桥梁。当今，美术馆的使命，不仅是对文物古迹和非物质文化遗产进行保护，更重要的是要让它们"活起来"，丰富人们的历史文化滋养。

2021 年 5 月 1 日，参观者在江西省浮梁县寒溪村参观艺术项目作品。（新华社记者万象摄）

　　2021 年 5 月 1 日，"艺术在浮梁 2021"艺术展在江西省浮梁县臧湾乡寒溪村开幕。此次展览项目采用"大地艺术"的形式，以寒溪村全村为展示区域，邀请日本、意大利、中国等 5 个国家的 26 位艺术家进行艺术创作，在假日期间打造一个"没有屋顶的乡村美术馆"，为艺术参与乡村振兴提供一条有价值的探索之路。

参观者在江西省浮梁县寒溪村参观艺术作品《记忆的容器》。（新华社记者万象摄）

　　2014 年 6 月 5 日，韩国艺术家的陶瓷作品《水筒》在展厅里陈列。当日，由文化部主办的"亚洲画廊艺术博览会"在上海市徐汇区龙美术馆（西岸馆）揭幕。本届博览会定位于构建一个新锐艺术家的平台，集中展现亚洲，特别是中国大陆当代艺术创作的最新作品。（新华社记者任珑摄）

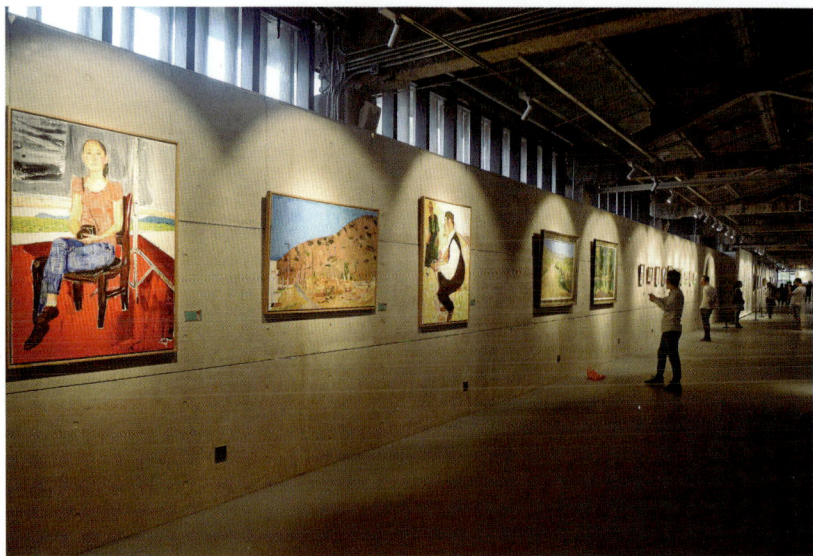

　　2016 年 10 月 18 日，参观者在景德镇陶溪川美术馆参观展览。当日，由中央美术学院主办的《文明的回响·致敦煌》大型展览在江西景德镇陶溪川美术馆开幕。展览通过中国画、油画、书法、摄影、雕塑、服饰等艺术门类，表达艺术家们对丝绸之路的认识。（新华社记者万象摄）

　　2018 年 6 月 12 日，观众在天津美术馆参观展出的乐器。连续 4 天，"曲动乐心——全国非遗曲艺项目保护成果展"在天津美术馆举办，吸引数千名曲艺爱好者前来观展。据了解，此次展览重点展示近几年我国在曲艺类非遗保护工作中取得的成就，分为"地方传承单元""学研文献单元""视听体验单元""天津观察单元"。（新华社记者李然摄）

图为 2021 年 4 月 2 日拍摄的浙江省衢州市余东村中国乡村美术馆。（新华社发）

◆ 电影：历史文化的光影大使

　　广大群众通过电影银幕重回历史现场，重温革命故事，切身感受建党百年的艰辛历程、巨大变化、辉煌成就，让中国的优秀传统文化代代薪火相传。

　　2018 年 8 月 4 日，观众在国家大剧院观看"2018 国家大剧院国际歌剧电影展"将展映电影的海报。当日，"2018 国家大剧院国际歌剧电影展"在北京国家大剧院歌剧院开幕。（新华社记者罗晓光摄）

2018年9月4日，表演者在进行诗朗诵《我的电影梦》。当晚，第十四届中国长春电影节梦想大典在位于吉林长春的东北师范大学体育馆举行。（新华社记者许畅摄）

2018年10月11日，南丰县白舍镇晗头村村民在观看露天电影。20世纪90年代，为了丰富农村群众文化生活，江西省南丰县成立了"女子电影放映队"。一台放映机、一块银幕、一片欢声笑语，她们把电影送到乡亲们的身边，全县170多个行政村都留下她们的身影。在电影放映中，放映队还会适时播放一些有关交通安全、森林防火、防治病虫害等科普教育片，受到村民欢迎。（新华社记者万象摄）

2021年11月20日，游客在杭州市余杭区瓶窑镇的老街电影院内参观。
（新华社记者徐昱摄）

2020 年 10 月 22 日，浙江省东阳市花园艺术团在花园村剧院进行日常演出。（新华社记者徐昱摄）

◆ 主题文化广场：让文化融入百姓生活

文化主题广场为市民提供了一种全新的城市景观体验，也使文明创建进一步走入百姓生活。

河北省阜平县顾家台村文化广场（2019 年 9 月摄）。（新华社记者朱旭东摄）

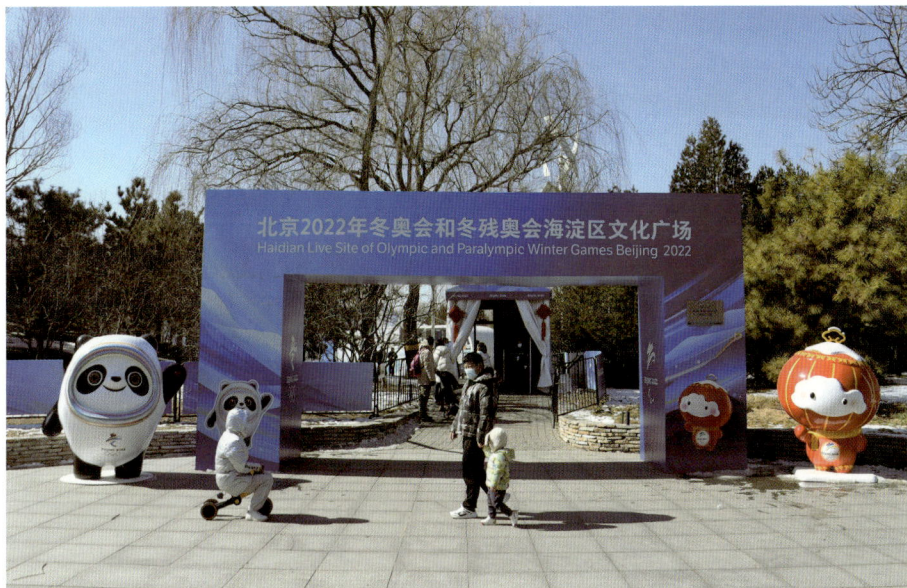

2022 年 2 月 20 日拍摄的北京 2022 年冬奥会和冬残奥会海淀区文化广场入口。（新华社记者任超摄）

2022 年 2 月 20 日,在北京 2022 年冬奥会和冬残奥会海淀区文化广场,小朋友和家长与"冰墩墩"合影留念。（新华社记者任超摄）

二、风貌焕然，标注"文化小康"丰硕成果

　　新民风建设引领乡村公共文化服务创新发展，几年来摆酒席减少三分之二，"人情份子"下降七成；各地加快打通公共文化服务"最后一公里"，全国累计建成村级文化中心 57 万多个。甘肃"乡村大舞台"等创新实践接地气、旺人气、正风气，广受群众好评。公共数字文化服务能力也大幅提升，提供"菜单式""预约式"服务成为常态。

2021 年 10 月 27 日，创意云南 2021 文化产业博览会在昆明开幕，图为 10 月 27 日拍摄的创意云南 2021 文化产业博览会展场内景。（新华社记者胡超摄）

◆ 带有乡土气息的乡村大舞台

近年来，随着公共文化服务体系的不断完善，各乡镇打造当地的农民剧团，以舞蹈、山歌等具有乡土气息的艺术形式，给基层群众带去欢乐。

2017 年 5 月 18 日，江西省新干县七琴镇业余剧团的演员在镇里的小广场演出采茶戏。（新华社记者彭昭之摄）

2012 年 11 月 27 日，在宁夏回族自治区中宁县余丁乡黄羊村，当地村民在村里的文化大院内扭秧歌。（新华社记者彭昭之摄）

2018 年 8 月 4 日，在河北省深州市乡野梨园文化大院，村民在书画活动室练习书法。（新华社记者李晓果摄）

家住贵州省遵义市播州区平正仡佬族乡的李月亚 2009 年下岗后，与妻子王世英一起，从卖米粉开始创业，积累资金后把仡佬族文化、农耕文化、红色文化融进他倾力打造的乡村大舞台"山姑人家"。先后编排了《山姑情缘》等原生态大型实景体验剧，每年上演 200 多场，使"山姑人家"成为黔北闻名的乡村大舞台。

2020 年 10 月 14 日，在贵州省遵义市播州区平正仡佬族乡乡村大舞台"山姑人家"，播州区文化馆的老师（左二）在教村民打蹦蹦鼓。（新华社记者杨楹摄）

　　近年来，贵州省铜仁市玉屏侗族自治县不断加大公共文化服务体系建设，充分利用专业文艺骨干带动文化志愿者，依托乡村大舞台、欢乐院坝等阵地，将发生在群众身边的人和事编排成戏剧小品，组织文艺队伍深入乡村、社区演出，深受群众欢迎。

2020 年 11 月 30 日，在贵州省铜仁市玉屏侗族自治县新店镇新店村农家院坝，文化志愿者为村民表演京剧。（新华社记者杨楹摄）

2020 年 11 月 30 日，在贵州省铜仁市玉屏侗族自治县新店镇新店村农家院坝，文化志愿者为村民表演小品。（新华社发　胡攀学摄）

2022 年 1 月 22 日，村民在海南省儋州市和庆镇六罗村第 37 届"乡村春晚"上表演舞蹈。（新华社记者蒲晓旭摄）

2022 年 1 月 22 日拍摄的六罗村第 37 届"乡村春晚"演出现场。2022 年是海南省儋州市和庆镇六罗村连续举办"乡村春晚"的第 37 年。（新华社记者蒲晓旭摄）

◆ 服务群众的"最后一公里"

乡村文化站不断提升了基层公共文化服务水平，精准对接基层群众文化需求，有效助力乡村振兴；县级融媒体中心为打通引导群众、服务群众"最后一公里"提供了强大助力。

2014年9月19日，代表们在新疆哈密市回城乡文化站参观农民画制作。当日，新疆基层公共文化建设服务工作交流活动在哈密举行，来自新疆各地的相关代表人员参加了此次交流活动。近年来，新疆哈密注重文化软实力的提升，不断建设和完善基层公共文化服务体系和设施。目前，新疆哈密乡村文化站达到了全覆盖。（新华社记者姜帆摄）

2020 年 8 月 3 日，在河北省大厂回族自治县融媒体中心，工作人员在录制电台节目。
（新华社记者李晓果摄）

2019 年以来，山东省滨州市沾化区富源街道建起高标准的新时代文明实践分中心，精心设置了道德讲堂、家长学校、书画展厅、舞蹈室、图书阅览室等多个功能室，通过开展丰富多彩、形式多样的新时代文明实践活动，打通宣传群众、教育群众、关心群众、服务群众的"最后一公里"。

2020 年 6 月 2 日，村民到新启用的滨州市沾化区泊头镇季姜村新时代文明实践站图书室借书。（新华社记者范长国摄）

2020 年 6 月 2 日拍摄的新启用的泊头镇季姜村新时代文明实践广场。（新华社记者范长国摄）

2020 年 7 月 11 日，甘肃省金昌市金川区双湾镇新粮地村"夕阳红德润生日会"现场（资料照片）。（新华社发　杜哲宇摄）

◆ 创意文化产业 引领美好生活

　　繁荣文化事业和文化产业，满足美好生活向往，切实增强群众获得感和幸福感，向着建设文化强国目标，迈出铿锵步伐。

2015年3月25日，一名工人在青海缘汇木雕工艺有限公司内检查一件木雕作品。依托塔尔寺"艺术三绝"及深厚的民间文化底蕴，青海省西宁市湟中县大力发展以农民画、堆绣、镶丝、泥塑、木雕、壁画、藏毯、银铜器为主的"八瓣莲花"特色文化产业。（新华社记者张宏祥摄）

2015年6月16日，在入驻兰州创意文化产业园的与陶工坊内，陶艺师权洋周（右）和兰勇在制作陶器。近年来，兰州市着力将一处4万多平方米的废旧工业厂房改造为创意文化产业园，行业涉及动漫设计、创意设计、文化演艺、艺术品展览等方面。（新华社记者范培珅摄）

　　2018 年，深圳市文化创意产业实现增加值 2621.77 亿元，占 GDP 的比重超过 10%。文化产业已经成为国民经济支柱产业，在深圳发展中占据了重要位置。"深圳创造"和"深圳设计"也得到民众认可，越来越多的产品斩获国内外设计、创意奖项。

2014 年 5 月 16 日，在第十届中国（深圳）国际文化产业博览交易会上，观众与深圳文创企业华强方特打造的《熊出没》中的动画形象合影。（新华社记者毛思倩摄）

2018 年 6 月 20 日，在位于深圳南海意库的景观规划设计公司奥雅设计，设计人员在工作。奥雅设计总部位于深圳知名文创基地"南海意库"，办公场地曾是三洋电机（蛇口）有限公司使用过的厂房。（新华社记者毛思倩摄）

　　近年来，河北省大厂回族自治县抓住京津冀协同发展机遇，以"影视＋"为发展方向，建设影视小镇。小镇涵盖影视制作、动漫游戏制作、电视传媒、主题体验等，打造影视文化产业集群。

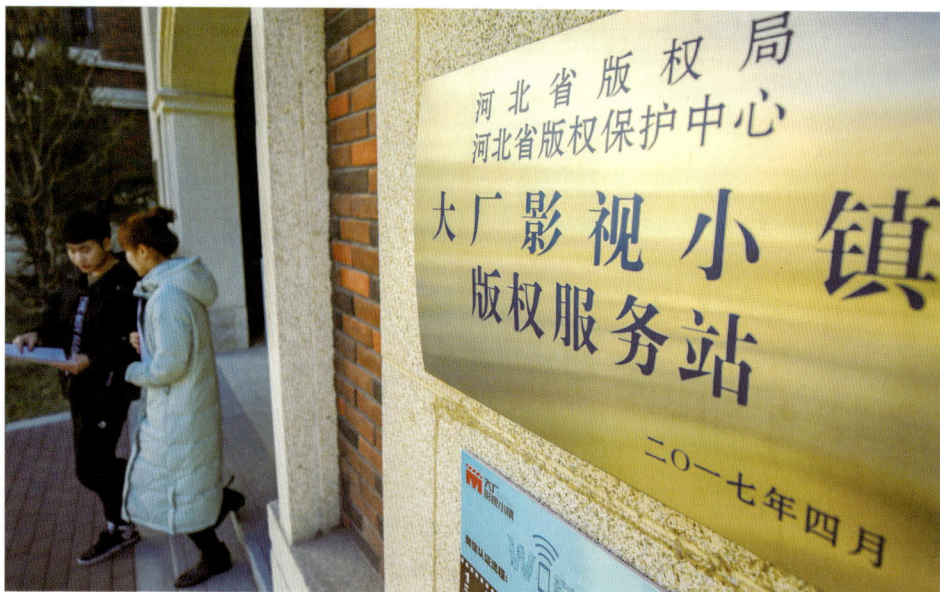

2019年2月21日，两名入驻企业的工作人员走出大厂影视小镇版权服务站。（新华社记者李晓果摄）

2019年2月21日，在大厂回族自治县影视小镇，一家入驻企业的主播在录制节目。（新华社记者李晓果摄）

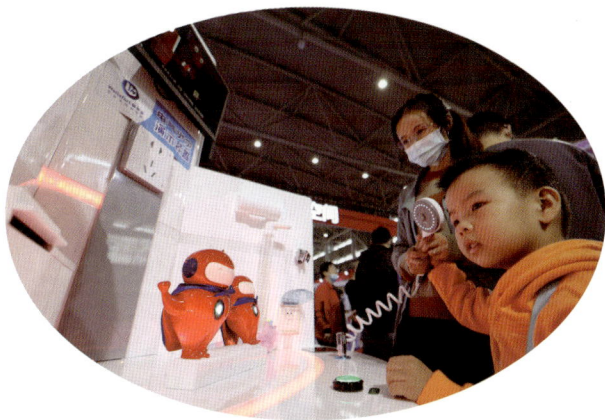

2021 年 10 月 23 日，在第十五届合肥国际文化博览会现场，小朋友在体验电气火灾演示装置。（新华社发　解琛摄）

2021 年 10 月 22 日，第十五届合肥国际文化博览会在安徽合肥滨湖国际会展中心开幕。本届文博会以"创意文化引领美好生活"为主题，设置文化科技融合展、文化产业综合展、全国工艺美术精品展等展览。（新华社记者黄博涵摄）

在深圳举行的第十七届中国（深圳）国际文化产业博览交易会上，众多参展商带来的红色文创产品吸引了人们眼球，红色文化正以更活泼的展现形式走进日常生活。

2021年9月23日，在第十七届文博会浙江展台，参展商拼装一艘榫卯结构搭建的南湖红船模型。（新华社记者毛思倩摄）

2021 年 9 月 23 日拍摄的第十七届文博会场馆外景。（新华社记者毛思倩摄）

2021 年 4 月 29 日，在广西柳州螺蛳粉产业园，参加研学团的学生在一家螺蛳粉企业里品尝螺蛳粉。（新华社发　黎寒池摄）

2021 年 10 月 27 日，商家在创意云南 2021 文化产业博览会上整理民族服饰。（新华社发　梁志强摄）

2021 年 12 月 2 日，在广东汕头市澄海区一家玩具公司的检测中心，工作人员在进行玩具的扭力测试。

被誉为"中国玩具之都"的广东省汕头市澄海区，实现了从简单的玩具加工产业向创意产业、文化产业等高端产业转型升级；目前已形成造型设计、原料供应、模具加工、零件制造、装配成型、动漫产品、展览贸易和销售运输等专业分工协作的产业群落。

2021 年 12 月 2 日，在广东汕头市澄海区一家商务展览公司，一名主播在玩具抖音电商直播基地推销汽车模型。（新华社记者邓华摄）

三、培根铸魂，形塑中国人精神气质

　　把最好的精神食粮奉献给人民，丰富多彩的文化成果以社会主义核心价值观为引领，以文化人、培根铸魂。小康中国，正以更昂扬的文化自信走在大路上。

　　2014 年 8 月 5 日，广西河池市罗城仫佬族自治县第二小学的学生们在罗城县仫佬族博物馆里听讲解员讲述抗战烈士的事迹。为迎接"日本投降日"和"中国人民抗日战争胜利纪念日"的到来，全国各地在暑假期间组织学生开展多种多样的爱国主义教育活动，让孩子们铭记历史，传承民族精神。（新华社发　吴耀荣摄）

◆ 弘扬红色经典主旋律

"读红色经典 做信仰传人"主题活动，旨在深入推进党史学习教育，引导广大师生多读书、读好书，从红色经典书籍中汲取知识、充盈智慧、砥砺前行。

2012 年 1 月 26 日拍摄的坐落在贵州省遵义市红军街转角处的"红军书屋"。这里出售不少与中国革命、红军长征、遵义会议相关的书籍，为红军街又添一抹"红"色。（新华社记者王橙澄摄）

2015 年 4 月 21 日，山东省青岛市城阳区上马边防派出所的青年志愿者与程哥庄小学的学生一起读书。当日，山东省青岛市上马边防派出所的青年志愿者来到城阳区程哥庄小学，向该校图书角赠送图书，带领学生读红色经典故事，迎接世界读书日的到来。（新华社发　王珂摄）

　　2021年3月16日，上海的大学、中小学的学生代表在活动现场接受赠书。当日，"读红色经典 做信仰传人——百年百书阅读行"主题活动在上海交通大学钱学森图书馆举行启动仪式。（新华社记者刘颖摄）

　　2021年4月1日，江西省南昌市湾里管理局夏泽幼儿园老师给孩子们讲述绘本上的红色故事。（新华社记者万象摄）

　　位于遵义会议会址旁的红色文化主题书店——遵义新华书店 1935 分店（24 小时书店）于 2017 年 4 月 23 日对外营业。为迎接建党百年，书店 2021 年开设了红色阅读专区。

2021 年 4 月 23 日，工作人员在书店内摆放书籍。（新华社记者欧东衢摄）

2021 年 4 月 23 日，一名小朋友在书店内阅读故事绘本。（新华社记者欧东衢摄）

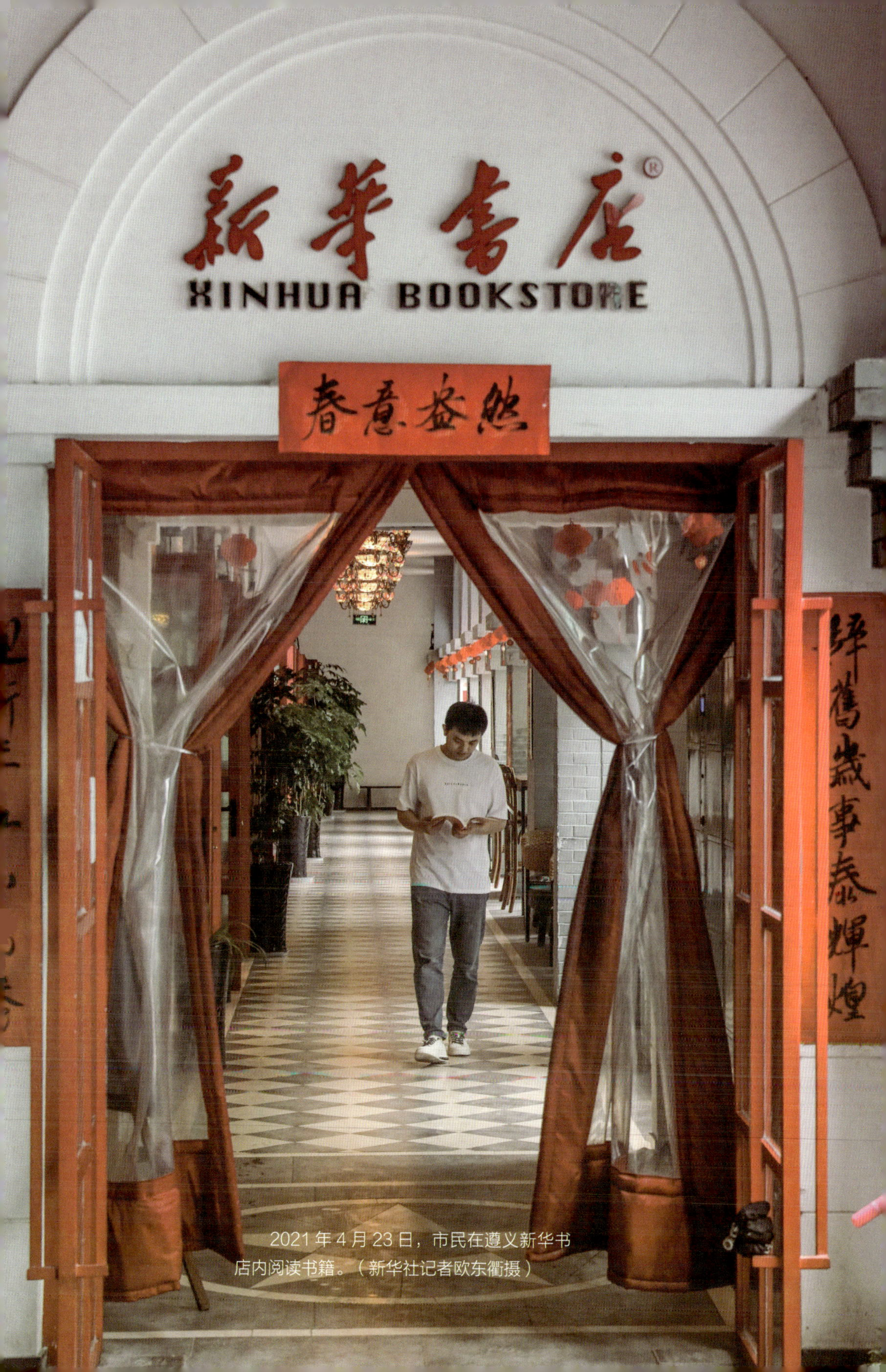
新華書店
XINHUA BOOKSTORE
春意盎然
辞舊歲事泰輝煌

2021 年 4 月 23 日，市民在遵义新华书店内阅读书籍。（新华社记者欧东衢摄）

在深圳举行的第十七届中国（深圳）国际文化产业博览交易会上，众多参展商带来的红色文创产品吸引了人们的眼球，红色文化正以更活泼的展现形式走进日常生活。

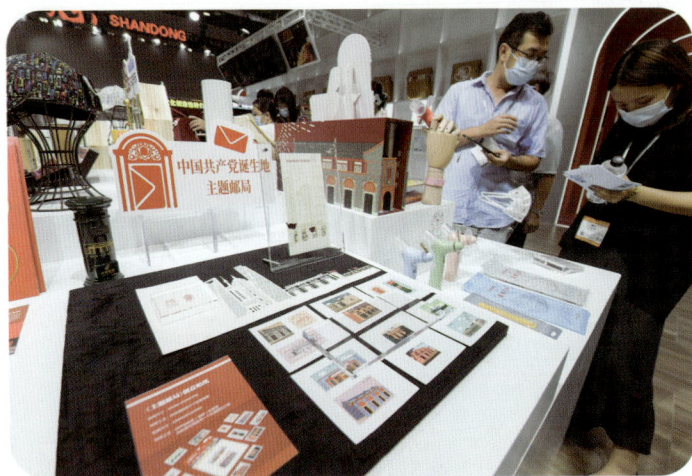

2021 年 9 月 24 日，在第十七届文博会上海展台，参观者了解展出的红色文创产品。（新华社记者毛思倩摄）

图为 2021 年 9 月 23 日，在第十七届文博会湖南展台拍摄的红色文创产品。（新华社记者毛思倩摄）

◆ 红色教育：培养时代新人

依托红色资源，通过参观革命历史遗迹、缅怀先辈革命业绩等活动，对学生进行爱国主义教育和革命传统教育。引导学生继承我党优良的革命品质，以及为人民利益前仆后继、英勇奋斗的红军精神。

2014年11月28日，在陕西省延安育才红军小学，德育老师刘圣丹在培训校史小小讲解员。陕西省延安育才红军小学是党中央、毛主席在延安时期，于1937年创办的一所中央保育小学，是全国红军小学爱国主义教育基地之一。（新华社记者丁海涛摄）

　　2018年11月9日，在延安观看演出的来自北京的学生与《延安保育院》主演合影。《延安保育院》是一部红色历史题材舞台剧，该剧自2013年常态化演出以来，艺术团组织全体演职人员在排练中学习历史，在表演时宣讲历史，使舞台剧成为延安的红色教育新课堂。（新华社记者张博文摄）

　　2021 年 2 月 28 日，学生们在听讲解员讲述红军突破乌江的故事。当日，贵州省遵义市余庆县大乌江镇大乌江小学在余庆县红军突破乌江纪念园举行开学第一课，开展"走进红色课堂、传承红色基因"主题活动。同学们在老师的带领下，参观红军突破乌江陈列馆等，感悟红色文化，传承红色精神。（新华社记者刘续摄）

　　福建省龙岩市长汀县南山中复小学坚持开展丰富的红色文化教育活动，让红色文化、长征精神深深植入学生的心中。

2019 年 6 月 18 日，在长汀县南山中复小学图书室，学生们在阅读长征故事书籍。（新华社记者魏培全摄）

始

的话："从福建的最
的最远的地方"就

中央苏区东大门的最
色圣地。在这里，红
后一次胜仗——温坊
上，与数倍于我军的
军长征赢得了宝贵的
"，积极支前，踊跃
一首苏区军民"患难
勇铁军，吹响了长征
万五千里长征的第一

长征第一村"。

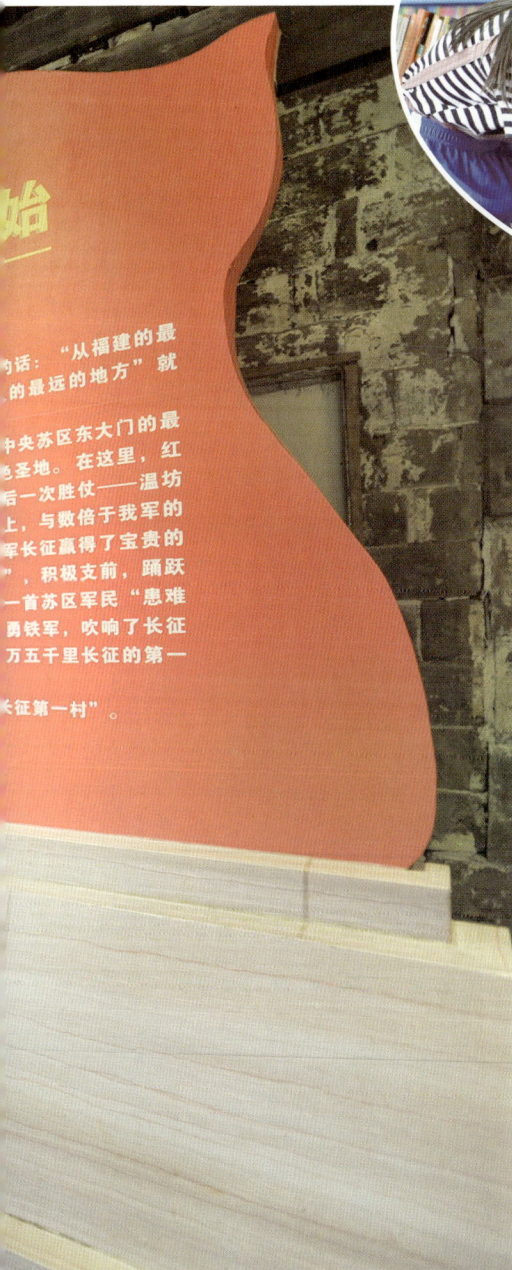

2019 年 6 月 18 日，在福建省龙岩市长汀县中复村观寿公祠，长汀县南山中复小学教师杜银英在红色主题活动上为学生讲解长征故事。（新华社记者李任滋摄）

2021年3月4日，长征源红军小学的孩子们在吹奏唢呐曲目《红娃乐》。为了弘扬长征精神，传承传统艺术，江西省于都县长征源红军小学在2012年成立红娃唢呐艺术团，聘请非遗传人和专业老师，将唢呐艺术与长征精神相融合，教授孩子们吹奏红色歌曲，传承红色文化。（新华社记者万象摄）

2021年5月14日，来自中建三局三公司中南分公司的员工在中国共产党第五次全国代表大会会址纪念馆内开展党史学习教育活动。（新华社记者熊琦摄）

　　在江西井冈山上的众多景点，活跃着一群小小义务讲解员。唱山歌、做讲解，用他们动听的声音，向游客们讲述井冈山的红色故事。2013 年，为了把"红色德育"作为立德树人的重要抓手，井冈山小学成立"小红军宣讲团"，旨在培养一批讲好红色故事、传承先辈精神的小小义务讲解员。

　　2021 年 5 月 12 日，在井冈山茨坪毛泽东同志旧居，"小红军宣讲团"的成员许煜宸（左一）给前来参观的游客们进行义务讲解，一名游客对他竖起大拇指。"小红军宣讲团"已成为井冈山红色旅游、红色文化当中的一道特色风景。（新华社记者彭昭之摄）

2021 年 9 月 10 日，重庆九龙坡区铁路小学的教师在黄桷树下为社区居民们讲述红色经典故事。（新华社记者刘潺摄）

2021 年 12 月 5 日，杭州市高虹镇的纪检干部在高虹新四军纪念馆给高虹小学学生和家长介绍新四军在天目山地区抗战的历史。（新华社记者徐昱摄）

◆ 影像中的红色力量

通过"红色电波"宣传大篷车、红色主题公交车、红色电影进农村等多种形式打造党史学习移动课堂，将党史知识潜移默化地传播到群众心中。

2015 年 5 月 17 日，河北省邯郸市邯郸县南吕固乡四留固村的农民魏少先为游客放映红色电影。魏少先将自己收藏的约 6000 部红色经典故事片和纪录片、150 多台电影放映设备、近 1 万张电影海报免费供游客参观。（新华社记者刘源摄）

　　2015年6月30日晚，方兴社区的农民工在工地上观看电影《神勇投弹手》。当晚，安徽省合肥市包河区方兴社区在辖区内的建筑工地，为农民工们放映经典红色电影，迎接即将到来的"七一"。（新华社记者郭晨摄）

　　2017年7月31日，武警战士聆听讲解员介绍电影海报的相关知识。当日，武警上海总队二支队在营区举行手绘电影海报新作展，上海电影协会选送90幅手绘红色电影海报参展。这些影片描述了人民军队成长壮大的光荣历程，成为武警官兵开展爱国强军教育的生动教材。（新华社记者陈飞摄）

2018 年 5 月 19 日拍摄的京剧《狼牙山》主创分享会现场。（新华社记者李俊东摄）

2021 年 5 月 9 日，唐山市海港经济开发区王滩镇裴滩村村民在村文化广场观看电影《古田军号》。（新华社记者杨世尧摄）

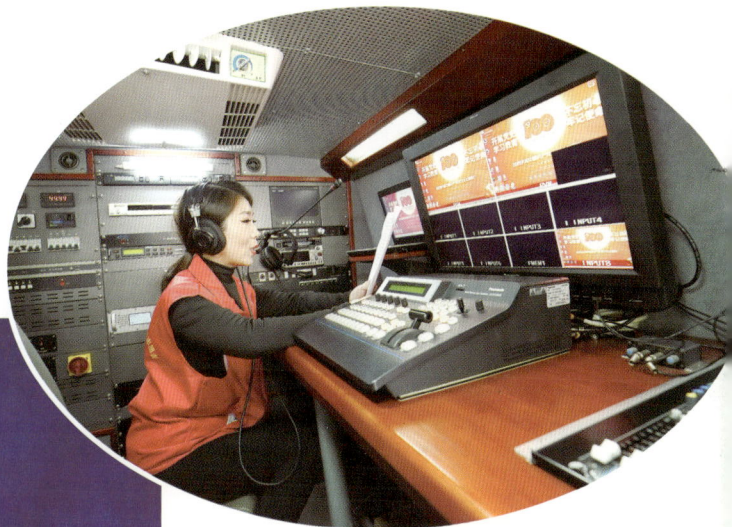

2021 年 5 月 10 日，唐山市海港经济开发区"红色电波"宣传大篷车宣讲员在进行党史知识宣传。（新华社记者杨世尧摄）

　　2017 年 6 月 14 日，江西省上高县敖阳街道何家垴村村民在"红色影院"内观看影片《建国大业》。（新华社记者宋振平摄）

　　2019 年 9 月 23 日，参观者在观看一组老电影海报。当日，"我家的红色记忆——庆祝中华人民共和国成立 70 周年上海民间藏品展"在上海图书馆开幕。从群众中征集的十八个真实故事和千余件藏品按照"我家的英雄""我家的宝贝"和"我家的足迹"三个板块进行展出。（新华社记者方喆摄）

2020 年 7 月 1 日，电影《1921》在中共一大会址前举行开机仪式。当日，讲述中国共产党创建时期历史故事的电影大片《1921》在上海开机。这是一部"跨年度巨制"，成为电影行业迎接 2021 年中国共产党成立 100 周年的重要作品之一。（新华社记者任珑摄）

2021 年 4 月 2 日，观众在杭州市瓶窑古镇老街观看露天展映的经典电影。用百姓喜闻乐见的形式传承红色文化，推动党史学习教育。（新华社记者徐昱摄）

2021 年 4 月 2 日拍摄的杭州市瓶窑古镇老街上展示的经典电影海报。（新华社记者徐昱摄）

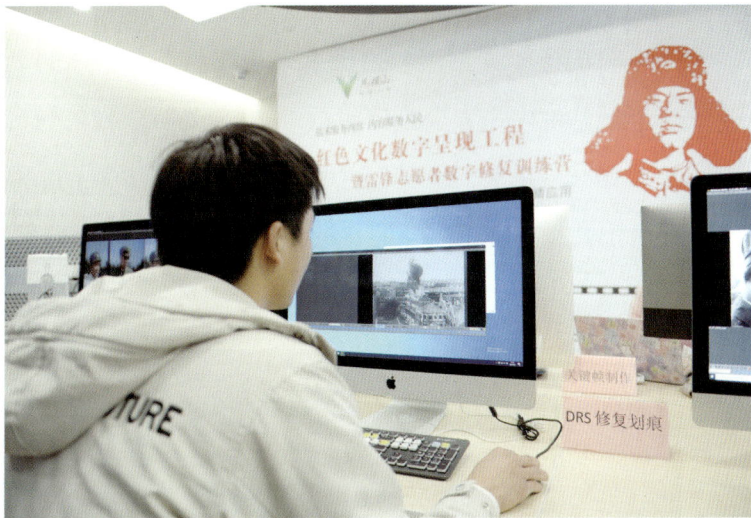

2021年4月8日，工作人员在长沙马栏山视频文创产业园工作室修复电影。将老电影胶卷扫描成数字文件，清除、修复影片中的损伤，再基于 AI 和人工将影片上色……一部拍摄于1964年的黑白影片《雷锋》，在湖南省长沙市马栏山视频文创产业园被修复成一部 4K 彩色电影。（新华社记者陈振海摄）

2021年4月20日，在电视剧《觉醒年代》主创团队走进北大活动中，剧中陈独秀扮演者于和伟（前左）、李大钊扮演者张桐（前右）与北大学生同台演出。（新华社记者任超摄）

　　为庆祝建党百年，拍摄了大量红色经典影片的上海电影集团，开放车墩影视基地内一大会址建筑群等 10 余处标志性红色影视建筑，打造上影党史教育巴士课堂，让观众通过互动体验、街头观演、场馆参观、影片展映等多种形式，感受不一样的"沉浸式"党史学习教育。

2021 年 4 月 27 日，体验者在上影车墩影视基地参演爱国反帝活报剧。（新华社记者任珑摄）

2021 年 4 月 27 日，在上海电影集团车墩影视基地，曾在电影《开天辟地》中作为道具的"初心号"红色巴士停靠在为拍摄电影《1921》按 1：1 比例建造的中共一大会址影视建筑前。（新华社记者任珑摄）

2021 年 6 月 1 日，中学生在表演话剧《龙须沟》片段。（新华社发 周良摄）

2021 年 9 月 26 日，在第九届中国（安庆）黄梅戏艺术节开幕式上，黄梅戏演员演出《不朽的骄杨》。（新华社记者黄博涵摄）

◆ **红色旅游，讲好红色圣地的故事**

用好红色景区这个"桥头堡"，为广大游客讲好故事，充分发挥教育功能，这是发挥红色旅游综合功能的一项最重要的基础性工作。

2014 年 6 月 17 日，演员在武乡县八路军文化旅游节的启动仪式上表演。近年来，江西省武乡县相继推出了"游击战体验园""八路军文化园"和大型实景剧《太行山》等红色旅游项目，吸引了众多的游客。（新华社记者燕雁摄）

　　2015年7月1日，参观者在聆听讲解员介绍通过蜡像还原的中共"一大"会场的情景。参观人群有团队也有散客，还有暑期活动的学生和组织活动的基层党员，都在党的生日到"一大"会址回顾红色历史。（新华社记者 刘颖摄）

　　2017年6月30日，在河北省西柏坡中国共产党七届二中全会会址，党员重温入党誓词。"七一"将至，众多游客来到河北西柏坡参观，回顾党的历史，缅怀革命先烈，接受革命传统教育。（新华社记者王晓摄）

2019 年 5 月 23 日，游客在河南林州红旗渠纪念馆参观。巍巍太行绝壁，一渠清水蜿蜒。每年有数十万游客前来参观游览红旗渠风景区，感悟红旗渠精神。（新华社记者冯大鹏摄）

2020 年 1 月 19 日，参观者在岭下村红色文化展厅了解红军岭下阻击战历史。近年来，位于福建省三明市泰宁县新桥乡东部山区的革命老区基点村岭下村立足当地红色文化资源和生态优势，成功打造了"游击队员黄炳茂之家"、初心公园等旅游景点。（新华社记者姜克红摄）

2021年3月30日，游客在海南临高县解放海南岛渡海战役纪念馆参观。临高县利用红色文化资源，打造红色旅游景区。（新华社记者张丽芸摄）

2021年4月16日，游客走进邓恩铭故居陈列馆参观。贵州省黔南布依族苗族自治州荔波县是中共一大代表邓恩铭烈士的故乡，县内还拥有红七军板寨会师纪念馆、黎明关抗日战争遗址等红色旅游景点。（新华社记者陶亮摄）

2021年3月29日，人们在福建省龙岩市长汀县中复村红军街学习参观。近年来，龙岩市充分挖掘红色○○○○○○○○○○○○○○○红色文化资源，创新红色旅游产业体系，完善红色旅游景区体系建设，推出乡村红色之旅系列活动。（新华社记者麦克红摄）

2021 年 4 月 20 日拍摄的贵州遵义娄山关红军战斗纪念碑。（新华社记者欧东衢摄）

2021 年 4 月 20 日，参观者在拍摄娄山关小尖山战斗遗址。
（新华社记者欧东衢摄）

2021年4月22日，参观者从位于贵州遵义市土城镇的中国女红军纪念馆前经过。（新华社记者欧东衢摄）

2021年4月22日，参观者进入位于土城镇的四渡赤水纪念馆。位于赤水河畔的贵州省遵义市习水县土城镇，是赤水河中游的重要码头，同时也被称作"躺在纪念馆上的红色小镇"。（新华社记者欧东衢摄）

　　2021 年 4 月 27 日，游客在李家庄村游览。河北省石家庄市平山县岗南镇李家庄是中共中央统战部旧址所在地。近年来，当地深入挖掘红色文化、生态文化、乡村文化资源，通过实施环境整治、民居改造、产业发展等举措，成为具有太行风情的红色旅游山村。（新华社记者李梦娇摄）

　　图为 2021 年 4 月 27 日拍摄的中央统战部旧址。（新华社记者李梦娇摄）

上图为 1978 年少数民族参观团在井冈山革命博物馆前合影（资料照片）；下图为 2021 年 4 月 27 日，游客在井冈山革命博物馆参观（新华社记者万象摄）。

2021 年 5 月 3 日，游客在遵义会议会址参观。五一假期，遵义市红色旅游景区迎来全国各地的游客。人们来到遵义会议会址等地，寻访红色印记，亲身体验和传承红色文化。（新华社记者陶亮摄）

2021 年 5 月 21 日，人们在参观第二次全国苏维埃代表大会会址。（新华社记者陈晔华摄）

　　2021年6月6日,游客在北京李大钊故居参观"播火者——李大钊革命思想与实践"专题展。用贴近史实、贴近生活的传播形式,将红色文化带入人们心中。(新华社记者彭子洋摄)

　　2021年6月18日,游客在盐池革命纪念馆内了解毛泽民在盐池县的故事。宁夏盐池县还充分挖掘义化旅游资源,发展全域旅游。(新华社记者杨植森摄)

2021年6月25日，乘坐Y701次"上海至嘉兴红色旅游列车"的旅客在铁路上海西站准备出发。这是一趟红色教育主题列车，连接起上海中共一大会址与嘉兴南湖。（新华社记者陈飞摄）

2021年6月30日，在位于浙江嘉兴的南湖革命纪念馆内，参观者在观看红船模型及多媒体场景重现。（新华社记者徐昱摄）

2021 年 7 月 23 日，人们在中共一大会址前留影。（新华社记者刘颖摄）

2021 年 10 月 3 日，乘客在上海乘坐红色旅游专线。（新华社记者王翔摄）

2021 年 10 月 3 日，游客在位于贵州省榕江县的中国工农红军第七军军部旧址参观。国庆长假期间，在位于贵州省榕江县的中国工农红军第七军军部旧址，不少游客前往参观游览，缅怀革命先烈，追寻红色印记。（新华社记者杨文斌摄）

四、传承创新，延续中华民族精神命脉

文化兴国运兴，文化强民族强。在中华民族伟大复兴的征程中，中国特色社会主义文化建设全面推进，主旋律更加响亮，正能量更加强劲，文化自信更加彰显，文化创新创造活力充分迸发。

2016 年 9 月 7 日拍摄的世界文化遗产莫高窟。（新华社记者 陈斌 摄）

◆ 让文物说话，把历史智慧告诉人们

让文物说话、把历史智慧告诉人们，激发我们的民族自豪感和自信心。保护好、传承好历史文化遗产是对历史负责、对人民负责。

2014 年 9 月 3 日，敦煌研究院技术人员在莫高窟 98 窟内对病害壁画进行修复。（新华社记者陈斌摄）

2015 年 9 月 29 日，樊锦诗在敦煌莫高窟。（新华社发　孙志军摄）

2019 年 9 月 29 日拍摄的佩戴国家荣誉称号奖章的樊锦诗。2019 年 9 月 29 日，中华人民共和国国家勋章和国家荣誉称号颁授仪式举行。习近平总书记为樊锦诗颁授"文物保护杰出贡献者"国家荣誉称号奖章。（新华社发　敦煌研究院供图）

图为良渚文化遗址出土的（上排左起）黑陶器、玉琮、木屐、（下排左起）漆器、陶片和玉璧。（新华社记者翁忻旸摄）

2019 年 5 月 1 日，游客在敦煌莫高窟参观游览。（新华社记者范培珅摄）

2020 年 5 月 18 日，在北京汽车博物馆，曾红娟（左）用讲故事的方式通过网络直播平台为观众介绍藏品车。（新华社记者任超摄）

2020 年 6 月 6 日，小游客在浙江省杭州市余杭区瓶窑老街的"良渚玉雕馆"内通过电子屏学习玉雕知识。（新华社记者徐昱摄）

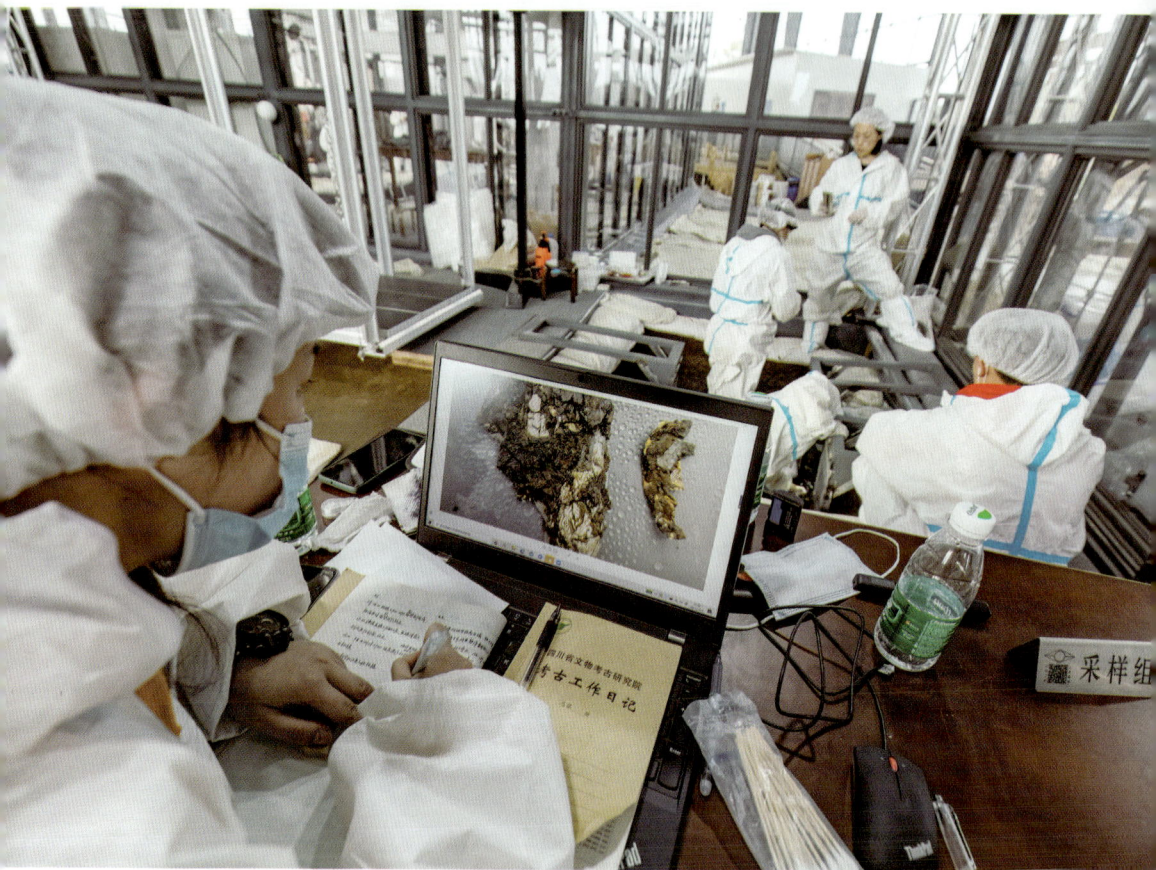

2021年3月10日，在三星堆遗址考古发掘现场，考古人员利用电脑现场查看新发现的象牙雕，并进行记录。（新华社记者沈伯韩摄）

◆ 品味百姓生活中传统文化的魅力

让优秀传统文化扎根人们日常生产生活，需要重视文艺的作用、重视传统节日的作用，重视示范的作用、重视教育的作用。

2015 年 7 月 14 日，广西东兰县三弄瑶族乡瑶族同胞摆起瑶寨长宴，庆祝一年一度的传统节日"祝箬节"。（新华社发　高东风摄）

2015 年 5 月 19 日，沈阳市大东区辽沈街第三小学的学生在葫芦丝校本课上演奏。近年来，沈阳市多个中小学将书法、快板、葫芦丝、京剧等列入学校的校本课程，寓教于乐，让学生们在课堂上感受传统文化的魅力，提升学生的文艺修养。（新华社发　张文魁摄）

2019 年 2 月 13 日，沱水央（石）在云南丽江玉龙纳西族自治县白沙古镇调研滇绣唐卡艺术传承情况。（新华社记者杨宗友摄）

2022年2月12日，花灯手艺人邹宏达在检查花灯。"送灯"是海南省文昌市百姓过年期间尤其是元宵节的一项传统文化活动，这一重要民俗活动得以延续的背后，是花灯手艺人的坚守。邹宏达制作花灯，除了作为一份收入保障，还有一份朴素的愿望，就是希望传统工艺能够传承下去。（新华社记者周慧敏摄）

2022 年 3 月 3 日，阿寿村村民在品鉴参展的面花作品。陕西省渭南市阿寿村是远近闻名的"文化艺术村"。全村 80% 的村民都有跑汉车、花苫鼓表演和面花制作的本领。（新华社记者陶明摄）

2022 年 3 月 3 日，阿寿村村民在进行花苫鼓表演。花苫鼓是用刺绣服饰将鼓围起来进行表演的一种民间舞蹈。（新华社记者陶明摄）

　　2022 年 1 月 25 日，浙江省杭州市富阳区渔山乡和里山镇共同举办的 2022 农村文化礼堂新春民俗活动暨美丽乡村"云村晚"直播在渔山乡渔山村文化礼堂举行。活动现场进行了歌舞、戏曲等文艺演出，还有写春联、包饺子等民俗展示，为当地村民提供传统文化盛宴。

2022 年 1 月 25 日，在浙江省杭州市富阳区渔山乡渔山村文化礼堂的民俗活动现场，孩子们制作虎年灯笼。（新华社记者徐昱摄）

2021 年 6 月 10 日，在正则学校体育馆，学生们正在上龙舟课。2020 年 9 月以来，坐落在汨罗江畔的湖南省岳阳市正则学校将划龙舟和体育课结合起来，开设了"龙舟课"，为体育课赋予更多的内涵，在促进学生身心健康的同时传承了中国传统文化。（新华社记者陈思汗摄）

2021 年 7 月 17 日，参加夏令营活动的孩子们在下围棋。暑假期间，位于重庆市开州区的开州国学院开展"国学夏令营"活动，让孩子们感知传统文化，丰富暑期生活。（新华社记者唐奕摄）

2021 年 7 月 23 日，福州教育学院附属第一小学闽剧兴趣班的小戏迷走进福建省实验闽剧院演员化妆间，与闽剧演员互动。（新华社记者姜克红摄）

2021年8月20日，吕友民（左二）在自办的"村民书法活动室"教孩子们书法。作为书法和篆刻爱好者，吕友民在家中办起"村民书法活动室"，义务指导同村的村民和孩子们。（新华社记者范长国摄）

2021年10月26日，学生在课间操时间练习武术健身操。新学期以来，济南市市中区爱都小学优化提质课后活动，将传统武术引入校园，培养学生意志品质，弘扬中华传统文化，丰富校园生活。（新华社记者朱峥摄）

2021 年 12 月 28 日，四川省华蓥市杜家坪幼儿园的小朋友在逛"庙会"。当日，四川省华蓥市杜家坪幼儿园举办"逛庙会，迎新年"活动，园内设置了"庙会"场景，小朋友们通过逛"庙会"、做手工，玩游戏等项目，了解传统文化和民间艺术，感受新年的喜庆氛围。（新华社发　邱海鹰摄）

2021 年 12 月 29 日，河北邢台经济开发区北张庄幼儿园的孩子们在打腰鼓。（新华社记者骆学峰摄）

◆ 传统文化中的非遗之美

非遗之美，是民族之美、文化自信之美，它是最高级的"美"。

2014年12月12日，在广西融安县第二实验小学，77岁的老艺人陈福璋带领学生们练习"长安文场"。"长安文场"是一百多年前由江浙一带的民间小调（也称时调）传入广西桂北一带衍变而成的一种说唱艺术，现已被列入广西非物质文化遗产名录。为弘扬传统文化，广西融安县将"长安文场"列入当地中小学的课程中，从小培养学生们对传统文化的兴趣。（新华社发　罗成忠摄）

　　2014 年 12 月 26 日，在河北省大厂回族自治县京锐釉料有限公司内，工作人员在对景泰蓝工艺品质量进行检查。在国务院公布的第四批国家级非物质文化遗产代表性项目名录中，河北省大厂回族自治县申报的"景泰蓝制作技艺"成功入选。（新华社发　刘亮摄）

　　2014 年 12 月 12 日，在第九届北京文博会扬州分会场，参观者在拍摄扬州面塑艺人的现场表演。当日，第九届中国北京国际文化创意产业博览会扬州分会场活动在扬州市国展中心举行。此次分会场活动主题为"让非遗走进我们的生活"，共有国内外 120 多家文化创意企业参展，展示项目包括北京景泰蓝、台湾传统美食、南京云锦扬州漆器玉器、扬州传统修脚术，以及英国手工制品、尼泊尔金属工艺品等。（新华社发　王乃驷摄）

　　2015 年 7 月 24 日，一名匠人在展示国家级非物质文化遗产"水族马尾绣"的制作过程。当日，为期 3 天的贵州省首届文博会在贵阳市多彩贵州文化创意博览园拉开帷幕。（新华社记者刘续摄）

2017 年 12 月 16 日，呼和浩特市非遗传习体验馆开馆，一名游客在观看展出的蒙古族马具。当日，内蒙古呼和浩特市非物质文化遗产传习体验馆开馆，游客可近距离了解当地各民族的生产生活方式和民风民俗的发展变迁，感受独特的文化印记。（新华社发　王正摄）

2018 年 12 月 12 日，河北省邯郸市邯山区农林路小学学生在教师指导下练习二胡演奏技巧，让学生感受传统文化魅力，丰富校园文化生活。（新华社记者王晓摄）

2019年1月1日,演员在展演活动上进行舞龙表演。2019年元旦,浙江省桐乡市濮院镇举办新年"非遗文化艺术节"活动,濮院镇下属多个乡村的传统美食制作、手工艺品、非遗文化表演等乡村特色非遗项目在濮院镇中心广场进行集中展示展演。(新华社记者徐昱摄)

这是陕西非遗展区展出的澄城红云花馍。2019年11月8日,第二届中国国际进口博览会正在上海国家会展中心举行。本届进博会首次设置"非物质文化遗产暨中华老字号"文化展示项目,来自陕西、福建、山东等地的非遗传承人和非遗产品亮相现场,为全球展客商增添一份中国文化与世界交融的美好记忆。(新华社记者王鹏摄)

　　2019 年 12 月 19 日，河北省滦州市小闫营小学学生在排练地秧歌。国家级非遗地秧歌是冀东地区广为流传的一种民间艺术。（新华社记者牟宇摄）

　　2019 年 12 月 18 日，梁玉华（右）和店员在商场内检查旗袍。梁玉华生于 1951 年，是天津市级非物质文化遗产保护项目老美华津派旗袍代表性传承人。（新华社记者李然摄）

2020 年 11 月 19 日，在河北省元氏县佃户营村，元氏县新秀豫剧团的演员通过手机进行直播。
（新华社发　张晓峰摄）

图为 2021 年 4 月 26 日拍摄的广西柳州市螺蛳粉生产集聚区内展示的螺蛳粉配料。日前，柳州螺蛳粉制作技艺入选第五批国家级非物质文化遗产代表性项目名录。
（新华社记者曹祎铭摄）

2021 年 6 月 11 日，屈原故里湖北秭归县的居民在包粽子。当日，2021 屈原故里端午文化节在湖北省宜昌市秭归县开幕，多地游人到屈原故里，体验端午习俗，感受传统文化的魅力。（新华社记者肖艺九摄）

2021 年 7 月 10 日，福州评话仴艺传习所艺人陈燕彬在福州于山风景区表演福州评话《八珍楼》。为迎接在福建省福州市开幕的第 44 届世界遗产大会，连日来福州市举办多场"迎世遗 赏非遗"线下惠民文艺演出活动，上演的闽剧、福州评话等非遗项目彰显了福州丰厚的历史文化底蕴。（新华社记者姜克红摄）

2021年7月23日，在安徽省全椒县襄河镇综合文化站，孩子们在学习非遗剪纸。（新华社发 沈果摄）

2021年9月1日，在桂黔交界乌英苗寨教学点"芦笙文化进校园"课堂上，师生们在吹芦笙。（新华社记者黄孝邦摄）

　　近年来，广西柳州市积极开展民族团结文化进校园活动，将苗族芦笙、侗族大歌等非遗文化引进中小学课堂，让学生在传承优秀中华文化的同时，接受民族团结进步教育，铸牢中华民族共同体意识。

2021 年 9 月 10 日，在广西柳州市三江侗族自治县古宜镇江川小学非遗课堂上，龙素华老师在教孩子们弹唱侗族琵琶歌。（新华社发　龚普康摄）

2022 年 1 月 27 日，在河北省正定古城荣国府景区宁荣街，民间艺人进行跑竹马表演。（新华社发　张晓峰摄）

2022年1月25日，山东潍坊风筝艺人在扎制风筝。当日是北方小年，山东潍坊寒亭区杨家埠村的风筝、年画艺人们赶制年画和各类风筝，喜迎即将到来的虎年春节。（新华社发　孙树宝摄）

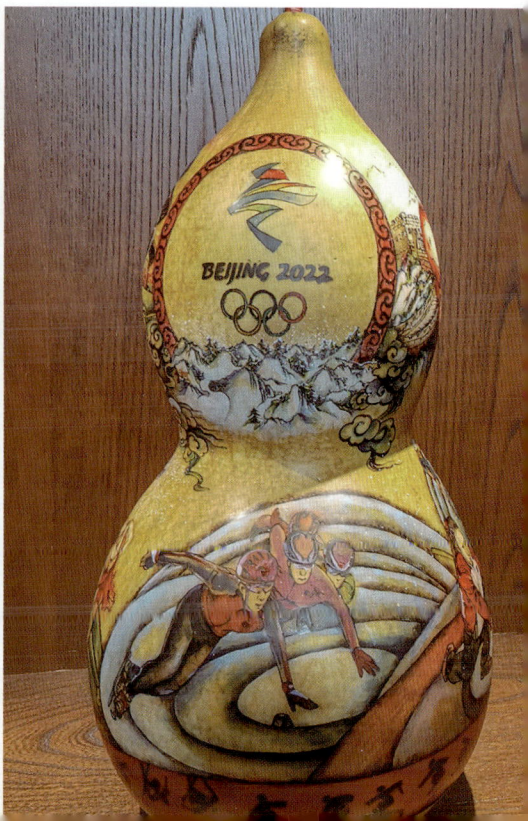

2022 年 2 月 10 日，在江西南昌东湖区豫章绣技能人才培训基地，绣娘在指导小朋友绣制"冰墩墩"。参加学习的孩子们以自己亲手绣制的"冰墩墩"，为冬奥健儿送上美好的祝福。（新华社记者彭昭之摄）

图为赵伟创作的冬奥主题葫芦作品（资料照片）。国家级非物质文化遗产天津葫芦制作技艺传承人赵伟创作冬奥主题葫芦，为冬奥健儿送去祝福。赵伟表示，创作这样一组冬奥主题葫芦作品，就是想通过葫芦制作技艺来表达对冬奥盛会的美好祝愿，向世界展示中国的传统文化。（新华社发）

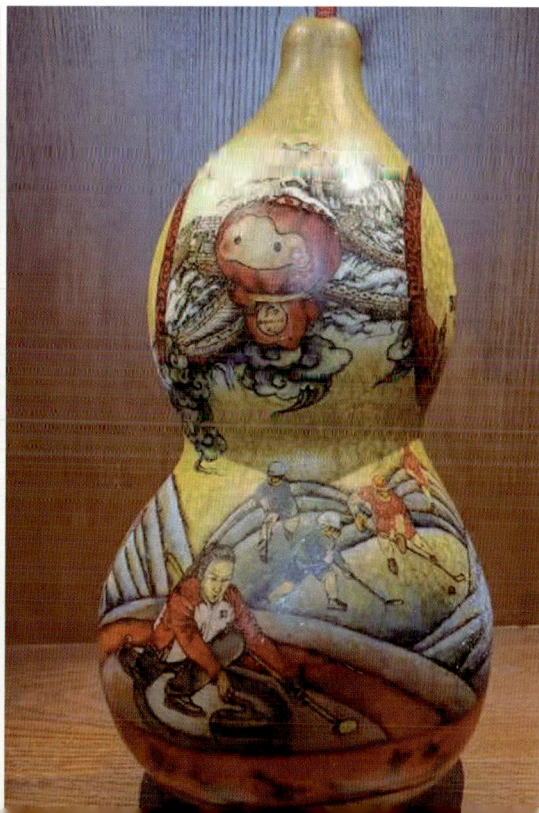

2021 年 9 月 28 日，在贵州省黔东南苗族侗族自治州麻江县蓝莓创意工坊非遗体验馆，瑶族妇女在展示瑶族服饰刺绣。（新华社发　黄晓海摄）

2021 年 10 月 19 日，
桂黔乌英苗寨亮布文化节上，
苗族妇女向游客展示亮布。当
日，位于桂黔交界的大苗山深
处的乌英苗寨举办第二届亮布
文化节，并开始筹建亮布制作
基地和博物馆，以更好地保护、
传承和发展这项传统手工艺。
（新华社记者黄孝邦摄）

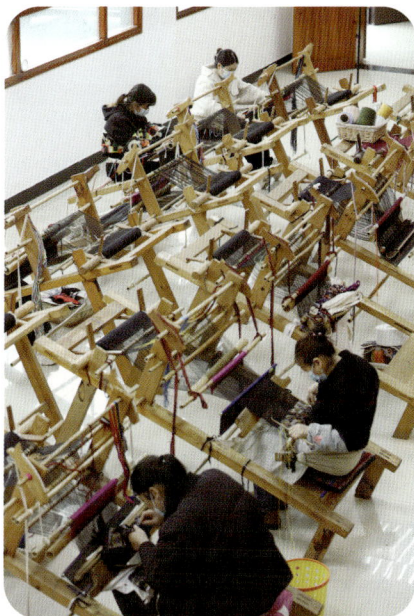

2022 年 3 月 30 日，在张家界市永定区乖幺妹土家族织锦非遗传承和培训基地，学员在学习织锦技艺。（新华社发 吴勇兵摄）

2021 年 8 月 11 日，许红阳（右）在河北省井陉县小作镇许氏木雕工作室创作。许红阳是河北省非物质文化遗产井陉木雕的传承人。多年来，许红阳潜心传承，不断创新木雕技法。如今，他建立起木雕博物馆，免费对外开放，让更多人了解喜爱木雕这门传统手艺。（新华社发 陈其保摄）

第五篇

和美生活有保障

——从"社会更加和谐"看全面建成小康社会

和谐，中华民族传承千年的古老哲学，从历史深处走来，在新时代的火热实践中，焕发耀眼光彩。

织就世界最大民生安全网、成就社会治理新格局、铸就公平正义法治基础、绘就大美神州壮丽图景……更加和谐的社会为全面小康打下坚实基础，让"复兴号"巨轮更添乘风破浪的能量。

美丽中国稳幸福

"大道之行也，天下为公。"这是古人对理想社会的描述。如今，基本公共服务均等化水平不断提升，中国已织就世界最大的民生安全网。今日中华大地，一幅生活和美、社会和谐的画卷已徐徐展开。

一、织就世界最大民生安全网

如今，基本公共服务均等化水平不断提升，中国已织就世界最大的民生安全网。我国社会保障能力持续增强。不断释放的"健康红利"让人民群众有了更多获得感和幸福感，愈加完善的兜底保障和社会保障绘就老百姓心底温暖底色。

2020 年 7 月 10 日，河南省范县社会福利中心的孩子们在写作业。（新华社记者李安摄）

◆ 健全孤寡残等特殊人群的保障机制

　　聚焦特殊群体，加大帮扶力度。特殊困难群体的福利水平持续提高，生存权利充分保障，发展机会明显增多，充分发挥社会救助保障制度优势，这也是我们党全心全意为人民服务根本宗旨的集中体现。

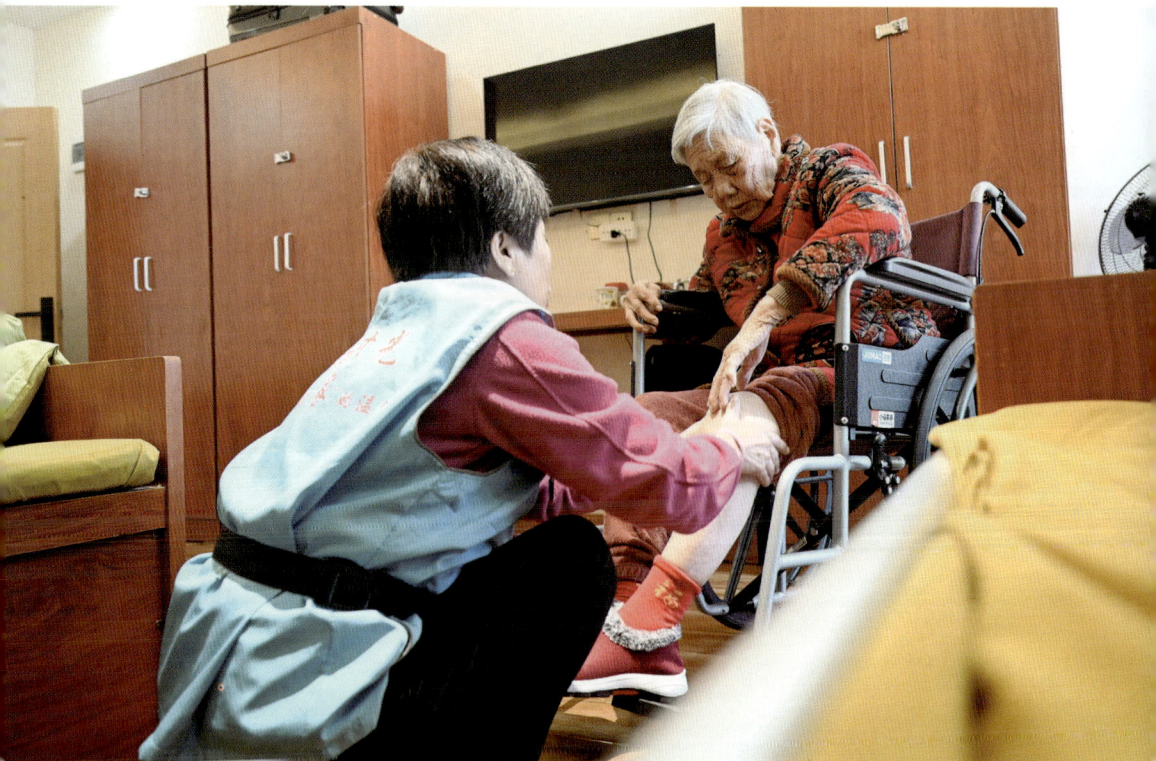

2021年11月25日，晋江市长护险社区护理服务机构幸福时光养老服务中心护理人员陈玉妹，在以康养为主的晋江市西滨镇养老服务照料中心帮助老人做腿部按摩。（新华社记者林善传摄）

　　对失能、半失能老人的照护一直是养老服务业的难题。2020 年 7 月，福建晋江在全省率先启动长期护理保险试点工作，通过村集体、老人会、企业及个人慈善捐助等多方众筹、互助共济方式，构建了机构护理、居家护理、社区护理和辅助器具补助、预防失能干预等服务体系，为长期失能人员提供非治疗性护理、身体功能保健和家庭没有能力开展的基本生活照料等服务，解决"一人失能全家失衡"的问题。

2021 年 11 月 25 日，长护险机构护理单位青鸟颐居（晋江）养老服务有限公司护理人员在晋江市社会福利中心照料参保长护险的老人。（新华社记者林善传摄）

2020 年 7 月 9 日，在河南省范县德润重度特困人员托养中心，医护人员为托养人员测量血压。
（新华社记者李安摄）

　　2018年以来，吉林省长春市九台区积极探索文明实践试点工作新路径，依托九台区特教学校，于2019年5月启动"善满家园"扶贫助残融合发展项目，不断完善"康复、教育、培训、就业、托养"的发展模式，帮助残疾人掌握技能，以稳定就业带动稳步增收，健全解决残疾人长效脱贫的保障机制。

2020年7月14日，在长春市九台区善满家园残障人综合服务中心，董宏成在进行烘焙训练。（新华社记者林宏摄）

2020年7月14日，在善满家园残障人综合服务中心，培训师王秀萍（左二）指导残疾人学习柳编。（新华社记者林宏摄）

2022年1月5日，西安市新城区二府街的一位独居老人收到志愿者送来的生活物资。在西安疫情防控的特殊时期，基于独居老人用餐困难、无子女照顾的情况，当地志愿者自2022年元旦开始，每天为有困难的老人送上免费的生活物资。（新华社记者陶明摄）

2021年5月16日，在北京圆通速递助残基地暨北京共享客服中心，患有侏儒症的电话客服肖秋月在回复客户。该基地已吸纳119名残疾人员工在客服、快件分拣等岗位就业。（新华社记者才扬摄）

　　2021 年 3 月 31 日，安徽省合肥市包公街道在雨花桥社区万达广场开展"春风行动"主题招聘暨残疾人专场招聘对接活动。

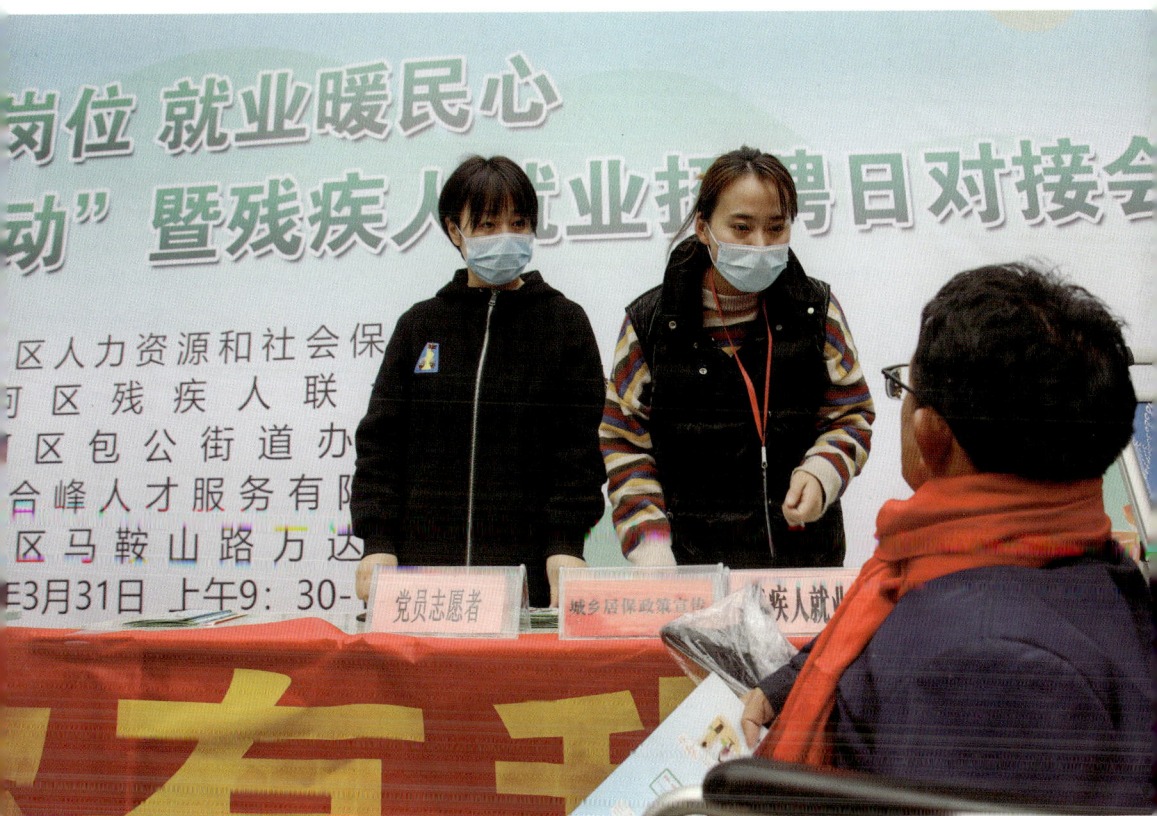

图为志愿者在解答求职者关于就业、劳动保障等方面的问题。（新华社记者曹力摄）

◆ 困境儿童的保障，要着眼于未来发展

对于困境儿童的保障，不仅要着眼于其眼前的生存，还要着眼于未来的发展。要注重补齐短板，保障他们的合法权益，兜牢困境儿童的保障网。

上图为 2020 年 12 月 17 日，辽宁省凤城市特殊教育学校老师刘笑蕾（左）在学生家中上课（新华社记者姚剑锋摄）；下图为 2021 年 9 月 7 日，凤城市特殊教育学校老师孙海婷（左）在同一名学生家中上课（新华社记者蔡湘鑫摄）。

　　辽宁省丹东市凤城市特殊教育学校是当地唯一的特教学校。在这个需要更多呵护和帮助的校园里，一位位老师"张开翅膀"，守护着孩子们的成长。

　　特教教师李红说，特教老师的使命是"给孩子提供生存的尊严、生活的保障，让每一种色彩都能闪耀光芒"。

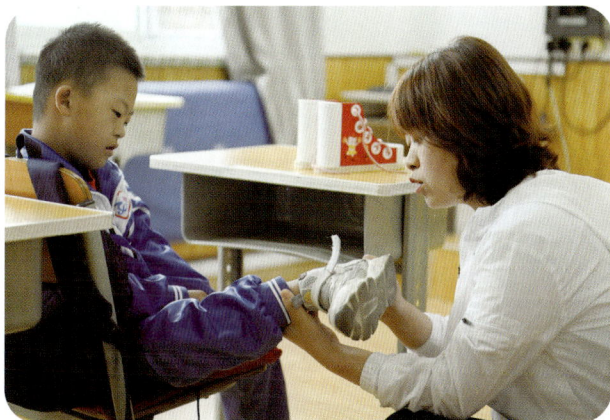

2021 年 9 月 6 日，凤城市特殊教育学校老师李晓倩（右）在课上教学生穿鞋。（新华社记者蔡湘鑫摄）

2021 年 9 月 6 日，凤城市特殊教育学校老师姜丹慧（左）为上讲台唱歌的学生鼓掌。（新华社记者蔡湘鑫摄）

2022 年 1 月 18 日，上海市徐汇区凌云街道凌云新村社区，放假的孩子们在一起玩耍。（新华社记者刘颖摄）

2022 年 2 月 16 日，安徽省合肥市泰山路幼儿园的小朋友在开学典礼上体验"旱地冰壶"游戏。（新华社记者周牧摄）

2020年7月，由联合国儿童基金会和民政部共同发起的"护童成长"——儿童关爱服务体系建设试点项目正式启动，江西、山东、广西及宁夏的部分县区成为试点。

广西壮族自治区灵山县是试点之一。目前，灵山县所有行政村都配备了儿童主任，现有411名。

2020年9月21日，当地学生在灵山县青少年法治教育实践基地体验模拟法庭。（新华社记者张玉薇摄）

◆ 打通养老服务的"最后一公里"

　　整合养老和医疗两方面资源，打造集养老护理、医疗康复于一体的医养中心，为老人提供持续性、针对性的照料服务，满足老人养老和医疗护理双重需求。

2022 年 2 月 27 日，在山东省日照市岚山区虎山镇黄家峪村养老服务中心，"红辉暖心"志愿服务队队员陪老人剪纸、聊天。（新华社记者郭绪雷摄）

2021 年 10 月 11 日，在位于河北燕郊的燕达金色年华健康养护中心，从北京来养老的吕伟业（左）和李战平在散步。（新华社记者彭子洋摄）

　　兜住兜牢底线，持续改善民生。党的十九届六中全会审议通过的《中共中央关于党的百年奋斗重大成就和历史经验的决议》中明确指出："让老百姓过上好日子是我们一切工作的出发点和落脚点。"

2021 年 11 月 12 日，在湖南省长沙市长沙县果园镇杨泗庙社区，医务人员指导居家老人用药。（新华社记者陈思汗摄）

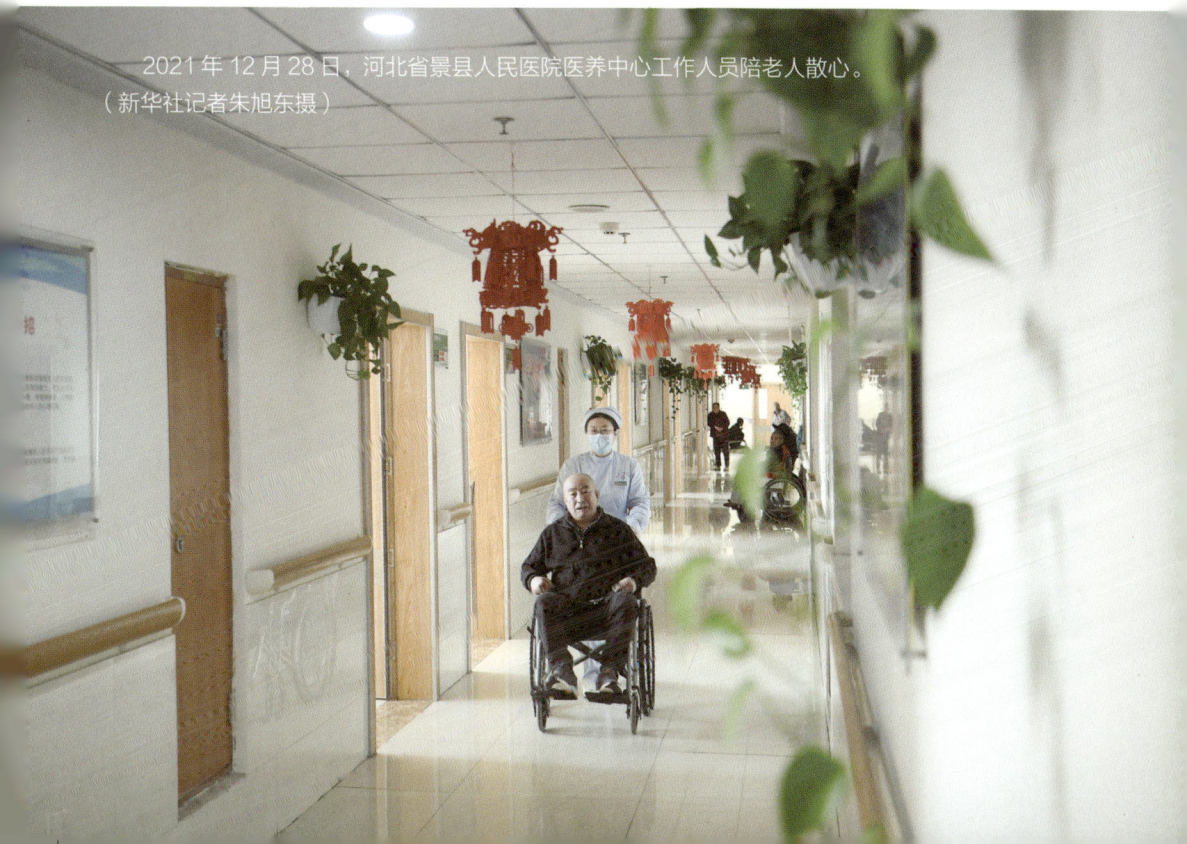

2021 年 12 月 28 日，河北省景县人民医院医养中心工作人员陪老人散心。（新华社记者朱旭东摄）

2022 年 3 月 2 日，浙江省湖州市吴兴区龙泉街道的老人在老年食堂吃午餐。（新华社记者徐昱摄）

贵州省黔南布依族苗族自治州龙里县探索推进互助养老模式，通过政府补贴和个人自筹的模式，在乡村发展农村互助养老站，在社区构建老年人照料中心，整合资源增强养老机构服务能力，满足多层次养老需求。

2022 年 3 月 20 日，工作人员在龙里县城区老年人日间照料中心帮助老年人做健身操。（新华社发　黄晓海摄）

2022 年 3 月 20 日，老年人在龙里县冠山街道五新村老年互助中心下棋。（新华社发　唐鹏摄）

2022 年 2 月 18 日，福州市鼓楼区洪山镇锦江社区老人在锦江久号长者食堂吃午餐。自 2019 年 12 月以来，福建省福州市依托社区养老服务照料中心、居家养老服务站、养老机构和爱心企业等，采用财政资金、社会资本、慈善基金等多元结合的投入机制，建设"长者食堂"助餐服务体系，提升居家养老服务水平。（新华社记者林善传摄）

2022 年 3 月 4 日，在山东省乳山市南黄镇院后村暖心食堂，志愿者为老人准备午餐。（新华社记者郭绪雷摄）

◆ 让基层群众共享健康红利

让患者不出社区就可享受到街道和社区医院专家提供的诊疗服务，促进优质医疗资源下沉，让基层群众共享健康红利。

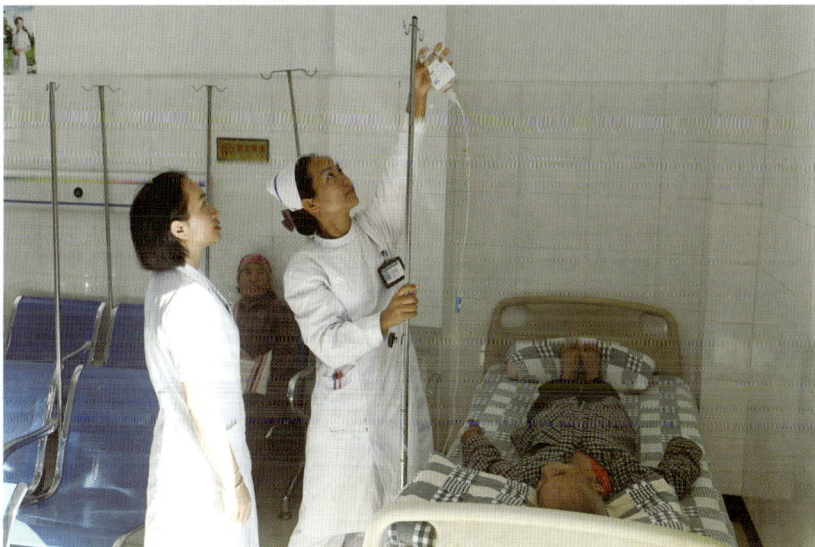

上图为 1977 年拍摄的云南省基诺山的基诺族医生白腊蕾（中）在户外为群众看病（资料照片）；下图为 2018 年 11 月 20 日基诺山基诺族乡卫生院的基诺族医护人员周益芳（左一）和周静（左二）在为患者输液（新华社记者蔺以光摄）。

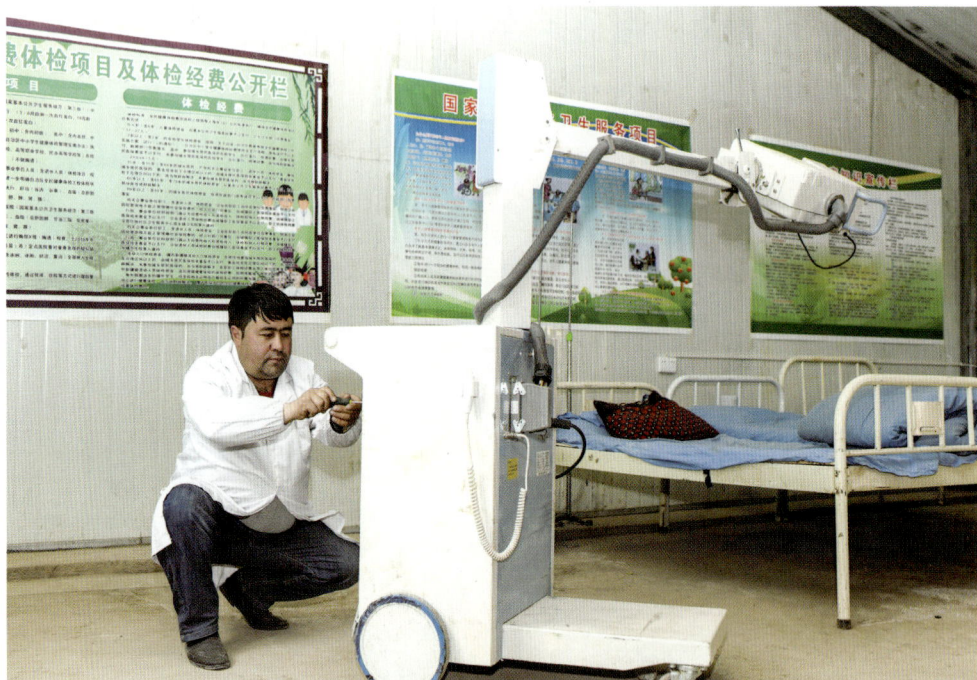

　　上图为 2020 年 5 月 1 日，在新疆叶城县西合休乡亚尔阿格孜村卫生室，乡卫生院医生买提托合提·依明在修理医疗设备（新华社记者胡虎虎摄）；下图为 1999 年拍摄的设在新疆阿勒泰草原上的骆驼医院。牧民的毡房搬到哪里，医院就搬到哪里（新华社记者薛永兴摄）。

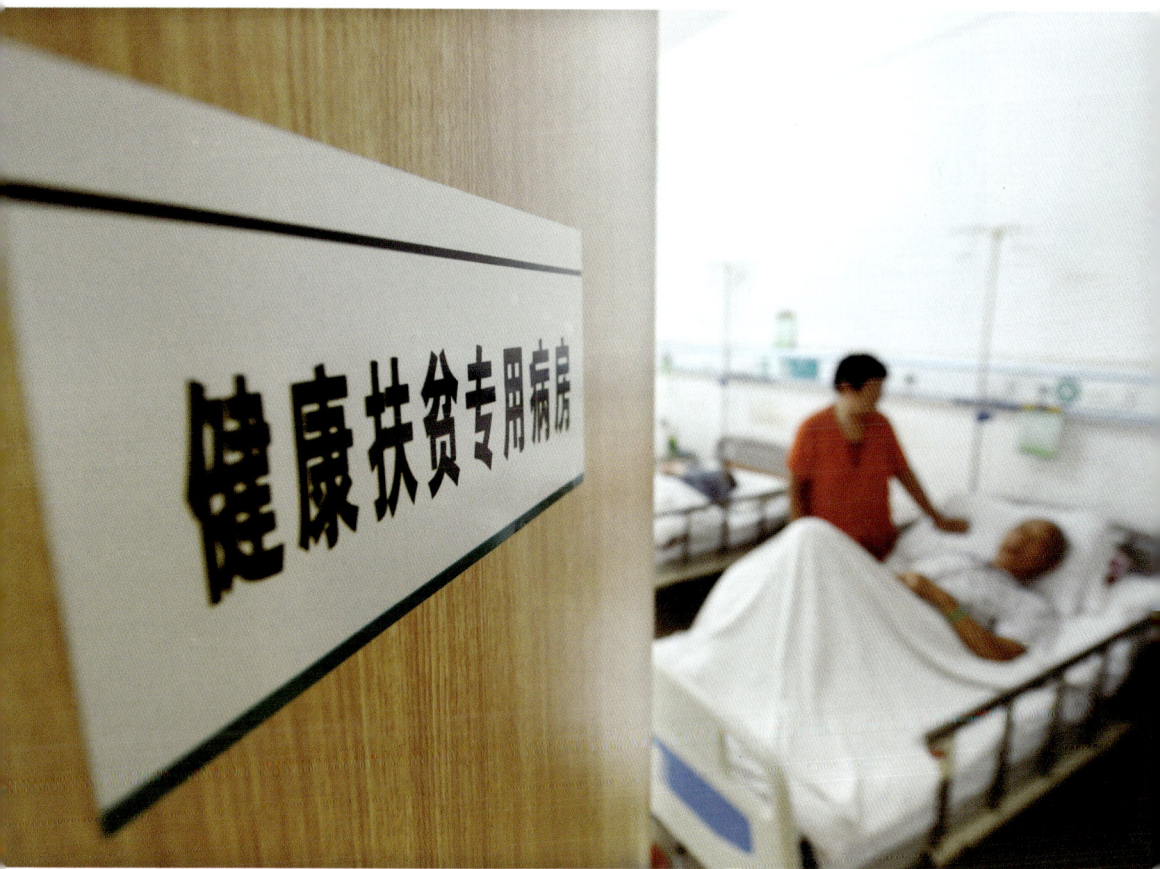

2016 年 7 月 27 日，在河南省焦作市武陟县第二人民医院，享受大病补充保险的困难群众在健康扶贫专用病房里住院看病。（新华社记者李博摄）

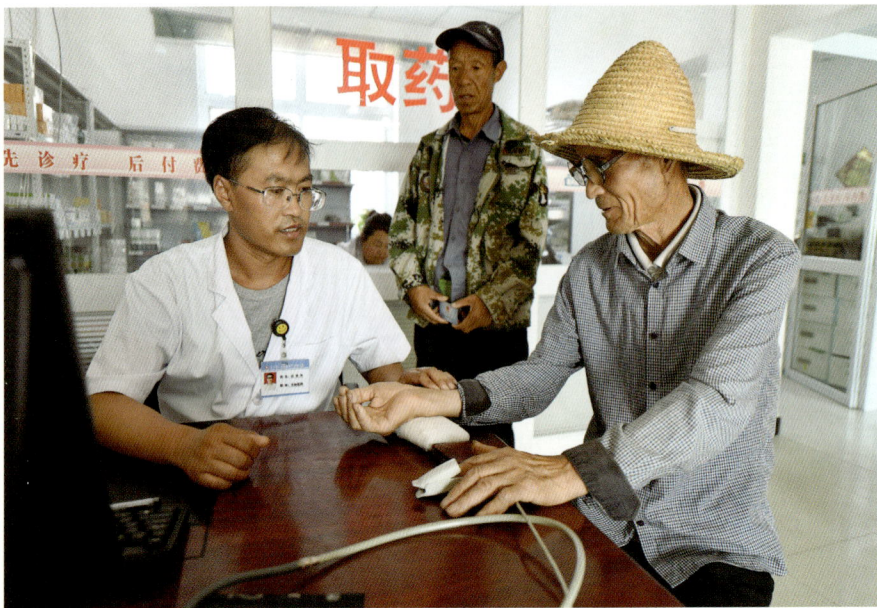

2019 年 9 月 3 日，宁夏银川市永宁县闽宁镇原隆村卫生室，罗校必（右一）在看病。（新华社记者王鹏摄）

2020 年 12 月 3 日，安徽省金寨县大湾村村民方临芳（左二）指着自己身体疼痛的部位，在村医袁玲（左一）的帮助下向 5G 远程医疗会诊的专家讲述病情。（新华社发　陈力摄）

2020 年 10 月 29 日，在山东省枣庄市台儿庄区涧头集镇旺庄村，涧头集镇中心卫生院家庭医生嘱咐村民王月洋要按时吃降压药。（新华社记者郭绪雷摄）

2021 年 5 月 19 日，在山东省滨州市沾化区富源街道社区卫生服务中心，医护人员为社区老人进行远程医疗服务。（新华社记者范长国摄）

二、成就社区和谐新格局

　　点滴善意，融汇浇筑，成为人与人和谐相处的"黏合剂"、社会良性运转的"润滑油"。

　　日益提升的社会治理效能正转化为人民群众的获得感、幸福感和安全感。

2018年4月19日，四川甘孜藏族自治州康定市公安局民警在虫草采挖点参与矛盾纠纷化解工作。（新华社发）

◆ 枫桥经验：解决矛盾"最多跑一次"

作为"枫桥经验"的发源地，浙江省诸暨市枫桥镇近年来推进群众信访资源重组和流程重构，依托基层治理平台、全科网格等载体，使问题排查网络全覆盖，着力解决基层信访工作的痛点和难点，力求实现群众反映信访诉求"最多跑一次"。

2019 年 4 月 1 日，在枫桥镇联合调解中心，工作人员在调解一起合资纠纷。（新华社记者翁忻旸摄）

2021 年 4 月 11 日，参观者在枫桥经验陈列馆重温入党誓词。（新华社记者翁忻旸摄）

2018 年 7 月 23 日，四川大邑县沙渠镇东部新城的"无讼社区"调解员为群众调节矛盾纠纷。（新华社发）

2018 年 11 月 14 日，浙江省湖州市吴兴区综合行政执法局龙泉中队在"阳光调解室"进行调解工作。（新华社记者黄宗治摄）

　　2020 年 9 月 18 日，武汉青和居社区服务中心工作人员为社区居民办理相关事宜。近年来，湖北武汉青山区青和居社区召集社区干事、志愿者、民警、党群骨干等人员，对辖区内的空巢独居老人和困难人群进行重点关怀，定时登门了解近况，提供帮办和代办业务，为他们排忧解难。（新华社记者肖艺九摄）

　　2013 年 11 月 27 日，三河市丽景花园社区调解员（右一、二）为居民调解家庭矛盾纠纷。（新华社记者李晓果摄）

　　在"枫桥经验"的发源地浙江省诸暨市，当地积极推动县级社会矛盾纠纷调处化解中心建设，基本实现部门"应入尽入"，使老百姓遇到问题能进中心"找个说法"。

2020 年 7 月 16 日，群众在浙江省诸暨市社会矛盾纠纷调处化解中心综合受理窗口咨询。（新华社记者黄宗治摄）

　　2019 年 11 月 29 日，在浙江省湖州市织里镇社会治理综合服务中心的调解室，"平安大姐"工作室的志愿者对一起加工厂因加工童装质量差而导致业主亏损的纠纷进行调解。（新华社记者徐昱摄）

2020年7月15日，在福州市市民服务中心，市民（右）在办理住房公积金提取手续。近年来，福建省福州市持续推进行政审批项目"瘦身"，"一站式"行政审批服务和公共服务事项办理给企业和群众带来便利。（新华社记者魏培全摄）

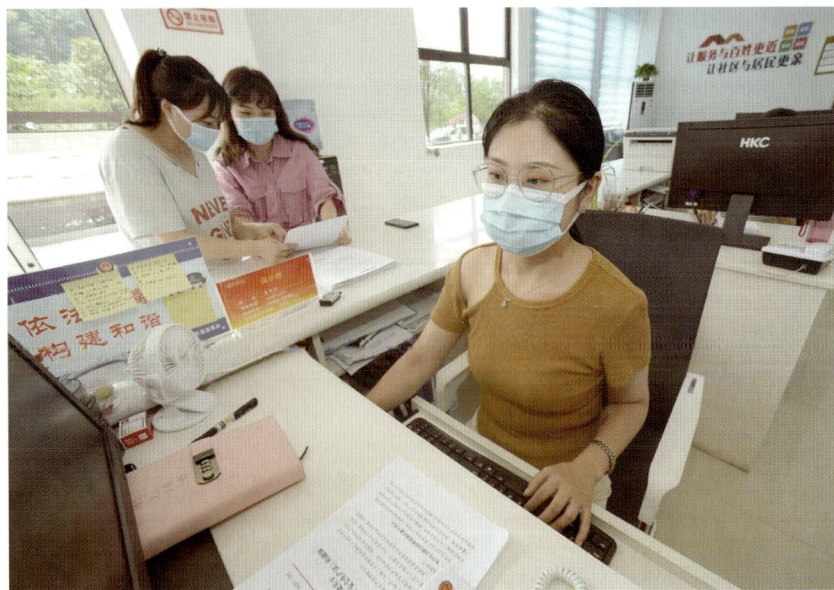

2021年8月18日，在贵州省遵义市播州区播南街道紫薇社区易地扶贫搬迁安置点服务中心，工作人员（右一）在为群众办事。（新华社记者杨楹摄）

◆ 志愿服务，为基层治理增添新动能

　　志愿者已成为推进基层社会治理的重要力量，志愿服务已成为推进基层社会治理的重要手段。

　　2019 年 3 月 5 日，在辽宁省葫芦岛市文化广场举行的辽宁省"跟着郭明义学雷锋"爱心奉献集中活动现场，郭明义（前排中）与志愿者合唱《学习雷锋好榜样》歌曲。（新华社记者潘昱龙摄）

　　2021 年 1 月 6 日，大连海洋大学的志愿者们推着满载的三轮车，将物资送到学生宿舍。（新华社发）

2022 年 3 月 5 日，志愿者在福建泉州石狮市永恒阳光馒头店内为环卫工人准备爱心馒头。（新华社记者魏培全摄）

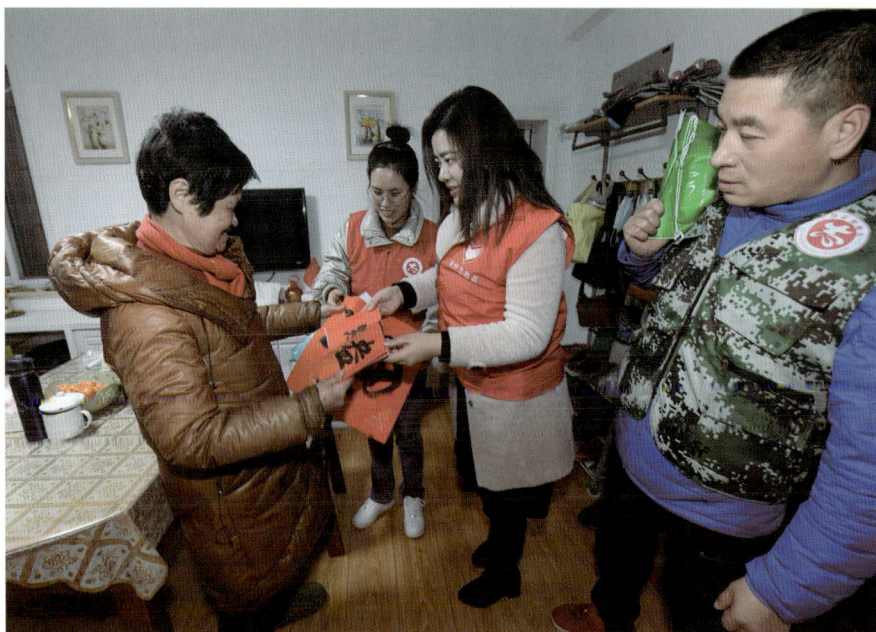

2021 年 1 月 27 日，浙江省湖州市龙泉街道祥和社区党员志愿者上门看望 74 岁的空巢老人沈梅琴（左一），送上春联、福字等慰问品，并询问老人的日常需求。（新华社记者徐昱摄）

2021年3月5日，志愿者陪同西宁市社会福利院的老人在超市购买水果。当日是学雷锋纪念日，青海省西宁市社会福利院的员工与志愿者开展敬老爱老活动，陪同福利院老人采买物品，散步聊天，放松心情。用陪伴带给老人温暖，用行动践行雷锋精神。（新华社记者吴刚摄）

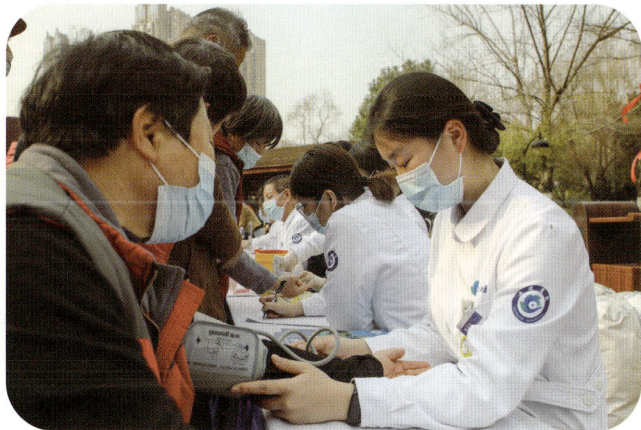

2022年3月1日，医务志愿者为市民测量血压。当日，安徽省委网信办机关党委、合肥市滨湖世纪社区党委在天山公园联合启动"学习雷锋好榜样·文明实践我先行"志愿服务月活动，以实际行动践行雷锋精神。（新华社记者曹力摄）

2022年3月5日，来自重庆轨道集团的志愿者在重庆轨道交通2号线新山村站站厅为市民和乘客维修家用电器。（新华社记者唐奕摄）

三、秉公执法，让百姓切身感受公平正义

　　一起起黑恶案件被依法审理、庄严宣判，回应着人民群众对公平正义的殷殷期盼，宣示着法治中国的铿锵誓言。

　　明辨是非，秉公司法，方能惩恶扬善。

2019 年 6 月 24 日，山西省忻州市中级人民法院依法公开开庭审理被告人朱强等 59 人涉嫌黑社会性质组织一案。（新华社发）

◆ 扫黑除恶，还基层百姓朗朗乾坤

　　顺应人民对美好生活的向往，凝聚专项斗争的磅礴力量，汇聚人民战争的汪洋大海，扫黑、除恶，绘就乾坤朗朗。

　　2018年4月1日，福建省建瓯市接访工作人员在小桥镇墟日上接受群众来访。建瓯市纪委在反腐"拍蝇"和扫黑除恶专项斗争中，将治理党员干部涉黑涉恶问题作为整治群众身边腐败问题的重要工作，通过专项巡察和下乡接访等方式广泛听取群众意见，收集问题线索，推进全面从严治党向基层延伸。（新华社记者张国俊摄）

福建省宁德市公安局蕉城分局副局长杨春（左二）与扫黑除恶专业队队员分析案情（2018年摄）。（新华社发　宁德市公安局蕉城分局供图）

2019 年 1 月 17 日，福建省福州市仓山区人民法院工作人员李扬（右）和同事在研究处理 12368 诉讼服务热线的群众意见。服务热线主要负责法律咨询、案件查询、联系法官、收集意见建议等，为人民群众提供精准、便捷的服务。（新华社记者林善传摄）

云南省高级人民法院对孙小果 1997 年犯强奸罪、强制侮辱妇女罪、故意伤害罪、寻衅滋事罪再审案件依法公开宣判，图为 2019 年 12 月 23 日拍摄的宣判现场。（新华社发　云南省高级人民法院供图）

2020 年 11 月 5 日，陕西省武功县公安局局长李宁展示以蔡国强等人为首的黑社会性质组织案件中的一把涉案枪支。（新华社记者姚友明摄）

2020 年 11 月 20 日，黑龙江省 22 家法院对 38 件黑恶势力和"保护伞"案件集中宣判。图为在黑龙江省牡丹江市中级人民法院拍摄的宣判现场。（新华社发）

　　"漳州 110"是人民群众对福建省漳州市公安局巡特警支队直属大队的简称。自 1990 年 8 月成立以来，这个代号守护了当地百姓 30 余年。

2021 年 1 月 7 日，"漳州110"民警们在训练基地进行基础体能训练。（新华社记者魏培全摄）

四、建设和谐共生美丽中国

　　我们要牢固树立"绿水青山就是金山银山"理念，坚定不移走生态优先、绿色发展之路，增加森林面积、提高森林质量，提升生态系统碳汇增量，为实现我国碳达峰、碳中和目标，维护全球生态安全作出更大贡献。

　　图为 2022 年 3 月 24 日在西藏那曲市拍摄的藏野驴。近年来，西藏自治区多措并举实施生态建设工程，加强生物多样性保护与可持续发展，野生动物保护成效逐渐显现，藏羚羊、藏野驴等野生动物的数量逐渐增多。（新华社记者周荻潇摄）

◆ 我国生物多样性保护取得扎实成效

　　近年来，我国全面加强生物多样性保护，取得显著成效。目前有 1.18 万处各级各类自然保护地，包括自然保护区、森林公园、湿地公园、海洋公园、地质公园等，占国土陆域面积的 18%，海域面积的 4.1%。

　　通过加强保护，我国许多濒危野生动植物种群稳中有升，生存状况不断改善。与此同时，我国加快建立以国家公园为主体的自然保护地体系，全面提升对生物多样性保护成效。

2018 年 1 月 11 日，候鸟在位于江西鄱阳湖畔的五星农场境内振翅起飞。（新华社记者万象摄）

　　图为 2018 年 4 月 14 日，在祁连山国家公园体制试点区青海片区拍摄的雪豹。祁连山国家公园体制试点区是我国西部重要生态安全屏障，是我国生物多样性保护优先区域，世界高寒种质资源库和野生动物迁徙的重要廊道，范围涉及青海、甘肃两省。试点区森林、草原、荒漠、湿地生态系统均有分布，还是雪豹等珍稀野生动植物的重要栖息地和分布区。（新华社发　鲍永清摄）

　　2018 年 4 月 26 日，一群普氏原羚在青海省海北藏族自治州刚察县哈尔盖镇附近的草原觅食。经过多年保护，普氏原羚数量已从 20 世纪 90 年代的 300 多只上升到目前的 2057 只，种群栖息地从 7 个扩展到 13 个。普氏原羚是中国一级保护野生动物，国际自然保护联盟列为"世界极度濒危物种"，也是《全球羚羊保护行动计划》中名列首位的濒危羚羊类物种。目前 青海湖环湖地区是普氏原羚的唯一栖息地。（新华社记者张宏祥摄）

图为 2018 年 5 月 5 日，在甘肃白水江国家级自然保护区内布设的红外相机拍摄的红腹锦鸡活动影像。（新华社发）

图为 2018 年 5 月 29 口，在甘肃白水江国家级自然保护区内布设的红外相机拍摄的羚牛活动影像。（新华社发）

图为 2018 年 8 月 19 日，在甘肃白水江国家级自然保护区内布设的红外相机拍摄的金丝猴活动影像。（新华社发）

图为 2021 年 10 月 8 日拍摄的新闻发布会现场。当日，国务院新闻办公室发表《中国的生物多样性保护》白皮书，并在北京举行新闻发布会。（新华社记者金良快摄）

图为 2021 年 3 月 1 日，在大熊猫国家公园北川小寨子沟片区用红外相机拍摄的野生大熊猫。（新华社发）

2021年10月29日，黑颈鹤在纳帕海嬉戏。2016年以来，纳帕海共恢复湿地面积6300余亩。管护局、群众投放食物，确保鸟类有足够的食物来源，维护湿地生物多样性。随着管护工作不断加强，湿地生态环境持续向好，黑颈鹤、黑鹳等国家一级保护动物数量不断增加。（新华社记者江文耀摄）

2021 年 5 月 13 日，在山东黄河三角洲国家级自然保护区，两只丹顶鹤在水草间栖息。（新华社记者郭绪雷摄）

图为 2021 年 1 月 8 日在甘肃安南坝野骆驼国家级自然保护区拍摄的国家二级保护动物鹅喉羚。甘肃安南坝野骆驼国家级自然保护区地处河西走廊西端，这里 39.6 万公顷的广袤荒原，是野骆驼、雪豹、野驴、鹅喉羚、猞猁等濒危野生动物的天堂。（新华社记者杜哲宇摄）

　　党的十九届六中全会审议通过《中共中央关于党的百年奋斗重大成就和历史经验的决议》，强调像保护眼睛一样保护生态环境，像对待生命一样对待生态环境，更加自觉地推进绿色发展、循环发展、低碳发展，坚持走生产发展、生活富裕、生态良好的文明发展道路。

　　2021年6月3日，在陕西省神木市红碱淖湿地保护区的鸟岛上繁殖的小遗鸥。（新华社记者陶明摄）

2021 年 8 月 12 日，鹭鸟在广西桂林市临桂区四塘镇王家村栖息。（新华社记者曹祎铭摄）

图为 2021 年 9 月 25 日在羌塘国家级自然保护区拍摄的奔跑中的野牦牛。西藏羌塘国家级自然保护区被誉为"高寒生物种质资源库"。保存完整的、独特的高寒生态系统，孕育了一座生物多样性宝库，野生动物种类繁多。（新华社记者普布扎西摄）

图为 2021 年 9 月 25 日在羌塘国家级自然保护区拍摄的黑颈鹤。（新华社记者普布扎西摄）

图为 2022 年 1 月 23 日在河南三门峡天鹅湖国家城市湿地公园拍摄的白天鹅。（新华社发　杜杰摄）

◆ 美丽乡村：见证人与自然和美共存

　　"绿水青山就是金山银山"理念指引中国经济社会绿色变革，已成为全社会的共识和行动。不断推进的绿色发展方式和生活方式，正生动绘出美丽中国、幸福家园的模样。

图为 2021 年 9 月 23 日拍摄的云阳龙缸国家地质公园景象。重庆云阳龙缸国家地质公园 2017 年被评为国家 5A 级旅游景区。（新华社记者王全超摄）

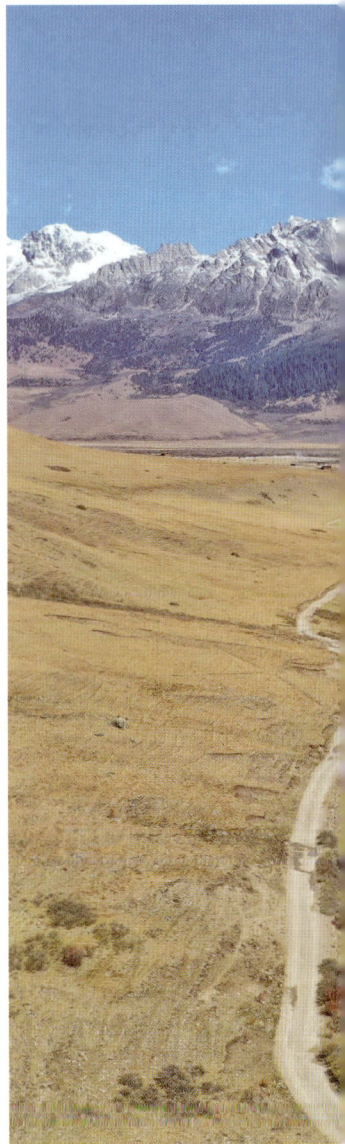

图为 2021 年 10 月 24 日在措普沟景区内拍摄的章德草原。近年来，四川省甘孜藏族自治州巴塘县大力实施天然林保护修复，加强生物多样性保护，提高森林覆盖率，草原综合植被盖度，生态环境持续向好。（新华社记者刘坤摄）

　　2018 年 7 月 18 日，浙江省淳安县千岛湖的沿湖景观带。近 10 年来，淳安拒绝了达不到生态标准的投资 300 亿元。同时，淳安加快发展绿色经济，2019 年旅游经济总收入同比增长 21.06%，水饮料产业实现销售 97.4 亿元。淳安像保护眼睛一样保护千岛湖，探索绿水青山向金山银山的转化之道。（新华社记者徐昱摄）

图为 2019 年 7 月 19 日，福建武夷山兴田镇田园风光。武夷山市本着"严格保护、永续利用"的原则，坚持"绿水青山就是金山银山"的生态发展理念，科学规划，适度开发，统一管理，成功走出了一条"绿色发展"之路。（新华社记者张国俊摄）

2018 年 4 月 3 日，空中俯瞰浙江省杭州市淳安县千岛湖汾口镇。浙江积极践行"绿水青山就是金山银山"的发展理念，全面推进"千村示范、万村整治"工程，分步实施"五水共治""三改一拆"、小城镇环境综合整治等专项行动。（新华社记者徐昱摄）

2020 年 7 月 10 日拍摄的广西来宾市金秀瑶族自治县六巷乡的一处民宿。在"绿水青山就是金山银山"理念指引下，广西各地不断发展各类特色义旅、特色农业项目，青山绿水间，一首首农村改革新曲在各地谱写，一幅幅山水画卷徐徐展开。（新华社记者曹祎铭摄）

2020 年 4 月 1 日，船只在西溪湿地水道上行驶。随着气温回暖，杭州西溪国家湿地公园迎来一年一度的"西溪花朝节"，杜鹃、牡丹、白合、琼花、樱花等花卉次第绽放，春光旖旎，美不胜收。（新华社记者翁忻旸摄）

2020 年 7 月 28 日，空中俯瞰浙江省安吉县天荒坪镇余村。15 年来，浙江积极践行"绿水青山就是金山银山"的发展理念，建成全国首个生态省。在绿水青山掩映下，浙江人与自然和谐共生、生态与发展互促共进的大美格局轮廓尽显，"诗画浙江、美好家园"的美好图景正在逐步呈现。（新华社记者黄宗治摄）

2020 年 12 月 6 日，可可西里巡山队员邓海平给藏羚羊幼仔喂奶。20 多年来，百余名巡山队员先后来到可可西里，守护着这里的万物生灵。如今藏羚羊数量已从 1997 年的不足 2 万只，恢复到 7 万多只。（新华社记者王艳摄）

图为 2021 年 8 月 17 日拍摄的重庆铜锣山矿山公园景象。2016 年开始，当地秉持"自然修复为主、人工修复为辅"理念，加快开展消除安全隐患、植绿覆盖裸土、保护坑中水体等生态修复工程，同时加大道路等基础设施建设，打造铜锣山矿山公园。自 2021 年 2 月试运行以来，该园共接待游客 50 多万人次。（新华社记者王全超摄）

2021 年 8 月 17 日，游客在重庆铜锣山矿山公园游览。（新华社记者王全超摄）

2020 年 6 月 24 日拍摄的四川省凉山州布拖县拉果乡伟木村。近年来，四川各地在"绿水青山就是金山银山"理念指引下，大力挖掘特色资源，对基础设施进行升级改造，美化村容村貌，改善居住环境。（新华社记者王曦摄）

　　河北省任丘市在乡村振兴工作中立足群众需求，动员多方力量，整合多种资源，全力推进乡村人居环境整治。该市通过因地制宜实施乡村游园建设、农村垃圾清理、沟渠坑塘清理、道路改造提升等措施，有效改善了村容村貌和人居环境，百姓满意度、幸福感不断提升。

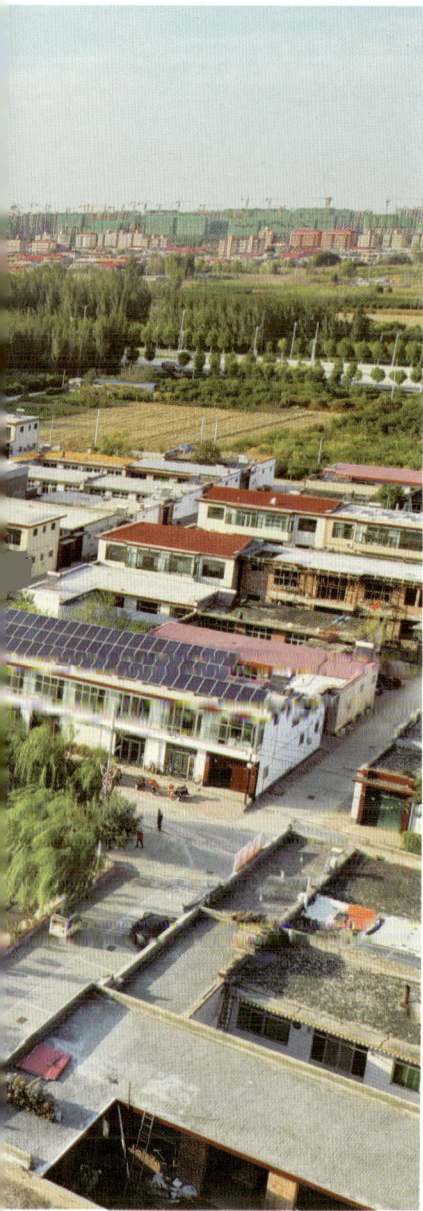

2021年7月22日，在四川省甘孜州道孚县玉科大草原，一名画家在花海里创作油画，吸引了当地牧民和游客围观。（新华社记者江宏景摄）

2021年10月16日拍摄的位于河北省任丘市东关张村一角的游园。（新华社记者牟宇摄）

重庆云阳县践行"绿水青山就是金山银山"理念，策划实施县城库岸带环境综合治理，将生态治理与生态修复结合起来，兼顾城市旅游和运动休闲等功能需要，打造环县城两江四岸33公里"绿道"，提升群众幸福感、获得感。

2021年9月28日，市民在重庆云阳月光草坪公园游览。
（新华社记者王全超摄）

◆ 推进绿色发展，建设美丽中国

　　发展是硬道理，发展需要可持续。根据"十四五"规划和 2035 年远景目标纲要，我国要坚持生态优先、绿色发展，推进资源总量管理、科学配置、全面节约、循环利用，协同推进经济高质量发展和生态环境高水平保护。

　　2020 年 9 月 15 日，在上汽集团乘用车宁德基地总装车间，工人在装配生产线作业。（新华社记者宋为伟摄）

　　这是 2020 年 7 月 11 日在湖南长沙拍摄的湘江欢乐城欢乐雪域内景。湘江欢乐城所在地原是一座废弃矿坑，现建设成一处综合旅游产业项目，其中的湘江欢乐城欢乐雪域借助上方水上乐园的隔热和底部矿坑的降温，保持室内低温环境，达到绿色节能的效果。（新华社记者薛宇舸摄）

　　2020 年 4 月 29 日，在四川省珙县三合村现代农业产业示范园区，鱼塘的废水接入无土栽培蔬菜棚中进行养种循环利用。（新华社记者江宏景摄）

近年来，福建省三明市建宁县在充分挖掘红色资源、发展红色旅游的同时，大力保护生态，发展绿色特色产业，因地制宜推广通心白莲、黄花梨、黄桃等兼具观赏性的作物种植。

2021年6月19日，在福建省三明市建宁县溪口镇高圳村春花农场，农场主人、当地村民陈春花在打理民宿前的盆景。（新华社记者宋为伟摄）

2021 年 6 月 19 日，在福建省三明市建宁县濉溪镇高峰村，村民在莲田劳作。（新华社记者宋为伟摄）

　　我国加快发展新能源和可再生能源，能源消费结构不断优化，能源绿色低碳转型深入推进，清洁能源消费比重持续提高，可再生能源装机快速增长。14 亿中国人正坚定走在绿色发展之路上，为子孙后代呵护一个天蓝、地绿、水清的美好家园。

2019 年 11 月 15 日，在河北省南和县柴里村，供电公司工作人员在检查居民屋顶光伏设备的运行情况。（新华社记者牟宇摄）

　　图为 2021 年 4 月 9 日拍摄的位于河北省张北县境内的张北—雄安 1000 千伏特高压交流输变电站。张北—雄安 1000 千伏特高压工程于 2020 年 8 月投入商业运营，这条输电大通道每年可为雄安新区输送 70 亿千瓦时以上的绿色电能，为雄安新区实现 100% 清洁能源供电奠定了基础。（新华社发　武殿森摄）

图为 2020 年 7 月 7 日拍摄的青海省海南藏族自治州共和县境内的大唐青海公司新能源分公司光伏电站一角。（新华社记者张宏祥摄）

图为 2021 年 3 月 1 日，在"旗 E 春城 绿色吉林"项目启动仪式现场展出的红旗新能源出租车。（新华社记者张楠摄）

2019 年 11 月 15 日，河北省安平县一家热力公司员工入户测量室内地暖温度。2018 年以来，安平县利用玉米秸秆等农林废弃物大力推行生物质能源供热的供暖模式，减少污染排放，绿色节能型能源走进了千家万户。（新华社记者李晓果摄）

　　江苏省扬州市宝应县利用地区优势，大力发展"风光渔"互补产业发电、风力发电等，形成上有风力发电、中有光伏利用、下有水产品养殖和稻田的立体开发模式，通过清洁能源，不断推动绿色低碳发展。

图为 2021 年 11 月 3 日拍摄的江苏省扬州市宝应县射阳湖镇 15 万千伏安"风光渔"互补产业发电项目。（新华社记者李博摄）

2021年8月25日，在内丘县五郭店乡中田庄村"农光互补"光伏发电项目旁，村民在管护农作物。近年来，河北省邢台市内丘县因地制宜推广"农光互补"，建设光伏电站，采取"企业＋农户"的合作模式，在光伏板下兼顾农业生产，有效促进企业增效、农民增收。（新华社记者骆学峰摄）

图为 2021 年 11 月 5 日拍摄的分论坛现场。当日，第四届虹桥国际经济论坛"气候变化背景下的绿色发展与全球经贸新格局"分论坛在上海举行。（新华社记者王翔摄）

党的十八大以来，陕南三市加快推进茶产业发展，通过政策引导、专项扶持、示范推广等措施，走生态优先、绿色发展之路，因茶致富、因茶兴业，推动陕南茶园面积、茶叶产量和产值稳步增长，已建成的293.4万亩茶园绿染秦巴山川，茶产业年综合产值500多亿元，77.9万贫困人口因茶脱贫致富，茶产业成为陕南群众奔小康的新产业。

2021年3月28日，茶农在安康市汉滨区流水镇刚子茶叶专业合作社标准化茶园采摘新茶。流水镇地处秦巴山区，汉江穿越全镇，种茶历史悠久。近年来，当地政府从科技入手，带领茶农提高茶叶种植管理水平，目前见效的6600亩茶园年产茶叶120吨，成为当地群众致富的主导产业。（新华社记者陶明摄）

2021 年 5 月 18 日，工作人员在"渔光一体"海洋牧场清洁太阳能板。山东省滨州市沾化区通汇 30 万千瓦"渔光一体"项目占地 9000 余亩，充分利用立体空间，融合光能、海水等要素，配合风机和盐田，形成了"上光中风下渔底盐"的发展模式，实现蓝色产业绿色转型。目前，该项目总装机量 300 兆瓦，年可发电 4.2 亿度，年产"盐田虾"200 吨、产值约 1400 万元。（新华社记者范长国摄）

　　8 月 25 日是全国低碳日。作为新疆第一座光热发电站，哈密 50 兆瓦熔盐塔式光热发电站不仅污染物零排放，还通过储存热能实现 24 小时持续发电。向阳而生、因光而兴，发电站将清洁能源送进千家万户的同时，也犹如一座"灯塔"，为新疆绿色低碳发展指引方向，带来更多可能。

2021 年 8 月 22 日，新疆伊吾县淖毛湖镇，光热发电站里的 1.4 万余面定日镜将集热塔照得发亮。（新华社记者高晗摄）

2021 年 8 月 22 日在新疆伊吾县淖毛湖镇拍摄的哈密 50 兆瓦熔盐塔式光热发电站局部。（新华社记者高尊摄）

　　浙江省宁波市象山县依托优良的风光资源，积极推进清洁能源示范岛建设。目前投运的海上风电项目和长大涂滩涂光伏项目总装机容量超 50 万千瓦，预计年发电量超 10 亿千瓦时，成为宁波绿色低碳转型的样板，积极助推浙江实现"碳达峰、碳中和"目标。

2021 年 12 月 29 日拍摄的象山长大涂滩涂光伏项目。（新华社记者徐昱摄）

　　2021 年 12 月 29 日拍摄的刚刚投运的宁波象山 1 号一期 25.42 万千瓦海上风电项目。该项目共安装风机 41 台，预计每年可提供绿色电能约 7 亿千瓦时，与常规燃煤火电机组相比，每年可节约标煤约 23.3 万吨，相应可减少二氧化碳排放 47.7 万吨。（新华社记者徐昱摄）

2021 年 9 月 29 日，观众在蔚来汽车展台参观。当日，2021 中国（天津）国际汽车展览会在国家会展中心（天津）开幕。本次车展吸引了一大批国内外知名车企前来参展。低碳环保的新能源车型成为各大厂商在展会上的明星产品，受到众多参观者的关注。（新华社记者李然摄）

2021 年 11 月 5 日拍摄的能源低碳及环保技术专区杜邦展台上用环保墨水印制的环保袋。第四届中国国际进口博览会技术装备展区新设能源低碳及环保技术专区，展现低碳化、智能化等行业发展新趋势。（新华社记者张玉薇摄）

◆ 打好蓝天、碧水、净土保卫战

保护美丽生态、发展美丽经济、追求美好生活，14 亿中国人正坚定地走在绿色发展之路上，为子孙后代呵护一个天蓝、地绿、水清的美好家园。

在塞罕坝机械林场，苗圃工人给松树苗浇水（资料照片）。（新华社记者佟德印摄）

2013 年 7 月 11 日，工人在河北塞罕坝机械林场千层板林场内运输苗木。（新华社发）

　　上图为 2018 年 6 月 23 日拍摄的山东黄河三角洲国家级自然保护区互花米草未治理时的画面；下图为 2021 年 10 月 27 日拍摄的山东黄河三角洲国家级自然保护区互花米草治理后的画面。山东黄河三角洲国家级自然保护区已被列入国际重要湿地名录。近年来，保护区实施黄河三角洲湿地生态系统修复工程，开展退耕还湿、退养还滩，推进河口湿地自然修复和河湖生态联通，有效恢复了湿地功能，提高了生物多样性。（新华社记者郭绪雷摄）

上图为浙江省湖州市安吉县天荒坪镇余村 20 世纪 80 年代的资料照片；下图为 2018 年 4 月 24 日，游客在整修一新的余村游览拍照（新华社记者翁忻旸摄）。（新华社发）

图为 2020 年 8 月 4 日拍摄的中核四平污水处理厂排污口。排污口下游现已成为四平市西湖湿地公园。吉林省四平市位于辽河流域上游，2018 年以来，四平市对辽河流域进行了系统治理和生态修复，全市共计投入约 49 亿元，实施辽河流域水污染治理项目 59 个。2019 年，四平市全域已消除劣五类水体，在国家地表水考核中，断面水质指数下降幅度连续 4 个季度蝉联全国第一，切实提升了人民群众的生态环境获得感和满意度。（新华社记者张楠摄）

　　上图为 2007 年 5 月 8 日，新疆和田地区策勒县的维吾尔族农民赶着毛驴车在沙尘天气中赶路（新华社记者沈桥摄）；下图为 2020 年 7 月 16 日拍摄的台特玛湖特大桥。台特玛湖位于新疆塔里木盆地东南部、若羌县北部，是我国最长的内陆河塔里木河的终点湖。近年来，新疆实施大范围生态输水，进一步巩固了塔里木河流域生态治理成果（新华社记者丁磊摄）。

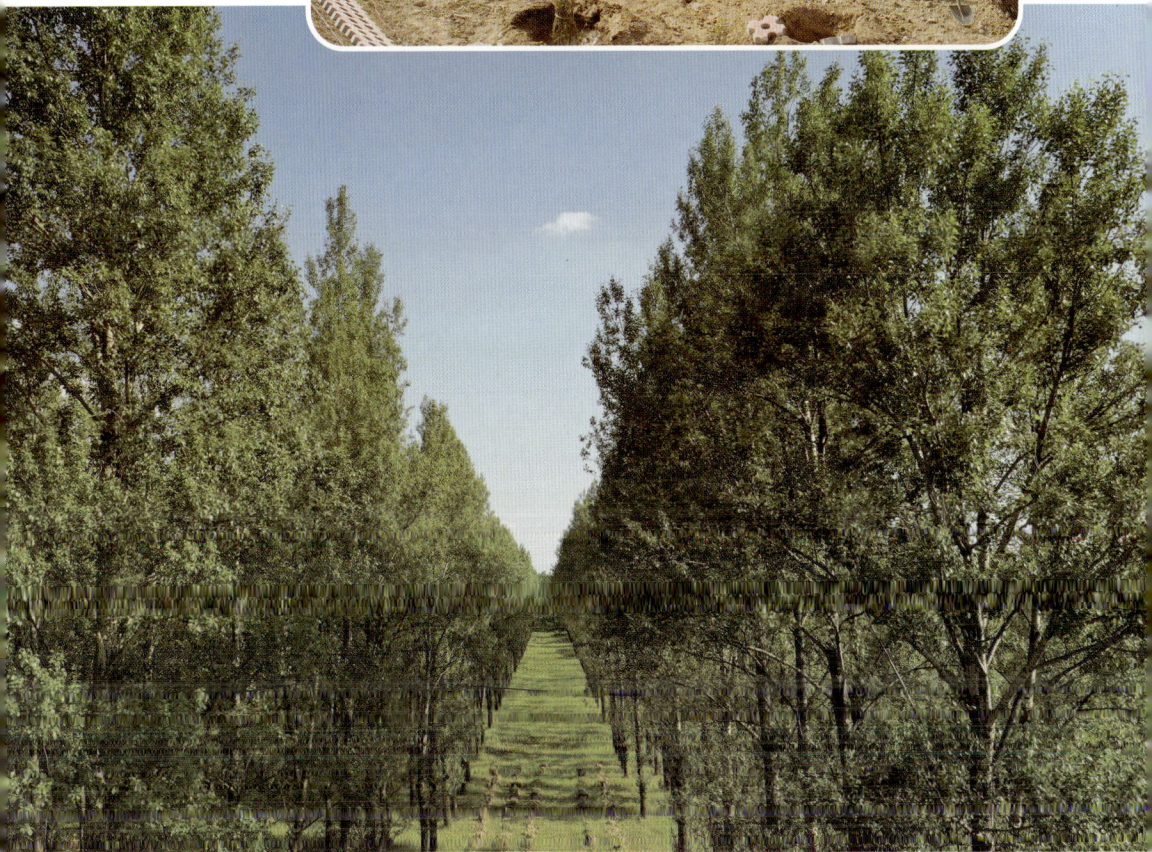

上图为山西省右玉县马营河村村民在植树造林（资料照片）；下图为 2020 年 7 月 21 日拍摄的朔州市右玉县马营河村附近的人工林（新华社记者曹阳摄）。

2020 年 12 月 31 日，长江流域重点水域"十年禁渔"全面启动活动（重庆分会场）在重庆江北嘴执法船舶码头举行。（新华社记者唐奕摄）

2021 年 3 月 10 日，浙江省湖州市安吉县的志愿者们在植树。安吉县位于浙江省西北部，是典型的山区县。多年来，安吉县深入践行"绿水青山就是金山银山"理念，将水土保持工作纳入县域生态治理范畴，因地制宜开展以大中型水库上游为重点的小流域水土流失综合治理，通过一系列"组合拳"，打造山绿水清、景美民富的乡村新貌。（新华社发　夏鹏飞摄）

2021年5月20日，在河南省南阳市淅川县的南水北调中线工程陶岔渠首，清漂机器人（上）在作业。这种机器人外观看起来像一艘小船，它用前方的触角收集小漂浮物，内置的过滤细网孔径最小只有5毫米，足以让漂浮物"无处遁形"。近年来，随着库区关停一大批污染严重企业、开展水污染防治等工作，生态持续向好，Ⅰ类水占比逐年升高。2020年全年监测中，366天里有360天达到Ⅰ类水标准，占比98.4%。（新华社记者才扬摄）

2021年8月20日，一名工作人员在重庆铜锣山矿山公园维护草坪，他是石船镇石壁村村民。重庆市渝北区石船镇曾是石灰岩矿区采石场主要聚集地，数十座巨大露天矿坑遍布山中，森林遭砍伐，耕地被破坏，地质安全隐患突出。2016年开始，当地秉持"自然修复为主、人工修复为辅"理念，加快开展消除安全隐患、植绿覆盖裸土、保护坑中水体等生态修复工程，同时加大道路等基础设施建设，打造铜锣山矿山公园。（新华社记者王全超摄）

2021 年 12 月 23 日，清溪河流域治理区域所在的纳溪区大渡口镇民强村留守村民在进行花圃栽种工作。近年来，四川省泸州市纳溪区践行"绿水青山就是金山银山"发展理念，以清溪河流域治理为试点，实施水系净化、土地美化，村庄洁化"三大工程"，实现入江水质从劣 V 类提升到Ⅲ类，每年减少土壤流失 7.5 万吨，年保水量增加 18.6 万立方米。沿流域两侧建成多个绿色生态产业，带动农民人均可支配收入增长 40% 以上，昔日"臭水沟"蝶变为如今的"惠民河"。（新华社发　杨涛摄）

2022 年 1 月 18 日，运输船来到海南省三亚市亚龙湾相关海域，准备将人工生态礁投入海中。（新华社记者杨冠宇摄）

　　2022 年 3 月 3 日，在云南省华宁县，工作人员检查风机内设施。近年来，云南省华宁县依托地区自然资源优势发展风力发电项目，有效助推当地绿色发展。目前，依托国家重点新能源企业，当地已建成稳定运行的磨豆山、将军山、大丫口 3 个风电场项目。（新华社记者王冠森摄）

　　2022 年 3 月 10 日，杭州市生态环境局临安分局的工作人员使用无人机进行大气监测。此无人机搭载了环境监测传感器，飞行过程中，大气中主要空气污染物数据会实时显示在生态环境监测站的服务器上。（新华社记者徐昱摄）

图为 2022 年 3 月 18 日拍摄的雄安新区剧村变电站"碳达峰、碳中和"监测平台。（新华社记者张旭东摄）

2022 年 3 月 24 日，党员志愿者在浙江省杭州市富阳区的壶源溪莲花坝清理水面漂浮物，保持水域清洁。（新华社记者徐昱摄）

第六篇

衣食无忧好日子

——从"人民生活更加殷实"看全面建成小康社会

这是人类发展史上的奇迹——

从基本解决温饱，到人民生活总体达到小康水平，再到全面建成小康社会……在中国共产党的领导下，中华民族告别千年绝对贫困，人民生活迎来翻天覆地的变化。

穿越百年，梦圆今朝。更满意的收入，更舒适的居住条件，更有品质的生活……一组组民生数据，一个个幸福家庭剪影，"人民生活更加殷实"的美好愿景已成现实。

健康富足喜盈门

　　展望"十四五"，我国民生福祉将达到新水平。届时，居民人均可支配收入增长与国内生产总值增长基本同步；脱贫攻坚成果巩固拓展，乡村振兴战略全面推进，全体人民共同富裕迈出坚实步伐……

　　展望 2035 年，我国将基本实现社会主义现代化。届时，人民生活更加美好，人的全面发展、全体人民共同富裕取得更为明显的实质性进展……

一、全面小康，"一个都不能少"

　　"全面建成小康社会，一个不能少；共同富裕路上，一个不能掉队。""一个不能少"的坚定承诺，脱贫攻坚的深入推进，带来无数人命运的变迁。

　　党的十八大以来，以习近平同志为核心的党中央把脱贫攻坚摆在治国理政突出位置，团结带领全党全国各族人民，采取了一系列具有原创性、独特性的重大举措，组织实施了人类历史上规模最大、力度最强、惠及人口最多的脱贫攻坚战。经过 8 年持续奋斗，脱贫攻坚取得全面胜利，现行标准下近 1 亿农村贫困人口全部脱贫，贫困县全部摘帽，困扰中华民族几千年的绝对贫困问题得到历史性解决，书写了人类减贫史上的奇迹，为全面建成小康社会作出了重要贡献，为开启全面建设社会主义现代化国家新征程奠定了坚实基础。

　　2021 年 2 月 3 日拍摄的化屋村麻窝寨易地扶贫搬迁集中安置点。近年来，贵州省毕节市黔西县新仁苗族乡化屋村在精准扶贫推动下，迎来跨越式发展。2017 年，化屋村实现脱贫摘帽，这个昔日贫困发生率高达 66.3% 的少数民族村寨旧貌换新颜。化屋村的变迁史，也正是我国少数民族地区脱贫历程的一个生动缩影。（新华社记者欧东衢摄）

◆ 全面建成小康社会，一个民族都不能少

广西柳州市融水苗族自治县是广西唯一的苗族自治县，居住着苗、瑶、侗、壮、汉等 13 个民族，是广西脱贫攻坚战主战场之一。

融水苗族自治县是国家扶贫开发工作重点县和滇黔桂石漠化片区县，也是广西 20 个深度贫困县之一，贫困发生率一度高达 28.53%。2020 年 11 月 20 日，广西壮族自治区人民政府批准融水苗族自治县退出贫困县序列。

2020 年 6 月 25 日，在广西融水苗族自治县杆洞乡党鸠村桂黔乌英苗寨，妇女们在展示端午节粽子比赛的作品。（新华社记者黄孝邦摄）

独龙族是我国 28 个人口较少的民族之一，也是新中国成立初期从原始社会直接过渡到社会主义社会的少数民族，属于深度贫困地区。

近年来，国家有关部门和云南省以整体推进的思路对独龙江乡进行集中帮扶，2018 年，独龙族整族脱贫，实现"千年跨越"。

独龙族群众已从封闭、保守、落后的"民族直过区"，走向开放、包容、发展的新天地。

左图为新中国成立前，独龙族群众出行需要爬天梯（资料照片）；右图为 2020 年 10 月 31 日，独龙族青年李永明和奶奶出门去山上割猪草（新华社记者胡超摄）。

上图为新中国成立前的独龙族孩子（资料照片）；下图为 2020 年 10 月 28 日，独龙江乡九年一贯制学校的孩子面对镜头摆出各种造型（新华社记者胡超摄）。

　　"直过民族"是我国 56 个民族中的特殊成员，也是云南少数民族的"独特风景"和重要特色。他们从原始社会或奴隶社会跨越几种社会形态，直接进入社会主义社会。

左图为德宏傣族景颇族自治州芒市西山乡营盘村景颇族村民董跑腊（后排右）一家合影（2019年 6 月 20 日新华社记者胡超摄）；右图为董跑腊家 2017 年翻修的房子。董跑腊在当地糖厂打工，还养殖竹鼠，经营沙滩旅游，全家年收入 5 万元左右（2019 年 6 月 20 日新华社记者秦晴摄）。

　　在党和政府关怀重视下，"直过民族"逐渐摆脱千年贫困，迎来了新的历史性跨越。2019 年上半年，云南宣布基诺族、德昂族、独龙族三个"直过民族"实现"整族脱贫"，历史性告别绝对贫困。

　　左图为 2019 年 6 月 21 日，怒江傈僳族自治州贡山县独龙江乡迪政当村独龙族的"文面女"李文仕（前排左）一家合影；右图为 2019 年 6 月 21 日李文仕和其他村民的房子，这些房子是当地政府在 2011 年统一修建的。（新华社记者江文耀摄）

　　右图为岩应儿，布朗族，今年 11 岁，云南省勐海县布朗山布朗族乡老曼峨小学三年级学生（2019 年 6 月 13 日新华社记者秦晴摄）；左图为岩应儿在家展示他的足球，他最大的爱好是踢足球，希望成为足球运动员（2019 年 6 月 13 日新华社记者胡超摄）。

　　广西田东县思林镇龙邦村是少数民族聚居区，生存环境恶劣，全村贫困发生率一度超过 90%。

　　自精准扶贫工作开展以来，当地政府先后于 2017 年和 2018 年分两批将龙邦村全部 327 户 1615 人整体搬迁至思林镇易地扶贫搬迁安置点。

　　上图为 2018 年 11 月 21 日拍摄的田东县思林镇龙邦村村民家中的简陋厨房（思林镇党委宣传部供图）；下图为 2019 年 8 月 28 日拍摄的位于田东县思林镇易地扶贫搬迁安置点内龙邦村村民家的厨房（新华社记者隋先凯摄）。

上图为 2011 年 12 月拍摄的脱贫前的湖南省花垣县十八洞村进村道路（新华社发）。下图为 2019 年 9 月无人机拍摄的花垣县十八洞村及进村道路（新华社记者陈泽国摄）。

2016年10月15日，云南省德宏傣族景颇族自治州芒市三台山德昂族乡允欠村的德昂族群众段腊来（左二）一家人在新房内看电视。（新华社记者蔺以光摄）

云南省墨江哈尼族自治县是我国唯一的哈尼族自治县，当地山区半山区占99.8%，是典型的集中连片特困地区。图为2017年1月11日，墨江哈尼族自治县那哈乡那苏村的哈尼族村民周军荣（右）和妻子张布背在查看扶贫手册。当地政府为建档立卡的贫困户都制作了扶贫手册。（新华社记者蔺以光摄）

2019 年 6 月 6 日，来自贵州省晴隆县三宝彝族乡的两名搬迁户在阿妹戚托小镇易地扶贫搬迁安置点里刺绣。贵州曾处于中国贫困核心区，2012 年贫困发生率高达 26.8%。经过艰苦卓绝的战斗，2020 年 11 月，贵州省政府宣布，全省贫困县全部出列，贫困人口全部脱贫，彻底撕掉贫困标签。（新华社记者杨文斌摄）

2019年9月3日无人机拍摄的广西融水苗族自治县乌英苗寨，群众在帮助贫困户梁秀金修建新木楼。（新华社记者黄孝邦摄）

　　2020 年 6 月 2 日，四川省金阳县 14 个高山乡镇、38 个贫困村的 1199 户、6582 人搬迁至千户彝寨—易地扶贫搬迁东山社区集中安置点。右图为 2019 年 11 月 1 日拍摄的热柯觉乡贫困户的老房子。左图为 2020 年 6 月 2 日拍摄的易地扶贫搬迁东山社区集中安置点一角。（新华社记者江宏景摄）

近年来，内蒙古各地举办多种以"马"为主题的体育、文化、旅游活动，吸引外来游客来体验蒙古族马文化，探索将蒙古马的保护和发展与促进牧民增收相结合。图为 2015 年 7 月 21 日，牧民在锡林浩特市宝力根苏木的草原上套马。（新华社记者任军川摄）

上图为新疆阿克陶县巴仁乡古勒瓦克村村民胡达拜尔迪·巴拉提在自家杏园里展示巴仁杏；下图为 2017 年 7 月 11 日，胡达拜尔迪·巴拉提一家在新盖的富民安居房前合影。胡达拜尔迪·巴拉提一家靠种植巴仁杏实现脱贫。（新华社记者岑云鹏摄）

　　党的十八大以来，湖南全省上下坚持精准扶贫、精准脱贫基本方略，努力走好精准、特色、可持续发展之路，一举消灭了"千年贫困"。

2020年7月23日，工作人员在湖南省益阳市赫山区米香村的稻田旁操控无人机给晚稻打药。（新华社记者薛宇舸摄）

2019年9月3日，湖南省湘西土家族苗族自治州花垣县十八洞村村民杨秀富在整理自家民宿。（新华社记者陈泽国摄）

　　党的十八大以来，新疆坚持精准扶贫精准脱贫基本方略，集中力量攻坚，万众一心克难，脱贫攻坚取得决定性成就。2020 年 10 个贫困县摘帽，标志着新疆 308.9 万现行标准下贫困人口全部脱贫，3666 个贫困村全部退出，32 个贫困县全部摘帽。

上图为 2020 年 5 月 22 日拍摄的新疆沙车县伊什库力乡阔坦墩村的富民安居房（新华社记者王菲摄）；下图为 2007 年 12 月，新疆策勒县固拉哈玛乡刚刚搬进抗震安居新房的维吾尔族农民在相互问候祝贺（新华社记者沈桥摄）。

上图为 2019 年 2 月 17 日，在位于新疆喀什地区泽普县桐安乡移民新村的新家中，热娜古丽·喀尔曼（左二）与家人一起合影（新华社记者赵戈摄）；下图为 1998 年，新疆裕民县新地乡牧民在定居点合影，纪念新生活的开始（新华社记者周文斌摄）。

上图为 2017 年 9 月 22 日拍摄的塔里木沙漠公路。近年来，新疆持续加大交通基础设施建设力度，加快完善对内对外交通运渝大通道（新华社记者胡虎虎摄）；下图为 2008 年 9 月 20 日，新疆策勒县博斯坦乡阿热勒力克村的维吾尔族村民在搬家途中（新华社记者沈桥摄）。

　　地处横断山区的云南省怒江傈僳族自治州，98% 以上土地为高山峡谷，贫困发生率曾高达 56%。截至 2020 年 11 月底，怒江州脱贫攻坚取得决定性成就：26.96 万建档立卡贫困人口全部脱贫，4 个深度贫困县全部摘帽。

2021 年 2 月 24 日，在怒江傈僳族自治州福贡县上帕镇易地扶贫搬迁安置点碧福社区，傈僳族姑娘在江边聊天。（新华社发　高玉生摄）

西藏连续召开深化对口援藏扶贫工作会议，创新开展"央企助力富民兴藏"等活动，通过精准施策、精准帮扶，西藏打赢脱贫攻坚战，各族人民实现了不愁吃、不愁穿和义务教育、基本医疗、住房安全有保障。截至2019年年底，全区62.8万建档立卡贫困人口已全部脱贫，74个贫困县区全部摘帽，历史性消除了绝对贫困问题，脱贫成果得到进一步巩固。

上四图为2021年2月9日，山南市乃东区克松社区领到分红的农民兴高采烈（新华社记者普布扎西摄）；下图为西藏昌都市察雅县卡贡村村民在当地苗圃产业基地采集鲜花种子，曾经的建档立卡贫困户在这里实现了就业，完成了脱贫（2020年9月28日新华社记者晋美多吉摄）。

◆ 贫困村：敢叫旧貌换新颜

　　党的建设全面加强，基层基础不断夯实，通过基层党组织帮扶，一项项惠民政策落到实处；广大党员发挥带头作用，一个个贫困村旧貌换新颜。

2018年，四川省昭觉县解放乡火普村，群众全部住上新房。（新华社记者蒋作平摄）

　　井冈山以旅游为支柱加快经济社会发展，往日的贫瘠山区变身享誉国内外的旅游新城，老区人民靠吃"旅游饭"走上脱贫致富的道路。

　　2017 年 2 月，井冈山市正式宣布在全国率先脱贫摘帽，成为我国贫困退出机制建立后首个脱贫摘帽的贫困县。

上图为 2016 年 1 月 31 日拍摄的井冈山市茅坪镇神山村；下图为 2021 年 4 月 26 日，游客在神山村参观游览。（新华社记者万象摄）

　　右图为 2013 年 3 月 4 日拍摄的甘肃省定西市渭源县元古堆村民居（新华社发　吴鲁摄）；左图为 2020 年 8 月 22 日在渭源县元古堆村拍摄的民居（新华社记者马希平摄）。

昔日瑞金一景（资料照片）。（新华社发）

2012 年 12 月 2 日拍摄的瑞金市沙洲坝镇大布村竹山下社区一景。（新华社记者 周科 摄）

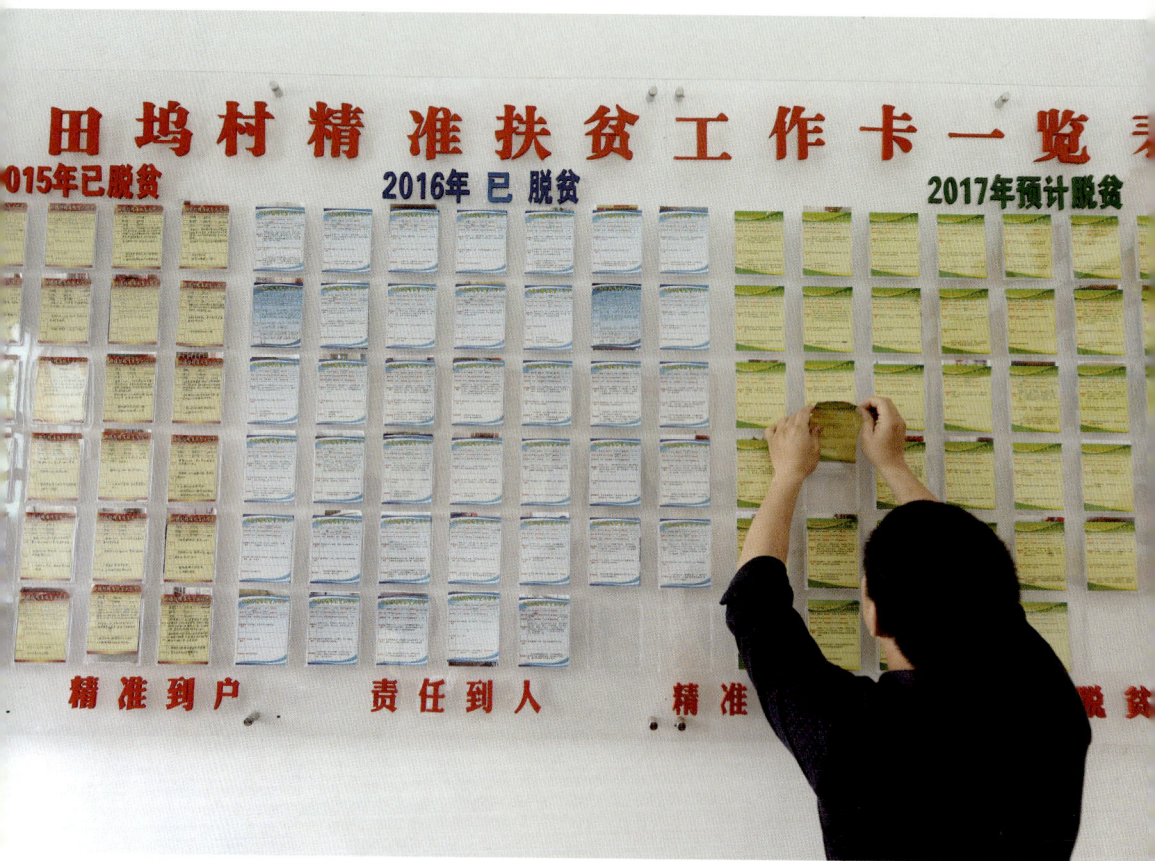

2017年4月10日，在江西省瑞金市叶坪乡田坞村扶贫办公室，一名村干部在调取扶贫工作卡。（新华社记者彭昭之摄）

　　自 2016 年以来，广西在总结乡村医生签约服务试点经验的基础上，全面推开乡村医生签约服务，提供健康教育处方和健康指导，健康扶贫取得阶段性成效。图为 2019 年 10 月 12 日，防城港市防城区扶隆镇那果村的乡村医生黄霖在为村民检查身体，整理健康档案。（新华社记者曹祎铭摄）

　　2020 年 9 月 16 日，游客在石家庄市平山县岗南镇李家庄村一户农家乐里点菜。河北省石家庄市平山县是革命老区。近年来，该县以红色旅游为核心，大力实施"旅游＋发展"模式，推进红色旅游与脱贫攻坚、乡村振兴、生态建设、文化产业融合发展，引导百姓经营农家乐、销售农副产品等，催生出西柏坡红色小镇、李家庄美丽乡村等一批新景点。（新华社发　陈其保摄）

　　左图为：2020年5月15日，十八洞村扶贫队长麻辉煌（左）与返乡大学生施林娇（中）在湖南湘西十八洞村，一起直播推销土特产；右上图为2020年4月23日，施林娇（右）在直播中向观众展示炒好的腊肉；右下图为2020年4月23日，施林娇（中）在工作室内和施康（左）、施志春（右）一起商讨直播内容。1996年出生的施林娇是湖南湘西土家族苗族自治州十八洞村第一代返乡创业的大学生。她和两位返乡大学生直播创业，做农活、烹饪苗族特色菜、唱苗歌等都是她的直播内容。他们团队希望能通过直播平台帮助乡亲们的特色产品拓宽销路。（新华社记者薛宇舸摄）

　　平山地处太行山东麓，是集老区、山区、库区、贫困区"四区合一"的特殊县份。依托红色圣地和绿水青山"红""绿"两个优势资源，走出了一条旅游脱贫的新路子。同时，河北省平山县把扶贫开发与美丽乡村建设等协调推进，大力发展绿色产业，为乡村振兴打下坚实的产业"造血"基础。

2019年8月16日，河北省平山县西柏坡镇梁家沟村的村民齐娜娜在民宿内整理客房。（新华社发　梁子栋摄）

　　2017 年 3 月 6 日，安徽省岳西县和平乡和平村第一书记、驻村扶贫工作队队长王珍（左）在贫困户开办的养鸡场里了解情况。王珍 2014 年 10 月从岳西县卫计委被选派到和平村开始为期 3 年的驻村扶贫工作，和平村在 2016 年已实现贫困村出列。（新华社记者刘军喜摄）

　　2017 年 8 月 17 日，在宁夏银川市金凤区润丰村，移民群众走下大巴车来到新村。据了解，宁夏西吉县半子沟村地处六盘山集中连片特困地区，唯有易地搬迁才能实现脱贫致富。（新华社记者李然摄）

2019 年 6 月 21 日拍摄的河北新河县新河镇六户村一角。（新华社记者王晓摄）

上图为 2017 年 10 月拍摄的搬迁至岢岚县宋家沟村前的木家村一户民居（新华社发）；下图为 2020 年 5 月拍摄的岢岚县宋家沟村村民新居。（新华社记者曹阳摄）

2021年3月2日，在湖南省益阳市沅江市草尾镇沅江现代农业技术研发基地，工作人员演示插秧机操作。湖南，武陵、雪峰、罗霄三山环抱，"七山一水二分田"。党的十八大以来，湖南全省上下坚持精准扶贫、精准脱贫基本方略，努力走好精准、特色、可持续发展之路，一举消灭了"千年贫困"。（新华社记者陈思汗摄）

2020年7月29日拍摄的陕西省延安市延川县文安驿镇梁家河村村貌。（新华社记者张博文摄）

◆ 小康路上，一个都不能掉队

　　全面建成小康社会，一个也不能少；共同富裕路上，一个也不能掉队。我们将举全党全国之力，坚决完成脱贫攻坚任务，确保兑现我们的承诺。

2022年3月12日，中国队选手孙玉龙、闫卓、张明亮、陈建新和于海涛（从左至右）在北京冬残奥会颁奖仪式上唱国歌。（新华社记者杜潇逸摄）

　　2018 年 12 月 19 日，大城县"阳光扶贫就业基地"技术人员在为贫困残疾人讲解茶具烧制工艺。近年来，河北大城县大力扶持贫困残疾人就业创业工作，成立"阳光扶贫就业基地"，探索一条集残疾人技能培训、实习实训、就业创业、辅助性就业等于一体的精准扶贫助残路径。（新华社记者李晓果摄）

　　2021 年 8 月 12 日，袁长明夫妇展示当年的脱贫证书。在江西省信丰县大桥镇，一对残疾人夫妇靠着"一根拐杖"，携手走上脱贫奔小康的幸福人生。（新华社记者胡晨欢摄）

　　2020 年 5 月 14 日，湖北、山东通过网络视频实时连线，完成《鄂鲁支持贫困劳动力外出务工暨劳务协作帮扶协议》签约暨湖北首批 240 名赴鲁务工人员送迎仪式。图为即将赴鲁就业的湖北务工人员乘坐大巴车从黄冈出发。（新华社记者程敏摄）

2013 年 9 月 10 日，青海省治多县索加乡寄宿小学，学生们领到太阳能多功能便携灯后，在明亮的教室里上了第一堂课。（新华社记者何俊昌摄）

曾经，广西大化瑶族自治县板升乡弄勇村弄顶屯的孩子们扛着生活用品去学校（右图，2012年9月3日摄）；如今，水泥公路已经从学校修通到家门口（左图，2017年1月11日摄）。随着脱贫攻坚工作不断推进，原本"千重山，万层岭，不通水，不通电"的广西大石山区发生了翻天覆地的变化。（新华社记者黄孝邦摄）

为了扶贫先扶志，扶贫必扶智，广西成千上万的教师长年累月坚守在大山深处教书育人的讲台上。图为 2017 年 9 月 7 日，"挑书先生"韦志杰老师在大化瑶族自治县雅龙乡温和村通往巴丁教学点的路上挑书前行。（新华社记者周华摄）

2019 年 12 月 12 日，重庆市石柱土家族自治县中益乡小学的同学们在文艺演出现场与演员互动。当日，"我的中国梦——文化进万家"中国视协文艺志愿服务小分队走进中益乡小学，为师生们带来精彩的文艺表演。（新华社记者王全超摄）

上图为 2018 年 2 月 2 日，吉觉吉竹背着弟弟下山，前往易地扶贫搬迁的外公家；下图为 2021 年 2 月 24 日，吉觉吉竹和弟弟在四川省西昌市越西县南箐镇新家附近的油菜地里玩耍。（新华社记者出建川摄）

　　广西在脱贫攻坚工作中结合少数民族地区实际情况，综合利用教育扶贫、健康扶贫、易地扶贫搬迁等政策，让贫困地区各民族儿童享受到了更好的生活和教育条件。曾经崎岖不平的羊肠上学路如今变成了宽阔的水泥路，过去上学时携带的"粥瓶午餐"被营养午餐取代，低矮昏暗的校舍变成窗明几净的现代化教室……

2019 年 3 月 14 日，广西融水苗族自治县杆洞乡中心校的孩子们在合影。（新华社记者黄孝邦摄）

上两图为 2009 年 5 月 6 日广西那坡县那布村水弄二社苗族儿童吴美烈儿时生活的场景；下两图是 2018 年 3 月 14 日，吴美烈在校园学习生活画面。（新华社记者张爱林摄）

上图是 2016 年 12 月 9 日，弄良村的孩子们爬"天梯"去学校；下图是 2019 年 11 月 12 日，广西大化瑶族自治县七百弄乡弄良村通往学校的水泥路。（新华社记者黄孝邦摄）

上图为 2013 年 3 月 4 日拍摄的甘肃省定西市渭源县元古堆小学学生在课间活动（新华社发 吴鲁摄）；下图为 2020 年 8 月 22 日拍摄的渭源县元古堆小学（新华社记者马希平摄）。

　　上图是 2018 年 2 月 4 日，黎凤雪（前右）和家人从广西南丹县八圩瑶族乡吧哈村家里出发，准备搬往新家；下图是 2020 年 8 月 6 日，黎凤雪（中）一家从广西南丹县八圩瑶族乡瑶寨移民安置点走出家门。（新华社记者周华摄）

2018年3月31日，在陕西省汉中市勉县利平手工专业合作社，村民李崇辉（前）在进行鞋花半成品加工制作。移民搬迁的新街子镇立集社区成立利平手工专业合作社，主要从事各种电子产品、饰品、鞋花等的半成品和成品加工制作，社区约90%的留守妇女实现了家门口就业。（新华社记者陶明摄）

2018年8月21日，技术人员在饶阳县圣水村一处生产作坊内指导村民制作化妆刷。河北省衡水市饶阳县在精准扶贫工作中，重点招收农村留守妇女走进车间就业，解决了近60名农村妇女就业。（新华社记者李晓果摄）

2020 年 6 月 3 日，河北省宗县大平台乡后平台村留守妇跟随河北省非物质文化遗产项盆景装饰件制作技艺传承人张士（右二）学习非遗泥塑技艺。新华社发　张驰摄）

2020 年 4 月 23 日，重庆市巫溪县天元乡宁河刺绣扶贫车间绣娘在缝制产品。（新华社发　黄伟摄）

2020年4月28日，屏边鑫园缘民族产品专业合作社的"绣娘"（右）在介绍产品。近年来，云南省屏边苗族自治县以合作社模式设立巾帼脱贫小车间，开发苗族挂画和绣品等文创产品，为留守妇女提供在家门口就业机会。（新华社发　梁志强摄）

2020年8月4日，在甘肃省临夏回族自治州东乡族自治县城南区易地扶贫搬迁安置小区的扶贫车间，留守妇女在制衣车间工作。（新华社记者范培坤摄）

2021年11月13日，在赤水市长期镇康桥社区，当地妇女在扶贫车间钩织产品。近年来，赤水市长期镇在巩固脱贫攻坚成果中，实施"党建引领＋巾帼巧手"工程，免费对返乡女青年、易地扶贫搬迁留守妇女进行手工钩织、刺绣等实用技术培训，拓宽增收渠道。（新华社发　杨洋摄）

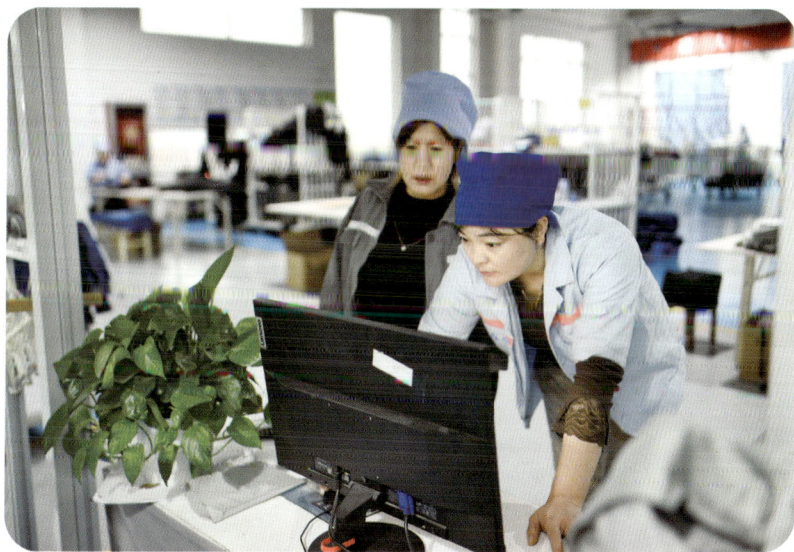

2021年2月25日，宁夏同心县中核（宁夏）同心防护科技有限公司扶贫车间的女工在操作数控加工设备。（新华社记者王鹏摄）

二、百姓生活更加健康富足

江山就是人民，人民就是江山。

让人民生活幸福是习近平总书记心中的"国之大者"。

从"高速增长"到"高质量发展"，从"衣食无忧"到"高品质生活"，要聚焦国情国力、人民需求变化，实现从"有没有"到"好不好"的深刻转变。

图为 2020 年 10 月 1 日拍摄的贵州剑榕高速清水江特大桥。（新华社记者杨文斌摄）

◆ 以人民为中心，以健康为根本

　　健康，是幸福的起点，也是成长的前提；是立身之本，也是立国之基；是全面建成小康社会的重要内涵，也是人类社会发展福祉的永续追求。

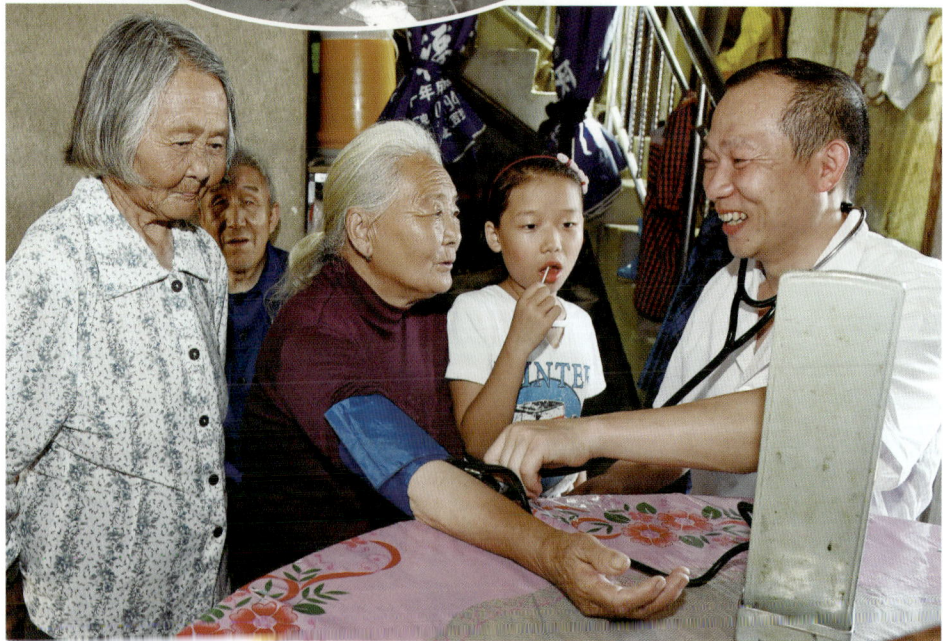

　　上图为 1986 年，在广东省连南瑶族自治县，乡村医生房志荣（右二）下乡为群众看病（新华社记者周家国摄），下图为 2019 年 7 月 18 日，福建武夷山市上梅乡茶景村乡村医生余淼春（右）上门为贫困老人罗春风（左三）看病（新华社记者张国俊摄）。

　　上图为 1954 年，在帕米尔高原上的新疆乌恰县，一位牧区医疗小组的医务人员被柯尔克孜族牧民妇女们请到家里去看病（新华社记者王平摄）；下图为 2019 年 7 月 7 日，新疆塔什库尔干塔吉克自治县达布达尔乡热斯喀木村村医发尔亚特·塔西白克（右三）与来自乡卫生院的医务人员来到热斯喀木村易地扶贫搬迁安置点出诊（新华社记者胡虎虎摄）。

2017 年 2 月 28 日，在吉林大学第一医院，市民在药房取药。当日，吉林省长春市正式取消 31 家部属、省属、企业、部队等公立医院的药品加成，调整医疗服务价格，破除以药补医机制，减轻百姓看病就医负担。（新华社记者林宏摄）

2017 年 4 月 21 日，广西三江侗族自治县同乐苗族乡高岜村苗族女村医杨思。杨思从事村医工作 10 年，以前村里交通不便，卫生室条件也不好，她经常要翻山越岭去给群众看病，工作很辛苦。如今随着脱贫攻坚工作的深入推进，村里修了很多路，群众的生活条件得到改善，卫生室的条件大为改观，村医的工作也轻松了不少。（新华社记者王婧嫱摄）

重庆市石柱土家族自治县中益乡华溪村村民谭登周（左二）老两口和上门巡诊的中益乡卫生院医护人员告别（2019年4月16日摄）。（新华社记者刘潺摄）

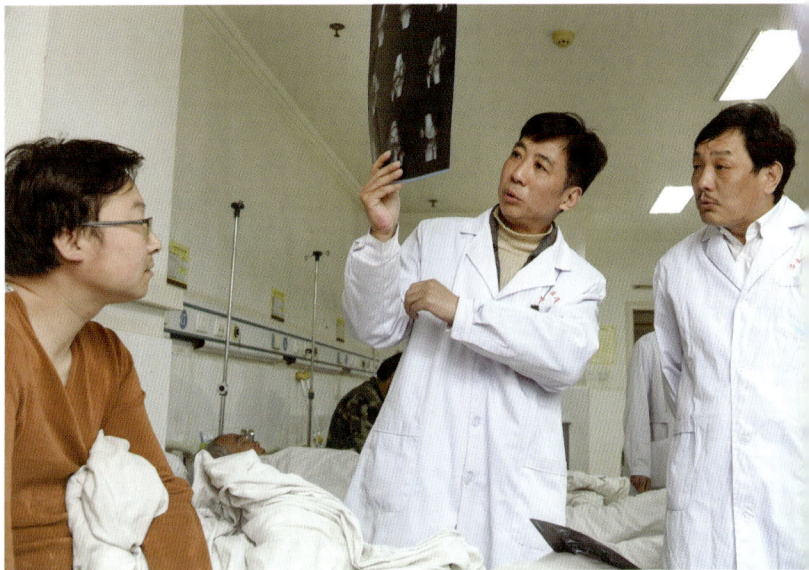

2019 年 4 月 2 日，江宁区第二人民医院骨科主任匡永利（中）在洛南县中医院住院部为病人会诊。2017 年以来，南京市江宁区帮扶洛南县实施产业化扶贫、社会民生和医疗事业、示范性扶贫专业合作社、村集体经济专业合作社及人才培训和劳务输出等项目 45 个，已投入资金 1.17 亿元，带动近 1.8 万户贫困户增收。（新华社记者陶明摄）

2019 年 12 月 26 日，重庆市巫山县巫峡镇春泉村村民姜贤桂（左）在村卫生院看病。（新华社记者王全超摄）

◆ 从百姓衣食住行看小康

　　从温饱到小康，从满足基本需求到享受更高品质生活，翻天覆地的变化，体现在百姓衣食住行的每个细节中。让百姓从"吃得饱"到"吃得好"。

　　杭瑞高速贵州省毕节至都格（黔滇界）公路北盘江大桥上云雾缭绕，北盘江大桥主桥跨径720米，桥面到谷底垂直高度565米，相当于200层楼高，为目前世界第一高桥。图为2018年8月9日无人机航拍的北盘江大桥。（新华社记者欧东衢摄）

2020 年 1 月 10 日，由兰州开往武威南的 7505 次列车停靠在永登站，一名旅客望向窗外。由甘肃兰州开往武威南的 7505 次列车是一列老式绿皮车，串联起兰州和武威两座城市之间的十几座小站。因为票价便宜、乘坐方便，它成为沿线乡村群众进城购物、售卖农产品、探亲访友、外出打工的首选交通工具。基础设施的加快发展，为决战决胜脱贫攻坚、全面建成小康社会提供了有力支撑。（新华社记者马宁摄）

2020 年 10 月 10 日，一列动车组列车行驶在江苏连云港市境内。（新华社发　耿玉和摄）

2018 年 1 月 9 日拍摄的重庆市新白沙沱长江特大桥（右）和修建于 20 世纪 50 年代的白沙沱长江大桥（左）。（新华社记者刘潺摄）

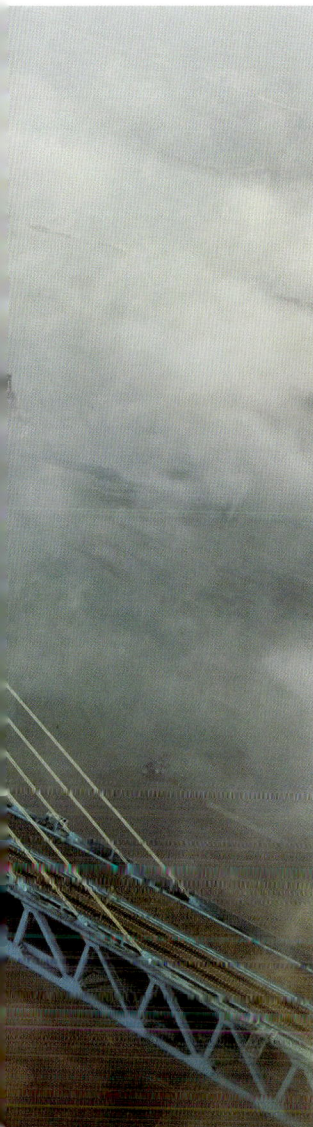

上图为 2006 年 6 月 17 日，西藏当雄县藏族群众在观看火车
驶过（新华社记者觉朱摄）；下图为 2016 年 8 月 17 日在西藏拉
萨市曲水县拍摄的公路与铁路，西藏已形成了公路、铁路、航空的
立体交通网络（新华社记者普布扎西摄）。

左图为云南省会泽县马路乡的村民通过跨江人行桥前往贵州省威宁县。（2019 年 12 月 11 日摄）右图为 2013 年 3 月 7 日拍摄的会泽县火红乡的村民乘坐溜索到贵州省威宁县。（新华社记者杨文斌摄）

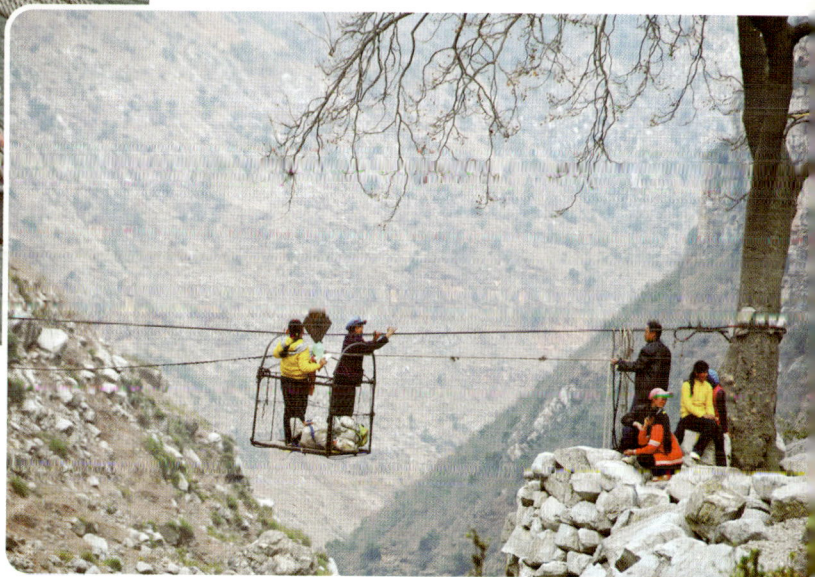

　　2019 年 3 月 4 日，车辆行驶在白奉公路"十大拐"路段。"十大拐"公路位于湖北省恩施土家族苗族自治州恩施市境内，是白奉（湖北恩施白杨坪至重庆奉节）公路上的一段，因弯多弯急成为独特一景。（新华社记者杨顺丕摄）

图为 2021 年 5 月 6 日在海口拍摄的无人机表演秀。首届中国国际消费品博览会将于 5 月 7 日至 10 日在位于海口的海南国际会展中心举办。5 月 6 日晚，海口市上演无人机表演秀，迎接首届消博会的举办。（新华社记者浦晓旭摄）

在首届中国国际消费品博览会上，众多融入潮流元素的国货分外亮眼，引人驻足。高品质、更时尚、更前沿的中国品牌焕发光彩，受到年轻消费者的青睐。

2021年5月8日，一名观众在消博会吉祥物前留影。当日是世界微笑日，在首届中国国际消费品博览会上，不少观众、参展商、媒体记者等都面露笑容，尽情享受在琼岛举行的这场盛会。（新华社记者郭程摄）

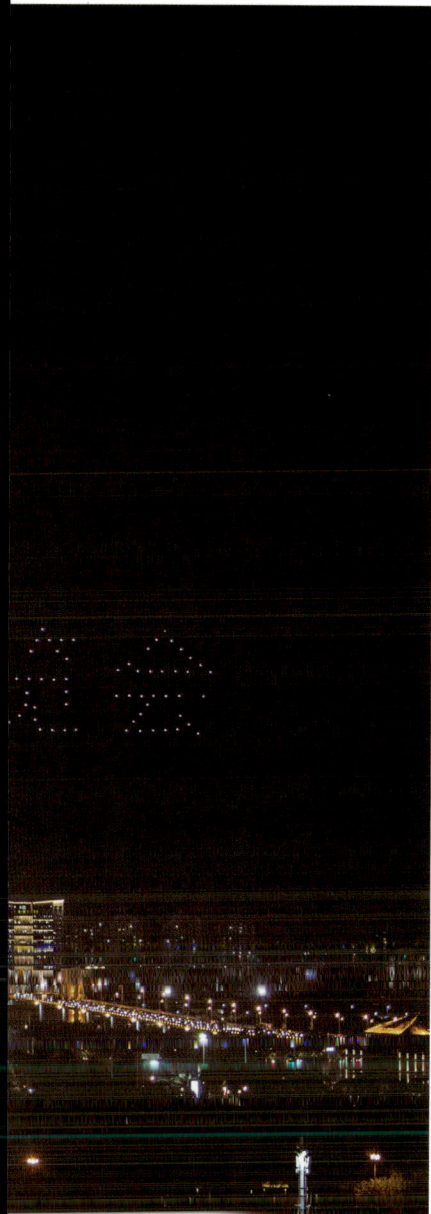

　　从二十世纪老"三大件"自行车、手表和缝纫机到新"三大件"电视机、电冰箱和洗衣机，"三大件"的变化见证了以耐用消费品为代表的国民消费品质的变迁。在海南举行的首届中国国际消费品博览会是亚太地区最大的消费精品展，这组照片利用新旧照片进行对比，展示几十年间中国人消费的变迁。

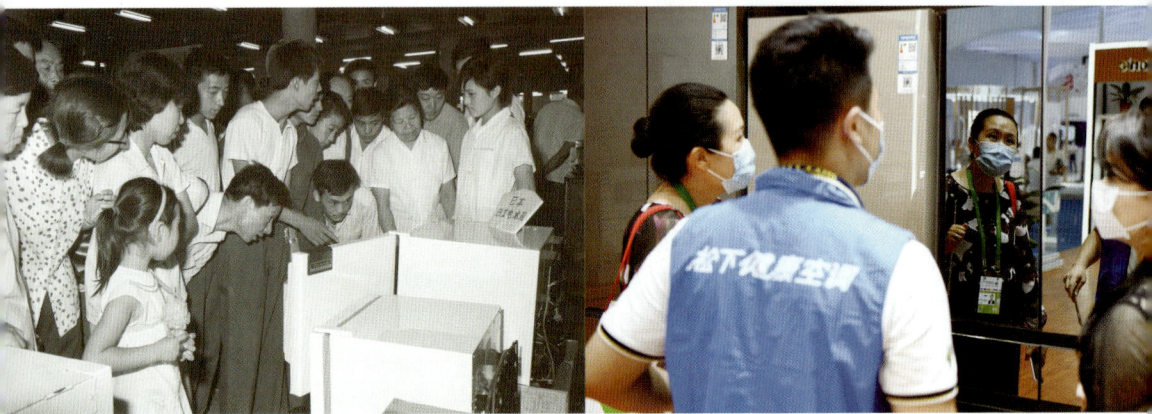

左图为 1980 年，顾客在北京西单商场选购日本进口的电冰箱（新华社记者卢琰源摄）；右图为 2021 年 5 月 7 日，观众在海南举行的首届中国国际消费品博览会旅居生活/消费服务展区了解电冰箱（新华社记者郭程摄）。

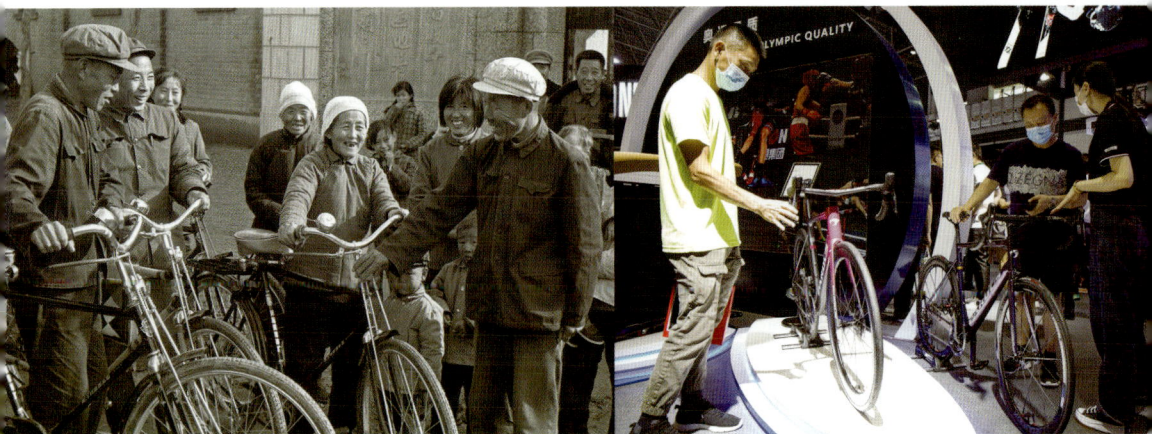

左图为 1982 年，山东省于津县杜集公社李镇人队社员高高兴兴地买回新自行车（新华社记者李锦摄）；右图为 2021 年 6 月 8 日，在海南举行的首届中国国际消费品博览会旅居生活/消费服务展区，观众在体验时尚运动自行车（新华社记者金立旺摄）。

左图为 1992 年，各式色彩艳丽、造型别致的大手表备受北京姑娘的青睐（新华社记者张燕辉摄）；右图为 2021 年 5 月 8 日，观众在海南举行的首届中国国际消费品博览会时尚生活展区，试戴新发布的上海牌手表（新华社记者金立旺摄）。

左图为 1980 年，吉林省洮安县岭下公社红石岭大队的赵淑珍用新添置的缝纫机缝制衣服（新华社记者袁兆义摄）；右图为 2021 年 5 月 8 日，在海南举行的首届中国国际消费品博览会各省区市展区，来自上海的江先生在手工制作旗袍盘扣，整件旗袍都是纯手工制作（新华社记者金立旺摄）。

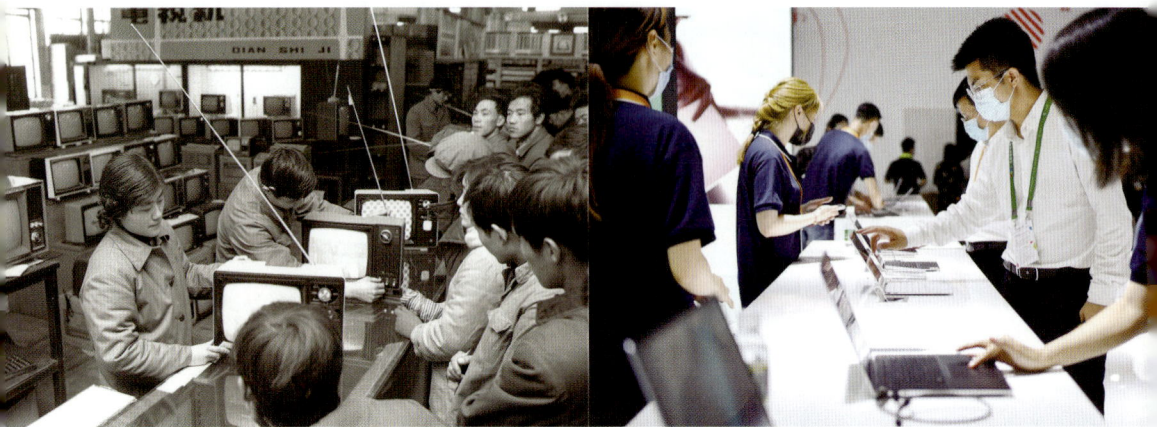

左图为 1980 年春节前夕，顾客在上海第一百货商店选购电视机（新华社记者张平摄）；右图为 2021 年 5 月 7 日，观众在海南举行的首届中国国际消费品博览会旅居生活 / 消费服务展区选购电脑（新华社记者郭程摄）。

左图为 1994 年，在北京丰台区"京温工业品批发市场"，人们在选购时装（新华社记者谭进摄）；右图为 2021 年 5 月 8 日，在海南举行的首届中国国际消费品博览会时尚生活展区法国馆，一件来自法国的时装吸引观展者的注意（新华社记者金立旺摄）。

左图为 1998 年，顾客在湖北秭归新开张的一家白酒店买酒（新华社发　刘继伍摄）；右图为 2021 年 5 月 8 日，观众（右）在海南举行的首届中国国际消费品博览会高端食品保健品展区品尝洋酒（新华社记者郭程摄）。

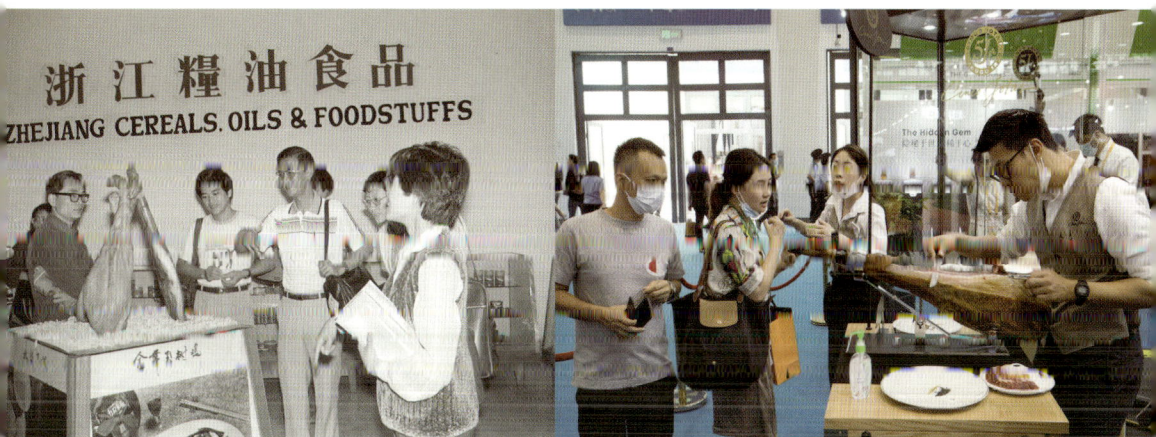

左图为 1983 年，港澳记者在了解金华火腿（新华社记者吴元柳摄）；右图为 2021 年 5 月 8 日，在海南举行的首届中国国际消费品博览会高端食品保健品展区，观展者在品尝西班牙火腿（新华社记者金立旺摄）。

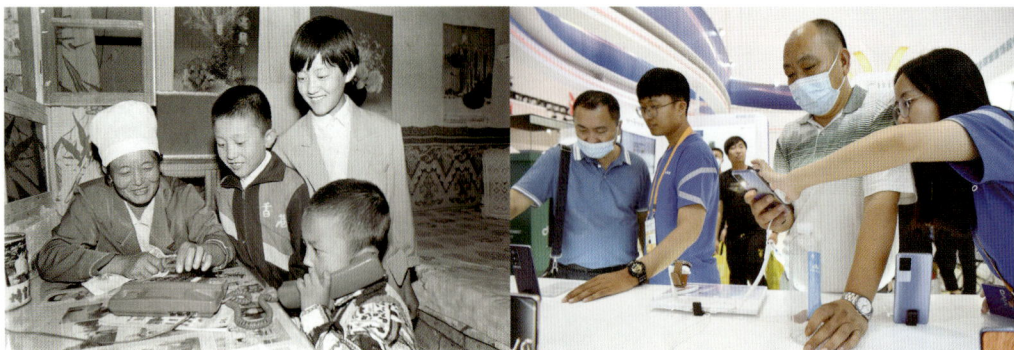

左图为 1996 年，在宁夏西吉县兴隆镇，靠加工牛百叶走上了富裕路的马雪玲（左一）和子女一起打电话向外地做生意的丈夫问好（新华社记者刘泉龙摄）；右图为 2021 年 5 月 8 日，观众在海南举行的首届中国国际消费品博览会广东展区体验新款手机（新华社记者郭程摄）。

2021 年 5 月 9 日，在首届中国国际消费品博览会上，观众被制作精良的传统服装吸引。（新华社记者金立旺摄）

　　2021 年 5 月 10 日，首届中国国际消费品博览会在海口闭幕。据统计，首届消博会共计来自 70 个国家和地区的 1505 家企业、2628 个消费精品品牌参展，各类采购商和专业观众数量超过 3 万人，进场观众超过 24 万人次。

2021 年 5 月 10 日，观众在消博会上观看时装表演。（新华社记者张丽芸摄）

图为 2016 年 11 月 23 日拍摄的独龙江乡孔当村一景。近年来，当地积极探索扶贫开发新思路新机制，启动实施了"独龙江乡整乡推进 独龙族整族帮扶"工程。如今的独龙江乡已新建安居房 1089 套，实现了全乡 6 个村委会全部通柏油路，28 个自然村全部通车、通网络、通广播电视、通安全饮水，基础设施改善，收入水平提高，面貌焕然一新。（新华社记者胡超摄）

　　位于桂西北大石山区的广西都安瑶族自治县，石山面积占 89%，是国家新时期扶贫开发工作重点县。目前，全县正在全力实施易地扶贫搬迁工程，计划"十三五"期间对 1 万多户 5 万多贫困人口进行易地搬迁，为全县各族同胞构筑脱贫安居小康梦。

　　上图为 2017 年 10 月 12 日，在广西都安瑶族自治县下坳镇加八村龙力屯，罗兰香（右）和爱人袁朝强站在搬迁前老住房厨房里。下图为 2017 年 10 月 12 日，在广西都安瑶族自治县下坳镇车家庄扶贫搬迁安置新区，罗兰香（右）和爱人袁朝强在搬迁后的新住房里做家务。2017 年 1 月 25 日，罗兰香一家搬到这里居住。（新华社记者陆波岸摄）

上图为 2017 年 2 月 9 日拍摄的广西都安瑶族自治县下坳镇加八屯村民搬迁之前所住的地方；下图为 2017 年 7 月 26 日拍摄的村民搬迁后所住的地方——深圳·都安老乡家园车家庄易地扶贫搬迁安置新区。（新华社记者陆波岸摄）

　　广西那坡县位于我国西南边疆，受自然条件限制和历史因素的影响，长期以来，生活在当地边境零公里线上的苗族群众生产生活水平低下，贫困程度深。近十年来，随着边境地区基础设施建设大会战的实施，那坡县边境零公里线上苗族群众的人畜饮水、道路、住房、广播电视等生产生活条件得到很大改善。他们大力发展生产，努力争取脱贫摘帽，向小康生活迈进。

那坡县边境零公里线上甲柳村上保屯苗族青年吴亚路家曾经的茅草房（上图，2009年7月14日摄）和现在的楼房（下图，2018年3月15日摄）。（新华社记者张爱林摄）

2019 年 8 月 2 日起，西藏阿里地区噶尔县扎西岗乡典角村一组的 25 户村民陆续搬进了总投资 1891.76 万元的边境小康村。新建的边境小康村人均住房标准 30 平方米，改善了当地农牧民群众的生活条件。

2019 年 8 月 2 日，西藏阿里地区噶尔县扎西岗乡典角村一组村民在搬入新家。（新华社记者晋美多吉摄）

2021 年 70 岁的多布杰，是西藏日喀则市江孜县江热乡班久伦布村人。左：2021 年 5 月 10 日拍摄的多布杰老人的肖像。右上：2021 年 5 月 10 日，多布杰老人在照顾家里的牲口。右中：2021 年 5 月 10 日拍摄的多布杰老人的身份证。右下：2021 年 5 月 10 日，多布杰老人（右）和老伴普布潘多在班久伦布村的家里。2020 年，西藏地区生产总值增速继续保持全国前列，城乡居民人均收入连续多年实现两位数增长，消除绝对贫困，实现脱贫摘帽。曾经被剥夺了一切，"除了自己的影子一无所有"的农奴，过上了小康生活。（新华社记者孙瑞博摄）

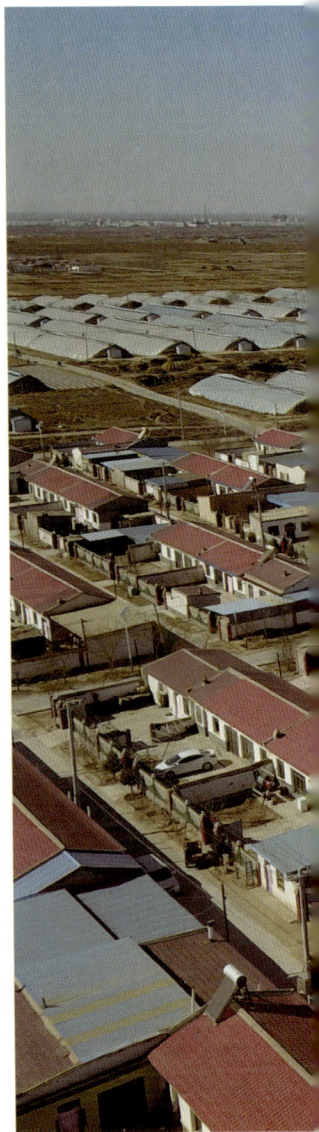

上图为 2016 年 4 月 25 日拍摄的安徽省金寨县花石乡大湾村村民的住房；下图为 2019 年 5 月 18 日拍摄的大湾村易地扶贫安置点的村民住房。（新华社记者刘军喜摄）

图为 2020 年 3 月 10 日拍摄的甘肃省古浪县黄花滩生态移民区感恩新村住房及日光温室大棚。（新华社记者范培珅摄）

上图为 2013 年 3 月脱贫前的甘肃省渭源县元古堆村的孩子们从取水点抬水。下图为 2019 年 9 月渭源县元古堆村村民在自来水龙头前接水。（新华社记者范培坤摄）

　　近年来，天津市西青区精武镇付村经过几轮的城镇化改造，村民居住环境、住房条件等显著改善。2019 年，村集体经济收入约 6800 万元，村民人均收入约 5 万元，人均住房面积约 100 平方米，同时村民在养老保险、就医报销、子女教育等方面都有优待。

图为 2020 年 7 月 7 日拍摄的天津市西青区精武镇付村富家湾小区一景。(新华社记者李然摄)

2016 年 12 月 29 日，渔民杨再平在贵州省剑河县仰阿莎湖上捕鱼，准备供应节日市场。（新华社记者杨文斌摄）

2019 年 12 月 27 日无人机拍摄的广西融水苗族自治县杆洞乡党鸠村乌英苗寨，村民在吃百家宴。（新华社记者黄孝邦摄）

2019 年 9 月 26 日，西藏山南市错那县勒门巴民族乡贤村门巴族居民白玛旺姆手捧切玛盒，举行搬家前的庆祝仪式。（新华社记者晋美多吉摄）

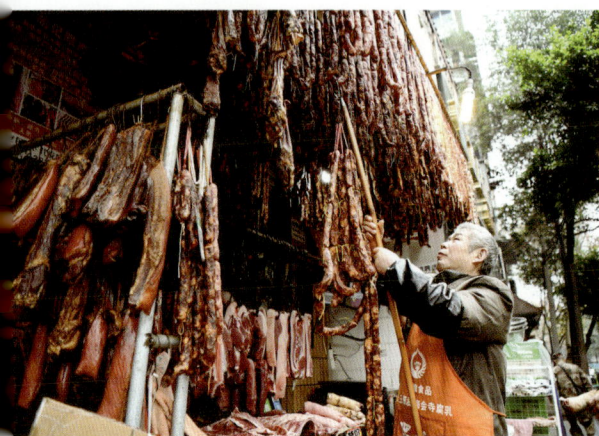

2019 年 12 月 31 日，在四川省成都市新开寺街，商贩取下客人预约购买的香肠。（新华社记者王曦摄）

图为 2020 年 7 月 15 日拍摄的江西省井冈山市神山村村民笑脸合集。（新华社记者彭昭之摄）

2021年2月5日，在浙江省杭州市富阳区环山乡环二村文化礼堂，村民录制拜年视频，给在外地过年的乡亲们送上新春祝福。（新华社记者徐昱摄）

2021 年 4 月 11 日，在成昆铁路 5633 次列车的"流动集市"上，彝族妇女（前右）向其他乘客售卖山货。（新华社记者沈伯韩摄）

2021 年 6 月 2 日，山西省运城市夏县祁家河乡横口村村民将西瓜装车。（新华社记者曹阳摄）

◆ 个性化旅游

　　以乡村独特的自然资源、生产形态、生活风情为依托，采取政府主导、全域规划、市场运行等办法，大力发展特色乡村旅游。乡村旅游不仅成为乡村经济增长亮点，还带动当地村民在家门口就业增收。

2020 年 12 月 12 日，游客在秭归县水田坝乡滑翔基地体验滑翔伞。当日，在湖北省宜昌市秭归县水田坝乡，脐橙采摘游、滑翔伞飞行、自行车骑行、龙舟竞渡等活动"点燃"冬季乡村，吸引众多游人。（新华社发　向红梅摄）

2021 年 2 月 16 日，在海南三亚蜈支洲岛海域，游客在教练的指导下体验潜水。（新华社记者杨冠宇摄）

2022 年 2 月 22 日，游客在重庆武隆仙女山滑雪场体验滑雪运动。（新华社记者王全超摄）

　　青海省互助土族自治县威远镇的卓扎滩原生态景区吸引众多游客前来体验冰雪项目的乐趣。

　　景区所在的卓扎滩村曾是贫困村，近几年，村党支部组织带领村民发展生态旅游及冰雪运动，助力乡村振兴。

2022年2月20日，游客在卓扎滩原生态景区游玩。（新华社记者吴刚摄）

◆ 互联网+，百姓生活消费新模式

现如今，"互联网+"已经从行业热词升级为全民热词。随着网络购物、电子商务、O2O等新业态的迅猛兴起，消费者足不出户就可以享受到各种上门服务，新的消费需求被激发，新的消费业态不断出现。"互联网+"为中国经济转型升级打造新动能，成为拉动就业、调整经济结构的重要力量。

安徽巢县环城公社官圩大队社员在给亲人写信，报告家乡的喜讯（资料照片）。（新华社发）

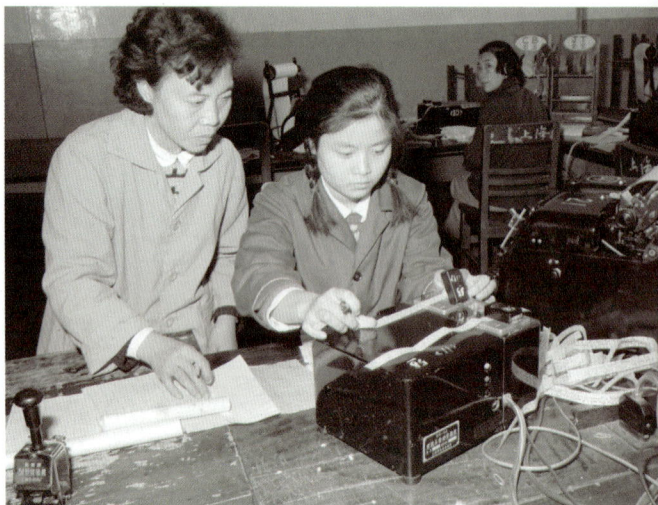

在成都市电信局，工作人员罗素芳（左）在指导新学员发电报（1979年摄）。（新华社记者熊汝清摄）

设立在北京前门大街的公用电话亭（资料照片）。（新华社记者薛铁军摄）

2013 年 12 月 5 日，一位女士在北京一家咖啡厅用微信和远方的朋友视频聊天。（新华社记者尹绪宝摄）

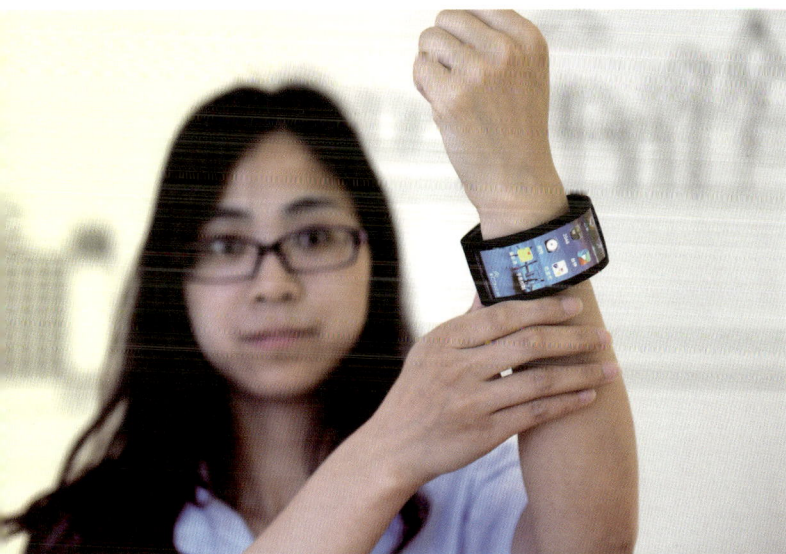

2018 年 5 月 17 日，工作人员在河北省廊坊市固安产业新城展示一款柔性显示智能可穿戴手机。（新华社记者王晓摄）

2015 年 7 月 29 日，在甘肃静宁县界石铺镇继红村，村民吴菊香展示手机 APP 版本的"金穗四融"服务平台。2015 年以来，甘肃省静宁县的行政村陆续搭建起"金穗四融"服务平台，农民在本村的平台上可办理存取款、费用代缴、农产品销售、农资采购、农业技术咨询、惠农贷款等 20 多项业务。（新华社记者范培坤摄）

2015 年 11 月 20 日，邱旺健（左）在实体店内带领员工为水果打包装。29 岁的长春大学毕业生邱旺健，过去 5 年间在长春市带动两轮创业风潮：经营水果实体超市、O2O 卖水果实现全城 24 小时宅配。（新华社记者王昊飞摄）

2015年12月1日，在深圳文锦渡口岸，深圳出入境检验检疫局工作人员展示平板电脑中的"智能验放系统"操作界面。（新华社记者鲁鹏摄）

2015年12月17日，在洛阳市重点打造的智慧旅游景区老君山，一名游客正使用手机扫描景点标牌上的二维码并收听语音介绍。洛阳借力"互联网＋"积极推进信息技术与旅游产业深度融合，采用云计算、大数据、移动互联网、物联网等技术大力开展智慧旅游建设。（新华社发 冯大鹏摄）

　　2016 年 11 月 30 日，在广东省深圳市福田区，快递员戚观衡（左）将包裹放入中集 e 栈快件箱；2 小时后，小区居民郭若溪取出自己的包裹。（新华社记者毛思倩摄）

　　上图为 2016 年 12 月 18 日，武汉市民沈永俊使用移动支付软件购买地铁票后进站候车；下左图为 12 月 18 日，沈永俊使用移动支付软件支付公交车费；下右图为沈永俊使用移动支付软件支付路桥通行费。公交、地铁、自驾、购物、吃饭，这些日常生活的开支均可通过手机上的移动支付软件完成。"互联网＋生活"的社会经济模式初具规模。（新华社发　陈卓摄）

　　西海固是宁夏中南部 9 个深度贫困县区的概称，脱贫攻坚路上，妇女既是重点工作对象，也是直接受益者，更是重要的参与主体。

　　2020 年受新冠肺炎疫情影响，当地试水网络直播销售，选出 6 名员工组成了"巧媳妇"直播带货团。

图为 2020 年 11 月 5 日在宁夏银川市闽宁镇拍摄的"巧媳妇"直播带货团成员。（新华社记者冯开华摄）

2020 年 11 月 10 日，在河北省石家庄市桥西区北国商城化妆品柜台，工作人员进行直播。"双十一"临近，不少企业纷纷抢占商机，备足商品，直播带货，开足马力迎接网络购物高峰。（新华社发　陈其保摄）

2021 年 2 月 8 日，河北省唐山市海港经济开发区市民通过手机在网络平台下单购买年货商品。（新华社发　李磊摄）

2021 年 4 月 9 日，在山西省运城市平陆县郭原村，村民在进行网购。（新华社记者柴婷摄）

三、逐梦共同富裕新征程

2021 年 7 月 1 日，在庆祝中国共产党成立 100 周年大会上，习近平总书记庄严宣告"全面建成了小康社会"，强调新的征程上，"推动人的全面发展、全体人民共同富裕取得更为明显的实质性进展"！

图为 2021 年 6 月 4 日拍摄的浙江省东阳市花园村夜景。（新华社记者徐昱摄）

◆ 浙江：共同富裕示范区动人画卷

位于东部沿海的浙江省，凭借改革和开放的力量，一跃成为中国经济社会发展"优等生"的省份。站在新征程上，再次承担起高质量发展建设共同富裕示范区的光荣任务和重大使命。

2021年1月26日，"千岛湖·大下姜"乡村振兴联合体的配送专线车辆在淳安丰家源村装运山村土烧酒，准备送货出山。2018年，淳安县下姜村联合周边行政村成立"千岛湖·大下姜"乡村振兴联合体，探索区域协同发展。2020年8月开始，联合体启动乡村振兴配送专线，为域内32个行政村农村电商的出货、村民的网购进行上门服务。（新华社记者翁忻旸摄）

2021 年 7 月 13 日，在位于浙江省湖州市织里镇的织里中国童装城内，一名波兰籍主播在海外直播平台上销售织里童装。（新华社记者徐昱摄）

图为 2021 年 7 月 12 日拍摄的浙江省嘉善市姚庄镇横港村一景。（新华社记者徐昱摄）

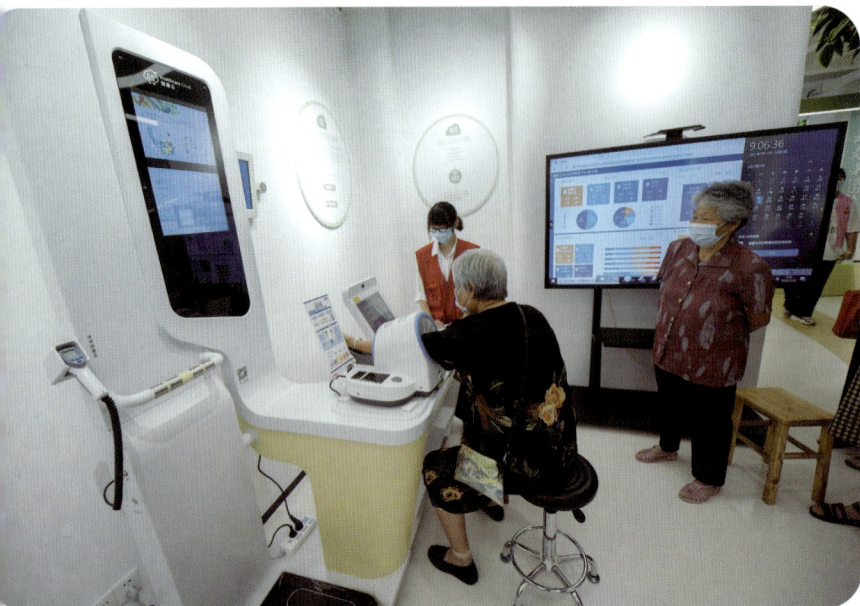

2021 年 7 月 13 日，
在浙江省嘉善县姚庄镇公
众健康体验馆，居民在志
愿者的帮助下测量身高、
体重、体脂、血压等身体
指标。（新华社记者徐昱摄）

2021 年 7 月 13 日，群众在浙江省龙港市政务客厅办理业务。（新华社发）

2021 年 7 月 13 日，工作人员在位于浙江省湖州市织里镇的湖州朗田服饰有限公司流水线上生产童装。（新华社记者徐昱摄）

图为 2021 年 7 月 13 日在浙江省湖州市织里镇拍摄的织里中国童装城。（新华社记者徐昱摄）

◆ 福建晋江：探路共同富裕示范县域

晋江探索打造共同富裕县域示范，聚焦实体经济，培育壮大市场主体，提升创业就业能力，均等化公共服务，让更多百姓安居乐业。

2021年11月25日，在晋江市西滨镇养老服务照料中心，长护险社区护理服务机构幸福时光养老服务中心的护理人员在照顾老人用餐。（新华社记者林善传摄）

2021 年 11 月 26 日，在晋江市创新创业创造园，创业青年陈世伟（中）与公司员工在检查公司研发的冻干食品。（新华社记者林善传摄）

2021 年 11 月 26 日，晋江市安海镇溪边村美丽乡村一景。（新华社记者林善传摄）

◆ 乡村振兴：实现共同富裕必经之路

乡村振兴不仅要巩固脱贫攻坚成果，而且要以更有力的举措、汇聚更强大的力量，把促进农民增收、提升农业供给质量、提高城乡一体化水平作为重点来抓，推动全体人民向共同富裕迈出坚实步伐。

2020年9月10日，廖家桥镇菖蒲塘村电子商务中心的主播黄小琼在直播销售猕猴桃。湖南省湘西土家族苗族自治州凤凰县廖家桥镇菖蒲塘村大力发展水果产业，种植猕猴桃、柚子、柑橘、葡萄等，还依托水果种植发展水果加工、育苗、旅游等产业，同时依靠电商平台扩大销售市场。这份"甜蜜"的水果事业帮助菖蒲塘村村民过上甜滋滋的日子。（新华社记者薛宇舸摄）

2020年9月10日，工作人员在廖家桥镇的周生堂生物科技有限公司内包装猕猴桃果脯。这家公司负责保底收购菖蒲塘村的水果，再利用公司生产线进行深加工，提升水果产品附加值。（新华社记者薛宇舸摄）

　　秦巴山区的陕西省安康市平利县是传统的茶业产区。近年来，当地立足资源禀赋，按照"政府引导、市场主导、农户参与、共建共享"的思路，走"龙头企业＋合作社＋农户"的模式，为茶产业高质量发展提供政策和资金支持。

2022 年 4 月 4 日，平利县长安镇茶业创业者胡学琴（左）在直播间介绍品赏新茶知识。新茶旺季，胡学琴每天直播 4 小时，日销售额达 3 万余元。（新华社记者陶明摄）

2022 年 2 月 24 日，在杭州市淳安县临岐镇秋念饼业工厂，工人将烘制好的梅干菜饼摆放整齐。该厂日产梅干菜饼约 20000 个，招收员工 200 余人，不少当地百姓实现了在家门口就业创收。（新华社记者徐昱摄）

2022 年 2 月 24 日，村民在福建南平市松溪县祖墩乡下店村的食用菌基地采收木耳。地处闽北山区的松溪县是传统农业大县，曾是福建省省级扶贫开发重点县。近年来，该县立足自身资源禀赋，因地制宜发展茶叶、食用菌等特色产业，农业现代化、规模化、组织化水平持续提升，有力带动群众增收致富。（新华社记者林善传摄）

内蒙古呼和浩特市新城区积极推进设施农业现代化建设，大力发展草莓等特色产业，通过"企业＋基地＋农户"的产业发展模式，带动村民就业增收，助力乡村振兴。

2022年3月25日，在位于新城区讨思浩村的百鲜现代农业园区，村民在采收草莓。（新华社记者李志鹏摄）

西藏那曲市嘉黎县依托娘亚牦牛的良种优势，积极推进牧业产业化发展，采取"公司＋基地＋合作社＋牧户"模式，提升娘亚牦牛知名度，带动乡村就业与致富。

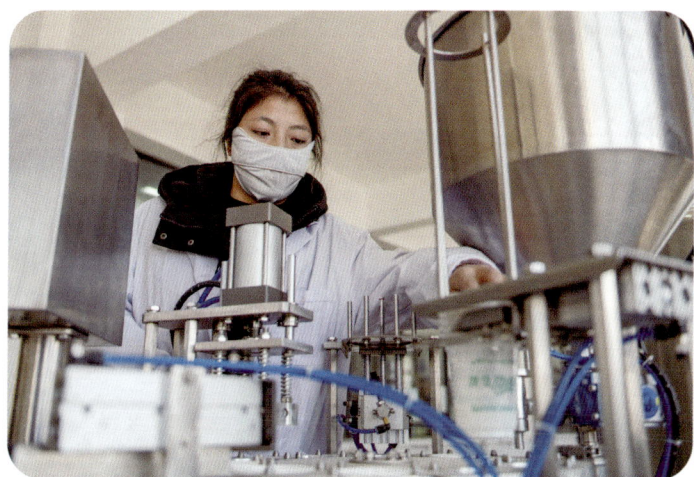

2022年3月30日，工作人员在西藏娘亚牦牛养殖产业发展有限责任公司的酸奶生产车间作业。（新华社记者周荻潇摄）

图为2022年3月30日拍摄的西藏娘亚牦牛养殖产业发展有限责任公司的标准化养殖场。（新华社记者周荻潇摄）

　　陕西延安市自 2019 年告别绝对贫困以来，坚持培育农村特色产业，融合发展一二三产，为群众增收不断拓宽渠道，为有效衔接乡村振兴提供产业支撑。

2022 年 3 月 31 日，延安市延川县关庄镇二八甲村村民在养殖基地内喂牛。（新华社记者邵瑞摄）

2022 年 3 月 29 日拍摄的延安市安塞区化子坪镇张岔村的大棚种植基地。（新华社记者邵瑞摄）

2022 年 3 月 12 日，在河
南省夏邑县会亭镇一家打火机
业内，当地村民在生产打火机。
（新华社发　王高超摄）

2020 年 9 月 23 日，工人在兰考县堌阳镇徐场村一家乐器生产企业制作乐器。近年来，河南省开封
市兰考县堌阳镇徐场村利用当地的桐木资源优势，大力发展民族乐器产业，成为远近闻名的"乐器村"。
（新华社记者郝源摄）

2022 年 3 月 25 日，新河县西流乡马庄村村民在采摘羊肚菌。河北省邢台新河县近年来，采取"党支部 + 合作社农户"的产业模式，形成了集种植、加工、售于一体的产业链，带动村集体经济发展、农民增收。（新华社记者王晓摄）

2022 年 3 月 27 日，在河北省承德市双滦区偏桥子镇偏桥子村草莓种植基地，工人在分拣"白草莓"。近年来，双滦区积极调整农业种植结构，大力发展草莓种植产业，通过加强与科研院所合作，引进优质草莓品种，打造草莓种植产业基地，带动周边农民就业，助力乡村振兴。（新华社发　王立群摄）

　　贵州省黔南布依族苗族自治州贵定县大力推进美丽乡村建设，以村居环境升级改造为主题，打造特色旅游村寨；同时，全县种植油菜 9.5 万亩，形成以"赏花经济"为特色的农旅结合产业，吸引众多游客前来赏花观光，带动乡村旅游，推进乡村振兴。

2022 年 3 月 29 日，贵定县云雾镇鸟王村的茶农展示春茶。贵定县坚持绿色生态导向，依托高海拔、低纬度、气候湿润等优势发展优质茶产业，助力群众增收。（新华社记者杨文斌摄）

2022 年 3 月 11 日，在贵州省贵定县盘江镇"金海雪山"景区，身着民族服饰的村民在油菜花田边。（新华社发　肖伟摄）

　　重庆市梁平区抢抓成渝地区双城经济圈建设和承接沿海地区、重庆主城区产业转移的机遇，通过招商引资、科技赋能、补链延链等举措，打造以设计、制造、封测、应用等产业为主导的集成电路产业集群，促进区域经济高质量发展。

　　2022年3月30日，在重庆市梁平区一家集成电路企业车间，工人通过显示屏观察芯片的生产情况。（新华社发　刘辉摄）

广西柳州积极培育壮大螺蛳粉产业，柳州螺蛳粉出口贸易持续走俏。在柳州螺蛳粉产业园里，工人们赶制海外订单，车间内一派繁忙景象。

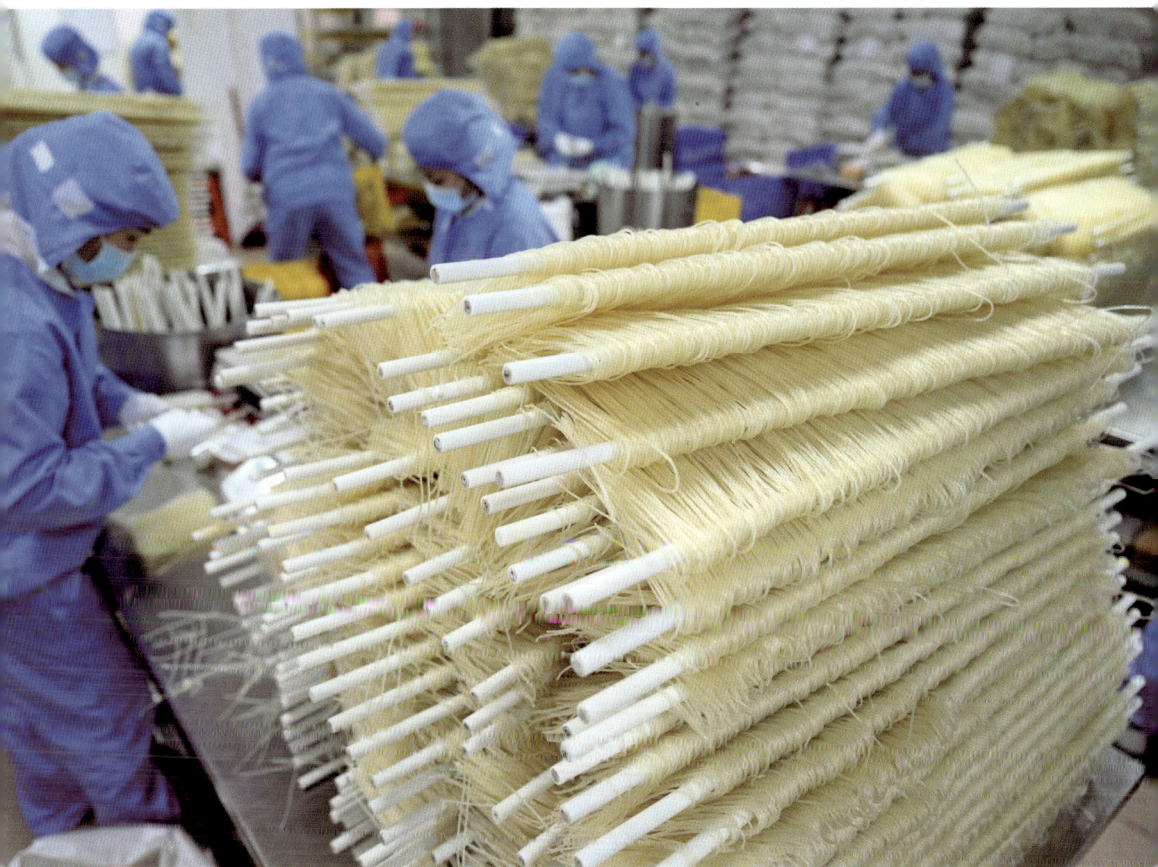

2022 年 3 月 16 日，在柳州螺蛳粉产业园一家螺蛳粉企业，工人在米粉车间里忙碌。（新华社发　黎寒池摄）

2022 年 3 月 4 日，在乳山市海阳所镇，一名主播通过电商平台推介乳山牡蛎。山东省乳山市依托海洋优势资源，大力发展牡蛎产业，牡蛎产业已成为当地乡村振兴的主导产业。（新华社记者郭绪雷摄）

上图为 2016 年 11 月 18 日，游客在贵州遵义市枫香镇花茂村旅游（新华社发）；下图为 2020 年 5 月 16 日拍摄的贵州省遵义市播州区花茂村（新华社记者陶亮摄）。

2022 年 3 月 30 日，茶农在四川省雅安市蒙顶山上的茶园采摘茶青。四川省雅安市的蒙山茶传统制作技艺是国家级非物质文化遗产，搭建从"茶园"到"茶杯"的全流程溯源体系。目前蒙顶山茶原真性保护覆盖 400 多户的 1000 多名茶农，每年人均增收 2000 余元。（新华社记者沈伯韩摄）

　　贵州省黔东南苗族侗族自治州榕江县的蜡染和刺绣是当地苗、侗等少数民族同胞世代传承的手工技艺，被列入非物质文化遗产名录。

2021 年 2 月 20 日，在化屋村麻窝寨易地扶贫搬迁集中安置点，苗族绣娘杨文丽（后排左）与绣娘们在制作苗族服饰。（新华社记者杨文斌摄）

　　2021年春节以来，贵州省毕节市黔西县新仁苗族乡化屋村旅游业持续火爆，当地政府因地制宜，提高旅游服务质量，秀美风光和民族特色吸引各地游客前来游览，有力助推乡村振兴。

2021年4月13日，毕节市黔西县新仁苗族乡化屋村村民在进行带货直播。
（新华社发　范晖摄）

近年来，河北省新河县创新"基层党支部＋合作社＋农户"运行机制，增强村级集体经济，通过政策引导和帮扶资金扶持，发展花卉、火龙果等特色种植，促进农业增效和农民增收，助力乡村振兴。

2022年1月18日，游客在河北省新河县西郑家庄村花卉种植基地选购鲜花。（新华社记者王晓摄）

2022年1月20日，在河北省新河县五里铺村一家种植专业合作社，工作人员在采摘茴香。（新华社记者方思贤摄）

2017 年 7 月 9 日，农民在山西省大同市云州区西坪镇唐家堡村采摘黄花。（新华社发）

2018 年 7 月 31 日，种植户在山西省大同市云州区西坪镇下榆涧村晾晒黄花。（新华社发）

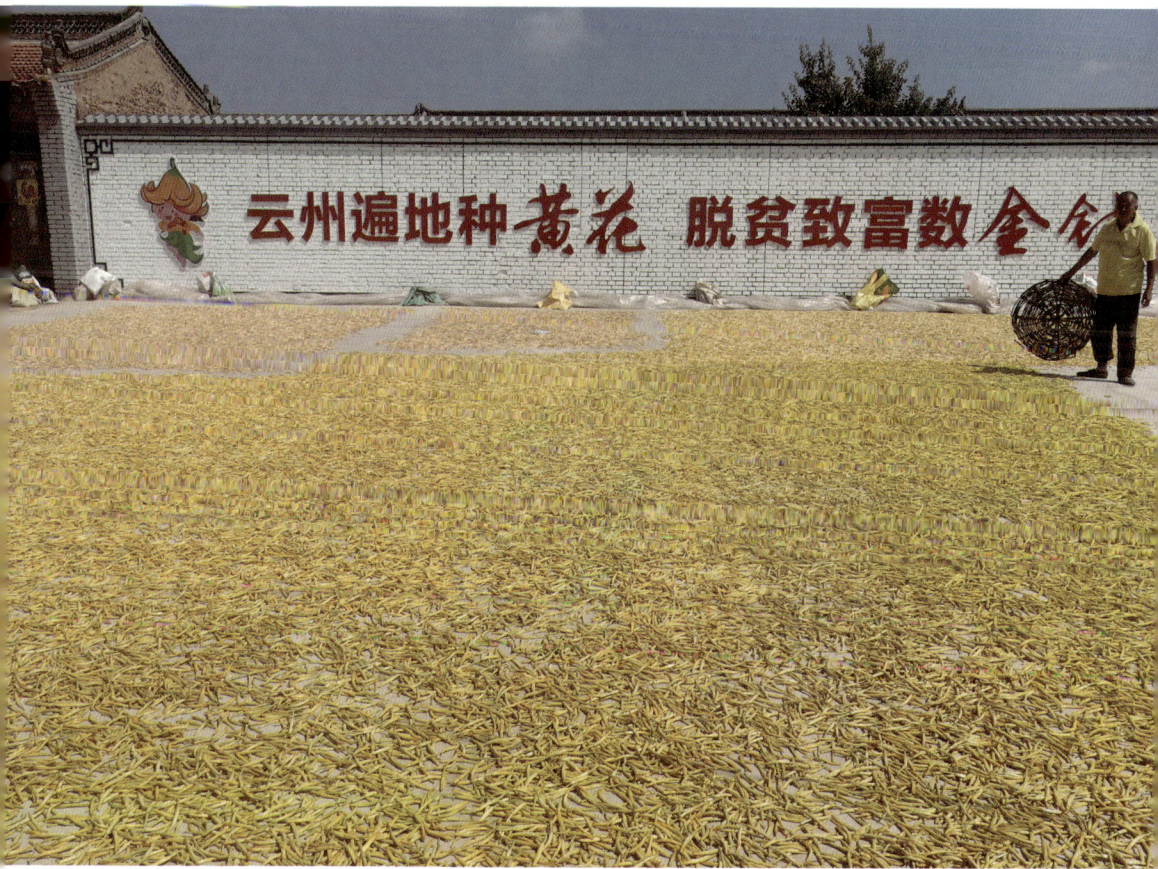

　　湖北省秭归县积极推进信息基础设施建设、智慧农业和乡村数字治理，推出集智慧生产、智慧营销、智慧供应链于一体的科技农业示范基地及农业信息化综合应用平台，助力乡村振兴。

2021年3月28日，几名主播在秭归春季脐橙开园现场直播推介春季脐橙。（新华社发　郑家裕摄）

2021年3月28日，在秭归县郭家坝镇邓家坡村，果农在脐橙园里转运采摘的春季脐橙。（新华社发　聂爽摄）

2022 年 5 月 12 日，安徽省霍山县诸佛庵镇三河村极石生物科技有限公司的员工在分拣石斛枫斗。（新华社记者杜宇摄）

2022 年 5 月 12 日在安徽省霍山县诸佛庵镇三河村极石生物科技有限公司石斛种植基地拍摄的石斛。（新华社记者杜宇摄）

图为 2020 年 8 月 23 日，在西峡县河南伏牛山百菌园，一位农户在整理刚采摘的香菇。（新华社记者冯大鹏摄）

2021 年 4 月 25 日，河南省平顶山市宝丰县肖旗乡韩店村农民在大棚内管护南瓜。当地因地制宜，通过"公司＋农户＋村集体"等模式，打造集旅游观光、教育科普、农事体验为一体的生态农业园区，带动农业增效、农民增收，助力乡村振兴。（新华社发　何五昌摄）

　　图为 2020 年 5 月 1 日拍摄的河南省鹤壁市淇滨区钜桥镇岗坡村渝派火锅乐园。岗坡村是一座有着千年历史的古村落。近年来，淇滨区深入践行乡村振兴战略，打造以岗坡村为中心的龙岗乡村振兴示范带，采取"村集体土地入股、资金入股、年底分红"的运作模式，实现了"资源变资产、资金变股金、村民变股民"的"三变"。农户通过到龙岗乡村振兴示范园打工等方式，实现就近就业，每人每月有 2500 元至 3000 元的保底工资。（新华社记者冯大鹏摄）

地处洮河岸边的甘肃省甘南藏族自治州卓尼县木耳镇力赛村是当地小有名气的全域旅游标杆村。近年来，力赛村依托美丽的自然风光和便捷的交通条件，全面提升人居环境和村容村貌，打造特色乡村旅游品牌，推动农牧业和旅游业融合发展，让群众增收的同时，为乡村振兴注入活力。

2021年9月11日，甘肃甘南卓尼县木耳镇力赛村村民拉姆卓玛在自家的农家乐里为客人盛汤。（新华社记者陈斌摄）

2021 年 9 月 11 日，几名游客在甘肃甘南卓尼县木耳镇力赛村的花海游览。（新华社记者陈斌摄）

2021 年 3 月 14 日拍摄的安州区乐兴镇莲花村的油菜花海。近日，四川省绵阳市安州区第二届油菜花节在秀水镇龙泉村举行，乡村民谣、旗袍汉服秀、农事体验及安州特产线上线下展销等活动为游客提供多样的休闲体验。近年来，安州区依托传统农业，以花为媒，通过乡村旅游巩固脱贫攻坚成果，助推乡村振兴。（新华社记者江宏景摄）

后　记

2021年，中国共产党迎来百年华诞，在庆祝中国共产党成立100周年大会上，习近平总书记庄严宣告，"我代表党和人民庄严宣告，经过全党全国各族人民持续奋斗，我们实现了第一个百年奋斗目标，在中华大地上全面建成小康社会"。这是中华民族的伟大光荣，这是中国人民的伟大光荣，这是中国共产党的伟大光荣。

办好中国的事情，关键在党。全面建成小康社会实践充分证明，中国共产党是中国特色社会主义最本质的特征，是中国特色社会主义制度的最大优势。新的征程上，必须坚持中国共产党的坚强领导，更加紧密地团结在以习近平同志为核心的党中央周围，充分发挥党总揽全局、协调各方的领导核心作用，把制度优势更好地转化为治理效能。

一切为了人民，一切依靠人民。全面小康，是党和国家的奋斗目标，也是亿万人民的共同期盼。我们党和人民心心相印、与人民同甘共苦、与人民团结奋斗，书写了造福人民的历史新篇章。在新的征程上，必须践行以人民为中心的发展思想，着力解决发展不平衡不充分问题和人民群众急难愁盼问题，充分发挥蕴藏在亿万人民之中的创造伟力，团结带领中国人民不断为美好生活而奋斗。

全面建成小康社会不是终点，而是新生活新奋斗的起点。全面建成社会主义现代化强国，使命更光荣、任务更艰巨、挑战更严峻、工作更伟大。新的征程上，锚定伟大目标，坚持求真务实，科学制定发展规划，发扬钉钉子精神狠抓落实，我们一定能创造令世界刮目相看的新奇迹。

本书是"纪录小康工程"中央丛书的一种，内容主要依托"纪录小康工程"国家数据库和新华社中国照片档案馆中已收录的图片资源，以画册形式全面呈现全面建成小康社会进程中的重要历史时刻和日常社会生活的珍贵细节。

本书精选的图片文字，它们出自数百位新华社记者对全面建成小康社会伟大历程的真实记录。本书分为 6 篇，涵盖经济、民主、科教、文化、社会、人民生活等方面，全方位呈现新中国成立以来我国在全面建成小康社会方面取得的巨大成就。一张张照片，一个个故事，通过影像所传递的，正是在一代代人艰苦奋斗的基础上，以习近平同志为核心的党中央统筹中华民族伟大复兴战略全局和世界百年未有之大变局，对全面建成小康社会作出一系列重要论述和重大部署，科学回答了"建设一个什么样的全面小康社会""如何建成全面小康社会"等重大理论和实践问题，吹响了决胜全面建成小康社会的冲锋号。

新华社领导高度重视本书的编写工作，亲自部署谋划，提出明确要求。中宣部新闻局、出版局对本书的编写给予具体指导，新华社总编室、摄影部、中国搜索、中国图片集团及国内各分社对本书的编辑出版工作予以鼎力支持，在此深表感谢。因编者能力和水平有限，本书不足之处，欢迎广大读者提出宝贵意见和建议。

《千年梦圆》编写组

2022 年 6 月

出版统筹：匡乐成　许　新
责任编辑：徐　光　唐波勇　蒋小云　刘宏森
封面设计：石笑梦　汪　阳
版式设计：刘宝龙
责任校对：刘保利　石春凤

图书在版编目（CIP）数据

千年梦圆：全面建成小康社会影像纪实 /《千年梦圆：全面建成小康社会
　影像纪实》编写组　编 . —北京：新华出版社：人民出版社, 2022.10
（"纪录小康工程"中央丛书）
ISBN 978-7-5166-6303-5

Ⅰ . ①千…　Ⅱ . ①千…　Ⅲ . ①小康建设－成就－中国－摄影集
Ⅳ . ①F124.7-64

中国版本图书馆CIP数据核字（2022）第099126号

千年梦圆：全面建成小康社会影像纪实

QIANNIANMENGYUAN QUANMIANJIANCHENG XIAOKANGSHEHUI YINGXIANGJISHI

本书编写组

人民出版社 出版发行
新华出版社

（100040　北京石景山区京原路8号）

三河市君旺印务有限公司　新华书店经销

2022年11月第1版　2022年11月北京第1次印刷
开本：710毫米×1000毫米1/16　印张：48.25
字数：400千字
ISBN 978 - 7 - 5166 - 6303 - 5　定价：198.00元（上下册）

邮购地址100040　北京石景山区京原路8号
购书热线（010）63077122　63072012

版权所有 · 侵权必究
凡购买本社图书，如有印制质量问题，我社负责调换。
服务电话：（010）63077124